本間美加子

日本の365日を愛おしむ

—季節を感じる暮らしの暦—

飛鳥新社

はじめに

４年に一度の閏年(うるうどし)を除いて、一年は３６５日です。さて、そのなかであなたにとって「特別な日」はいったい何日くらいあるでしょうか?

自分や家族の誕生日、人生の節目となった記念日、忘れられない出来事があった日。誰もが「特別な日」を積み重ねながら生きています。そして、その日が巡ってくれば、お祝いをしたり、思い出話に花を咲かせたり、ひとり静かに過ごしたり……。一日を慈(いつく)しみます。

では、特別な日以外は、と我が身を振り返ってみると、年齢を重ねるごとに一日、一週間、一カ月、そして一年の過ぎる感覚が早くなっていることに気づきます。さらに人生の先輩方は、口を揃えて「これからもっと早くなるよ」と仰(おっしゃ)います。たしかに、毎日を家事や育児、仕事に追われてバタバタと過ごすうちに、あっという間に5年、10年と経ってしまいそうです。平穏な日々はありがたいものですが、平坦な日々はなんだかもったいないような……。

それならば、過ぎゆく一日一日をゆったりと見直してみようと生まれたのが本書です。一年３６５日、それぞれにちなむ年中行事や記念日、季節のうつろいをあらわす言葉などを紹介しています。暮らしに彩りを添える花鳥風月や旬の食材も取り上げました。ただ、山形県で生まれ育ち、現在は東京都で暮らす私が紹介する３６５日ですので、年中行事の内容が違う、季節感がズレている、と感じる方がいらっしゃるかもしれません。その相違点は、日本の豊かな多様性のあらわれとしてたのしんでいただければと思います。四季折々のお祭りや年中行事、二十四節気、七十二候を紐解いていくと、自然の恵みと季節の巡りに感謝し、毎日を大切に暮らしてきた日本人の姿が見えてきます。数多の記念日は、先人の偉大な発明や功績が、私たちの暮らしにしっかりとつながっている証です。

本書は、２０１９年に出版された『日本の３６５日を愛おしむ―毎日が輝く生活暦―』の一部を加筆、修正したものです。さまざまなご縁に恵まれ『日本の３６５日を愛おしむ―季節を感じる生活暦―』として生まれ変わりました。２０１９年当時との大きな違いは、やはり新型コロナウイルス感染症の存在です。このウイルスによって、私たちの暮らしは様変わりしました。様々な制限が生まれるなかで、日本に四季があり、季節のうつろいを感じられる幸せを再確認した方も多いと思います。

「愛おしむ」には「惜しんで大切にする」といった意味があります。毎日を「特別な日」にするのは難しいかもしれませんが、「愛おしむ」ことはできます。慌ただしい日々に少し立ち止まりたくなったときには、パラパラとこの本をめくってみてください。

先人から受け継いだ行事や言葉、ならわしの数々とともに、一日を愛おしんでいただければうれしい限りです。

２０２０年10月吉日

本間美加子

もくじ

※新暦と旧暦の換算は年ごとに日付が変わります。
本書の二十四節気、七十二候、雑節の日付は、２０１９年の暦要項（国立天文台発表）をもとにした、おおよその目安です。

また、七十二候の呼び名は、本書で紹介している以外にも数種あります。
※年中行事やお祭り、イベント等の内容については、新型コロナウイルス感染症が拡大する以前の情報を記載しています。

1月

睦月

むつき

新年を迎え、晴れやかな空気に
日本中が包まれます。
期待に胸を膨らませつつ、
さぁ、新しい３６５日のはじまりです。

1月　睦月

1日

元日

大晦日まで……………364日

［二十四節気］

冬至

［七十二候］末候

雪下麦を出だす

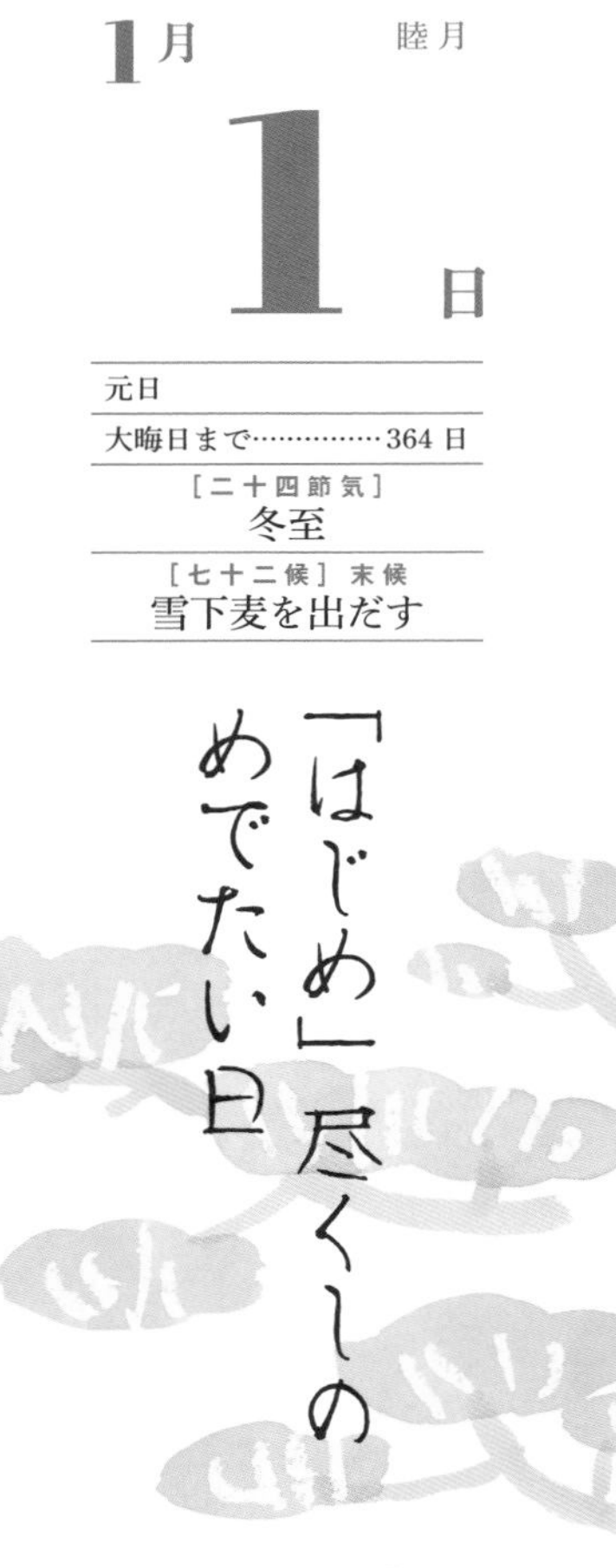

「はじめ」とも読む「元」の字を背負った元日は、まさしく新しい一年のはじまり。私たち日本人にとって特別な一日です。

古来、新年は年神様（としがみさま）という神様が運んできてくれると考えられてきました。この時季だけに交わす「あけましておめでとう」という挨拶も、無事に年神様と新年をお迎えできた喜びとめでたさから生まれたお祝いの言葉だといわれています。

お正月のしつらえやしきたりの数々も、年神様をもてなすために整えます。たとえば門や玄関に飾る門松や注連飾（しめかざ）りは、「我が家はお迎えの準備ができていますよ」と伝えるためのサインです。鏡餅は、年神様へのお供えであるとともに、年神様が宿る依り代（よりしろ）となります。色とりどりのごちそうが並ぶおせち料理も、年神様へのささげも

●今日をたのしむ

【雪下麦を出だす（せっかむぎをいだす）】
新年最初の七十二候は「一面に降り積もる雪の下では麦が芽を出しはじめる」といった意味合いです。

【1月の別称】
「睦月（むつき）」の呼び名は、親戚や知人が仲睦まじく集うことから生まれたとか。「祝月」や「初月」といった名前もあります。

【おせち料理】
季節の節目に神様へ供える「節供（せちく）」が「お節（せち）」となり、やがてお正月の節供のみを指すようになりました。卵の数の多さに子孫繁栄を願う数の子、

の。一方を年神様、一方を私たちが使うために両端が細くなった「祝い箸」も、神様と一緒に食事をいただき、さらなる福を願うために欠かせません。

さらに、先人たちは年神様とともに、新年に行うさまざまな「はじめ」も大切にしてきました。

初日の出に初詣、書初め。さらには初夢、初笑い、初湯、初富士、初鏡……。おめでたい雰囲気に誘われて、財布の紐がついついゆるくなる初売りや初市もあります。三が日が終われば、各地の市場では初競り、消防隊は出初式。それぞれの神仏にご縁があり、参詣すると功徳があるという「縁日」も、初水天宮に初薬師、初観音……とつづきます。まっさらで汚れなく、そして晴れがましい、あらゆる「はじめ」に、一年の繁栄と招福を願ったのです。

「一年の計は元旦にあり」ということわざを言い継いできたのも、日本人が「はじめ」を大切にしてきたからこそ。

ちなみに「元日」は1月1日を、「元旦」は1月1日の朝のみを意味する言葉。「旦」は、地平線から顔を出した太陽をかたどっています。

丈夫を意味する「まめ」に通じる黒豆など、重箱に並ぶ料理それぞれが縁起を担いでいます。

【初詣】
家長が氏神神社に大晦日の夜から元旦にかけて籠り、繁栄を祈願する「年籠り」が起源。

【若水】
1月1日の朝、その年にはじめて汲む水は「若水」と呼びます。若水は一年の邪気を祓う清らかな力をもつとされ、年神様に供えたり、書初めの墨を摺るのに用いてきました。

1月　睦月

2日

元日から	1日
大晦日まで	363日

［二十四節気］
冬至

［七十二候］末候
雪下麦を出だす

初夢の日

初夢を見る夜はいつなのか？　誰もが一度は疑問に思います。大晦日の夜、元日の夜、1月2日の夜など諸説ありますが、何事も最初に行うのによい日とされた1月2日の夜を指すのが一般的。そのため今日は「初夢の日」です。

昔から日本人は、夢を神仏のお告げと考えてきました。ゆえに新年最初に見る夢である初夢は、一年の吉凶を占う上でとても大切。吉夢を見ようと、さまざまなおまじないが生まれました。

宝船の絵を枕の下に敷いて眠るならわしは室町時代に生まれ、江戸時代になると、七福神が乗り込んだ宝船の絵に。一方、凶夢を見てしまった場合のおまじないも数々あります。なかでも簡単なのは「枕を裏返す」「〝獏食え〟と3回唱える」といった方法です。人の悪夢を食べてくれる想像上の動物、獏が力を貸してくれるのですね。

● 今日をたのしむ

【書初め】

新年にはじめて字や絵をしたためる書初めも、多くは2日に行います。「初硯」や「吉書」とも。学問や書の神として知られる菅原道真を祀る北野天満宮（京都府）では、字の上達を願う神前書初め「天満書」を開催します。

【吉夢】

縁起のよい初夢の代名詞である「一富士・二鷹・三茄子」は、天下人である徳川家康が晩年を過ごした駿河（静岡県）の名物に由来するといわれています。

1月　睦月

3日

元日から……………… 2日
大晦日まで……………362日

［二十四節気］
冬至

［七十二候］末候
雪下麦を出だす

豊作をもたらす三が日の雨雪

今日は三が日の最終日。元日、2日とつづいてきたたのしいお正月気分も、今日が終われば ひと区切り。1月7日まで松の内はつづきますが、年始の挨拶や年賀状のチェック、返信などを済ませておきたいものです。

三が日に雨や雪が降ると、ついつい眉間にシワが寄ってしまいますが、本来は天の恵み。「御降り（おさがり）」と呼ばれる豊作のしるしです。御降りがあるお正月は「富正月（とみしょうがつ）」となり、そのおめでたさを喜びました。

今日をたのしむ

【年賀状】

お世話になっている親戚や知人のお宅にうかがって挨拶をする「年始回り」に由来し、郵便制度の発達とともに広まりました。1月7日までに到着するよう投函し（関西地方では1月15日とする場合も）、過ぎてしまう場合は寒中見舞い（P16）を出すのがマナーです。


【正月菓子】

お正月だけ和菓子屋に並ぶ特別なお菓子の代表格は、花びら餅。丸くのした餅もしくは求肥（ぎゅうひ）で、甘く煮たゴボウ、白味噌餡（あん）、ピンクの餅を包んでいます。裏千家の新年はじめての茶会で登場するお菓子としても知られています。表千家で用意される、真っ白な皮のなかに若草色の餡を詰めた「常盤饅頭（ときわまんじゅう）」も正月菓子として有名です。

季節をたのしむ

【ユリ根】

おせち料理でもおなじみのユリ根は、高血圧予防に役立つカリウムを豊富に含んでいます。味つけの濃い料理が並ぶこの時季だからこそ、ほっくりとした甘味とほろ苦さが心身に沁みます。

1月　睦月

4日

元日から……………… 3日
大晦日まで……………361日

［二十四節気］
冬至

［七十二候］末候
雪下麦を出だす

御用（ごよう）始め（仕事始め）

年末年始、官公庁のお休みは12月29日～1月3日まで。今日は新年ではじめて仕事を行う「御用始め」です。民間企業では「仕事始め」の言葉も使います。

トラブルなく職務をまっとうできるよう、はたまた商売がさらに繁盛するよう、決意も新たにする仕事始めはやはり特別。各地の証券取引所は「大発会（だいはっかい）」を行い、活況（かっきょう）を祈願します。神社に集団参詣（さんけい）し、結束力を高める会社や部署も。東京・大手町や日本橋など日本有数のビジネス街を守護し、勝利と成功をもたらす神徳で有名な神田明神には、この時季千社近くの企業がお参りに訪れるそうです。

●今日をたのしむ

【石の日】

1（い）月4（し）日の語呂合せから生まれました。石に触れながら唱えた願いが叶う日なのだとか。お地蔵様、狛犬（こまいぬ）、宝石や数珠、もちろん道端の小石でもOK。新年の願いをかけてみてはいかがでしょうか。

◆季節をたのしむ

【福寿草】

キンポウゲ科の多年草。名前の縁起のよさから、お正月を彩る鉢花（はちばな）として人気。「元日草」の別名も。

1月　睦月

5日

元日から……4日
大晦日まで……360日

［二十四節気］
冬至

［七十二候］末候
雪下麦を出だす

七福神巡り

年初に七福神を祀る社寺を巡る「七福神巡り」は江戸時代に誕生し、大流行しました。その人気はいまだ衰えず、全国の巡礼地は200以上。その土地その土地に根ざした七福神に多くの人が招福を願います。ご朱印や、期間限定の授与品のありがたさも人気の秘密です。

江戸時代の高僧は七福神の神徳を「①寿命（寿老人）②有福（大黒天）③人望（福禄寿）④清廉（恵比寿）⑤愛敬（弁財天）⑥威光（毘沙門天）⑦大量（布袋）」と説いたそうです。徒歩数時間で参拝できる七福神巡りもあります。年末年始の運動不足を解消しつつ、あらゆる福徳を授けてもらいましょう。

●今日をたのしむ

【七福神】
福をもたらすとされる7柱の神である七福神は、室町時代に誕生しました。時代や地域によって入れ替わりはあるものの、現在、一般的には上記の7柱がメンバーです。

日本の神様は恵比寿のみで、道教の神である福禄寿と寿老人、そして実在した僧・布袋は中国から、武神でもある毘沙門天と女神・弁財天はインドからやってきました。大黒天はインドの神と日本の神様が習合しています。出身国も宗教も性別も超えて仲よく宝船に乗り、幸福を授けに来てくれる七福神は、縁起物が大好きな日本人ならではの福の神です。

【江戸の七福神巡り】
江戸最古の七福神巡りは「谷中七福神」で、約250年前にはじまったとされています。その後、「目黒七福神（元祖山手七福神）」「隅田川七福神」などが誕生しました。

【初競り】
各地の市場では初競りを行います。景気づけの意味も込め、毎年高騰する競り値は「ご祝儀相場」と呼ぶそうです。

【囲碁の日】
1（い）月5（ご）日の語呂合わせにより制定。

1月　睦月

6日

元日から	5日
大晦日まで	359日

［二十四節気］
小寒

［七十二候］初候
芹乃栄う

寒の入り

今日は「寒の内」の初日、「寒の入り」です。寒の内は今日からはじまる小寒と、次の節気・大寒を合わせた期間で、一年でもっとも寒い時季になります。

寒空のもと、武道の練習をする「寒稽古」はこの頃の風物詩。凍てつく風をものともせず心身を鍛錬する様子は、「寒さに負けるな！」と、日本中に活を入れてくれるかのようです。

そろそろお正月気分をおしまいにしたくても、冷え込みに寝床でダラダラ、となる日も多いもの。しかし寒稽古よろしく気合いを入れて布団から出れば、身も心も引き締まる、冷の朝ならではの澄んだ空気が味わえます。

●今日をたのしむ

【芹乃栄う】
小寒の初候に登場するセリは、春の七草としても知られる野草で全国の野山に自生しています。盛んに増え、競り合うように生える様子からその名前がついたとも。明日の七草粥に用いるため栽培物は出荷のピークを迎えますが、天然物の旬はあとひと月ほど先です。

【出初式】
消防団が新年最初の演習を行います。消防車による放水やパレードのほか、江戸の町火消に由来する梯子乗りを披露する地域も。

1月　睦月

7日

元日から	6日
大晦日まで	358日

［二十四節気］
小寒

［七十二候］初候
芹乃栄う

七草粥

今日、「春の七草」と呼ばれる、セリ、ナズナ、ゴギョウ、ハコベラ、ホトケノザ、スズナ、スズシロが入った七草粥をいただけば、一年間、無病息災で過ごせるといわれています。セリとナズナ以外、普段耳にする機会がないように思うのは鎌倉時代の書物に記された名前であるため。現代ではゴギョウ＝ハハコグサ、ハコベラ＝ハコベ、ホトケノザ＝タビラコ、スズナ＝カブ、スズシロ＝大根となります。

七草粥は、寒さに負けず芽吹いた若菜の清新な生命力に健康を願うならわしです。春の七草が手元になくとも、冷蔵庫にある葉物野菜を用いて英気を養いましょう。

●今日をたのしむ

【人日（じんじつ）の節句】

1月7日は「人日の節句」。中国から伝来した、人間の一年について占い、7種の若菜を入れたお吸い物を食べる「人日」の風習が七草粥の起源。やがてお吸い物はお粥となり、江戸幕府によって公式の節句（季節の節目）として定められると七草粥の習慣が庶民にも広まりました。

【松納め】

年神様（としがみさま）を迎えるために門や玄関に飾っていた、門松や注連飾り（しめかざり）を取り払います。元日からはじまったお正月も一段落。「松の内」も今日が最終日です。

●季節をたのしむ

【青菜】

春の七草の代わりとなる、今が旬の青菜はシュンギクやミズナ、コマツナなど。七草をはじめ、いずれも冬に不足しがちなβカロテンを豊富に含み、風邪などをはねのける免疫力を高める働きがあります。これらの青菜を消化のよいお粥にしていただくことで、年末年始のごちそうつづきで疲れている胃腸をいたわる効果もあるのです。

1月　睦月

8日

元日から……7日
大晦日まで……357日
［二十四節気］
小寒
［七十二候］初候
芹乃栄う

寒中見舞い

厳しい寒さがつづくこの時季、相手の健康を気づかう言葉や近況をしたため送る挨拶状が寒中見舞いです。「寒中」とついているだけあり、小寒(しょうかん)から立春の前日となる節分までの間に出すのがマナー。それ以降は余寒(よかん)見舞いとなります。

季節の便りとしてはもちろん、喪中に年賀状をいただいた場合の返礼や、年賀状を出しそびれてしまった方、喪中の方への挨拶状としても重宝します。

書き方にとくに決まりはありませんが、文頭に「寒中お見舞い申し上げます」と記し、その後、相手の近況や健康をいたわりつつ、こちらの様子を伝える文面を書きつづるのが一般的です。

寒中見舞いは、年賀状とは違った形で相手との心の距離を縮めてくれます。面倒を理由にせず、相手を思いやる心のあらわれとして送りたいものです。

●今日をたのしむ

【初薬師】

毎月8日と12日は、薬師如来の縁日。今日は新年はじめての特別な縁日です。医者を意味する「薬師」を名前にもつこの仏様には、病気や傷を治し、寿命を延ばすご利益(りやく)が。各地の薬師如来を祀(まつ)るお寺は法会(ほうえ)を行い、一年間の無病息災と延命を祈願する参拝客で賑わいます。

【平成スタートの日】

1989年1月8日、昭和から平成へと改元が行われ、平成時代がスタートしました。平成は「大化」から数えて247番目の元号です。

1月　睦月

9日

元日から	8日
大晦日まで	356日

［二十四節気］
小寒

［七十二候］初候
芹乃栄う

とんちの日

今日は1（いっ）月9（きゅう）日の語呂合わせで、一休さんに象徴される「とんち」の日です。

一休さんは室町時代の禅僧。豪快な人柄と反骨精神で貧富の差なき禅を説き、庶民の心を掴（つか）みました。江戸時代になると、虚実をおりまぜた『一休咄（いっきゅうばなし）』が刊行され、とんちでピンチを乗り越えてゆく一休さんのイメージが定着しました。

●今日をたのしむ

【とんちの日】

とんち（頓知）とは「（状況に応じて）すぐに出てくる知恵」のこと。とんち問題は一休さんの「屏風の虎退治」のように、柔軟な考え方をしなければ解けません。頭をやわらかくし脳の老いを防いでくれる、とんちやクイズに挑戦してみましょう。

【前橋初市まつり】

群馬県前橋市で行う新春の風物詩。だるまをはじめ、さまざまな縁起物を売る露店が軒を連ねます。

1月　睦月

10日

元日から	9日
大晦日まで	355日

［二十四節気］
小寒

［七十二候］次候
水泉動く

えべっさん（十日えびす）

今日は、七福神の一員でもある恵比寿が商売繁盛の神徳をニコニコと振りまく日。西日本各地の恵比寿を祭神とする神社では、「十日えびす」という祭礼を行います。

とくに多くの人で賑わうのが、日本三大えびすとされる、西宮神社（兵庫県）、今宮戎神社（大阪府）、京都ゑびす神社（京都府）です。参拝客のお目当ては、十日えびす限定の授与品である「福笹」。大判小判、米俵や鯛といった縁起物を結びつけた笹のことで、商売繁盛をはじめ、あらゆる福を招くお守りです。今宮戎神社では「商売繁盛で笹もってこい！」と繰り返すえびす囃子を流し、このフレーズが十日えびすの代名詞にもなっています。

福笹の由来には諸説あり、生命力旺盛な笹に繁栄の願いを託しているとも、まっすぐに伸びる姿が商売人の正直な

●今日をたのしむ

【水泉動く】
小寒の次候。地中では凍った水が解け、動きはじめます。地上では厳しい寒さがつづきますが、季節は少しずつ、しかし着実に春へと。

【福男】
西宮神社では、その年の福が集まる「福男」を

心を象徴しているともいわれています。日本中が福の神として愛している恵比寿ですが、もともと「エビス」は「異邦人」や「よそ者」を意味する言葉なのだそうです。大昔は、浜辺に打ち上がったクジラやイルカなどを、豊漁をもたらす聖なる存在、「エビス」として祀りました。やがてエビスに対する信仰と日本神話の海に関わる神様とが結びつき、多くの神社が祀るように。釣り竿をもち、鯛を抱えたおなじみのイメージが定着し、魚の群れだけでなく、幸いをもたらす福神として、さらには商売の神様として慕われるようになりました。「恵比寿」のほかにも「恵美須」「夷」「戎」など、さまざまな字をあてています。古くから経済が発達していた関西地方ではとくに信仰が篤く、親しみを込めて「えべっさん」とも呼びます。

ニコニコとした満面の笑みは、あらゆる福を招く「恵比寿顔」。恵比寿のような笑顔で過ごし、開運を願う一日としてはいかがでしょうか。

決める神事を開催。午前6時の開門とともに男性たちが一斉になだれ込み、本殿を目指し激走します。1着から3着までの参詣者が福男に。認定証などが授与されます。

◆季節をたのしむ

【マダラ】

魚へんに雪と書くタラ（鱈）、とくにマダラに脂がよくのってくる頃。白子もより濃厚な味わいに。やはり本命は鍋。切り身を買う場合は、透明感のあるものを。鮮度が落ちるにつれ、透明感がなくなり黄みがかっていきます。

1月　睦月

11日

元日から……………… 10日
大晦日まで……………354日

［二十四節気］
小寒

［七十二候］次候
水泉動く

鏡開き

「鏡開き」は、新年を連れてくる年神様にお供えしていた鏡餅を下げ、家族みんなで食べる行事です。

鏡餅は、年神様の力も宿っている、いわばパワーフード。縁起を担いで刃物で「切る」ことはしません。古来、一家の繁栄と健康を願いながら木槌などで叩いて割り、これを「開く」と表現しました。だからこそ個包装の切り餅がなかに詰まった鏡餅も、やはり刃物は用いずに調理したいものです。

餅が載ったうどんを「力うどん」と呼ぶように、栄養面から考えても餅はパワーの源。餅米をギュッとつぶした餅は、エネルギー源となる糖質が同量のお米やパンにくらべて豊富です。味つけを選ばない便利さからも、一日のスタートとなる朝食にうってつけ。神様と食物のパワーを活力としていただきましょう。

●今日をたのしむ

【塩の日】

餅を使うメニューとして代表的なぜんざいやお汁粉には、甘味を引き立てる塩が欠かせません。そして今日は、折よく塩の日。約450年前、越後（新潟県）の武将・上杉謙信が、海に面していない甲斐（山梨県）を本拠地とする宿敵・武田信玄の領民のために送った塩が届いた日に由来しています。一連の出来事が、ライバルを助けるという意味をもつことわざ、「敵に塩を送る」の語源になっています。

1月　睦月

12日

元日から……………… 11日
大晦日まで……………353日

［二十四節気］
小寒

［七十二候］次候
水泉動く

凍(こお)り豆腐

毎月12日は10（とう）2（ふ）の語呂合わせで「豆腐の日」。古代中国で生まれ、奈良時代に伝来したとされる豆腐は、さまざまな食品に発展しました。仕込みの最盛期を迎えている「凍り豆腐」もそのひとつ。豆腐を薄く切って凍らせ、乾燥させることで独特の食感を生み出します。高野山（和歌山県）の宿坊でつくりはじめたという伝承から、「高野豆腐」という名も。現在、そのほとんどが長野県で生産されています。

●今日をたのしむ

【栄養価】

「凍り豆腐ひとかけらは、生豆腐の4丁分にあたる」といわれるほどの栄養価を誇ります。骨粗しょう症や更年期のトラブルを予防するイソフラボンを豊富に含むほか、大豆由来のタンパク質は凍結や乾燥を経て、生活習慣病を招く悪玉コレステロールを体外に排出するレジスタントタンパクへと変化。健康的な食生活を支えるスーパーフードとして、世界が注目しています。

【青梅だるま市】

1596（文禄5）年頃にはじまった物々交換の市がルーツ。青梅（東京都）の主要産業であった養蚕(ようさん)の繁栄を願う縁起物、繭玉(まゆだま)とともに売られていた「だるま」が今では主役です。旧青梅街道沿いに多くの出店が立ち並びます。

1月　睦月

13日

元日から……………… 12日
大晦日まで…………352日

［二十四節気］
小寒

［七十二候］次候
水泉動く

野沢温泉道祖神祭り

野沢温泉（長野県）では、今日から15日まで「野沢温泉道祖神祭り」を開きます。「道祖神」とは、村の入り口や四つ辻などに祀られている神様。外部からやってくる悪疫や災いを防ぎ、子孫繁栄をもたらします。

野沢温泉道祖神祭りの名物は、高さ十数m、広さ8m四方にも及ぶ木で組んだ社殿と、こちらを舞台に繰り広げられる、男衆の熱く激しい闘い。火をつけようとする村人と、それを防ぐ厄年の村人が2時間近く攻防戦を繰り広げ、手締めのあと、社殿に火をつけます。やがて社殿は巨大な火柱に。冬の夜を明るく照らす炎に、地域の安全や厄祓いを祈願します。

今日をたのしむ

【道祖神】

「塞（さえ・さい）の神」や「辻の神」とも呼ばれる、東日本や中部地方で多く祀っている神様です。姿かたちも丸い石や藁人形、石像などさまざま。小正月（1月15日）には、各地で道祖神祭りを行い、その多くで火を用いるのが特徴です。

【初虚空】

願いを叶えるための無限の知恵や知識を与えてくれる虚空蔵菩薩の縁日は毎月13日。今年はじめての縁日となる今日に参詣することを意味する「初虚空」は、季語にもなっています。

季節をたのしむ

【漬け菜】

漬け物にしていただく葉物野菜の収穫が各地で最盛期を迎えます。野沢温泉の名物「野沢菜漬け」の材料となる野沢菜もそのひとつ。この時季、現地は雪に覆われるため、今漬けられる野沢菜はほぼ徳島産。広島菜（広島県）、大和まな（奈良県）、土気からし菜（千葉県）など、ご当地漬けの仕込みも盛りです。

1月　睦月

14日

元日から……………… 13日
大晦日まで……………351日

［二十四節気］
小寒

［七十二候］次候
水泉動く

成人式

大人として社会的に認められる成人を迎えることは、誰にとっても特別。今日は、20歳になった人々を祝う「成人式」が各地で開かれ、晴れ着に身を包んだ男女が街を彩ります。

じつは昨今、「成人式」は20歳だけのものではありません。10歳の「2分の1成人式」、30歳の「三十路成人式」、40歳の「ダブル成人式」など、お互いの成長と健康を喜び、思い出話を語り合うイベントが増えつつあります。「同い年」は親近感を覚えやすいもの。さまざまな「成人式」が旧交をあたため、新たな絆を結ぶキッカケとなっているようです。

今日をたのしむ

【成人の日】
1948（昭和23）年、「大人になったことを自覚し、自ら生き抜こうとする青年を祝い励ます」ために制定された国民の祝日。かつては1月15日でしたが、2000（平成12）年から、1月の第2月曜日に。

【寒九（かんく）の雨】
寒の入り（P14）から9日目に降る「寒九の雨」は豊作の兆し。成人式があいにくの雨でも、より豊かな人生となる吉兆ととらえたいものです。

1月　睦月

15日

元日から……………… 14日
大晦日まで……………350日

［二十四節気］
小寒

［七十二候］末候
雉始めて雊く

小正月

元日を中心としたお正月（大正月）に対して、1月14～16日まで、もしくは1月15日は「小正月」です。

かつての日本では、新月を朔日とし、満月を経て新月に戻るまでを一カ月とする太陰暦と、地球が太陽の周りを一周する期間を一年とする太陽暦とを組み合わせた、太陰太陽暦が根づいていました。いわゆる旧暦です。

旧暦での1月15日は、一年ではじめての満月にあたります。夜を明るく照らす、まん丸の月はおめでたいもの。人々は1月15日をハレの日とし、さまざまな行事を行いました。現代でも、これらの行事は1月15日に引き継がれています。

農作物の豊凶を占う「粥占」や、子供たちが害鳥を追い払う歌を歌う「鳥追い」といった農事に関わる行事や、秋田県のナマハゲに代表される「小正

今日をたのしむ

【雉始めて雊く】
小寒の末候には、日本の国鳥である雉が登場します。雉のオスがメスを求めて「ケーン、ケーン」と鳴く頃、という意味です。実際の繁殖期はもう少し先ですが、近づく恋の季節を予感して早鳴きするオスもいるでしょう。

月の訪問者」が代表的。さらに、正月飾りや門松などを集め、藁（わら）や木とともに燃やす火祭り、「左義長（さぎちょう）」も各地で行われます。この火の煙に乗って、新年を連れてきた年神様（としがみさま）が帰ってゆくとも。また、この火であぶったお餅や団子を食べると風邪を引かないそうです。「どんど焼き」「おんべ焼き」「道祖神（どうそじん）祭り」など、地域によってさまざまな名前で親しまれています。

自宅で行うならわしとしては、「小豆粥（あずきがゆ）」があります。1月15日の朝に小豆粥を食べ、無病息災を願う中国の風習が起源です。魔を祓（はら）うとされるパワーフード、小豆に邪気祓いと厄除（よ）けを願います。

【簡単小豆粥】（2人前）

①1／4カップの米をとぎ、水気を切る。

②砂糖の入っていない煮小豆1／4缶分と、汁1／4缶分をレンジで約5分加熱する。

③炊飯器に①と②、250ccの水、塩少々を入れ、おかゆモードで炊く。

【小正月の訪問者】
仮面や仮装で異形（いぎょう）の姿をした者が小正月に集落の家々を回り、戒めたり、福を授けたりする風習。ナマハゲのほか、なもみ（岩手県）、かせどり（東北・九州各地）などが代表的です。

◆季節をたのしむ

【ロウバイ】
花が減り、葉の緑も減るこの時季に貴重な彩りとなります。梅にも似た黄色い花が、少々うつむき気味に枝先でほころびます。

1月　睦月

16日

元日から……………… 15日
大晦日まで……………349日

［二十四節気］
小寒

［七十二候］末候
雉始めて雊く

地獄の釜の蓋もあく

「地獄の釜の蓋もあく」は、この世の者もみんな仕事を休もうという意味の言い回しです。というのも、地獄の鬼や亡者たちは今日がお休み。1月16日と7月16日の「閻魔賽日」は地獄の釜の蓋が開き、亡者たちも責苦から解放されます。かつては、奉公人の休暇である「藪入り」も閻魔賽日と重なっていたため、閻魔大王を祀る寺院への閻魔詣も盛んでした。各地の閻魔堂では、罪を犯した人間が苦しむさまを描いた地獄絵を掲げ、正しい行いを諭したそうです。

お正月から気が休まらないという方は、「地獄の釜の蓋もあく」のですから、少しのんびりしてみてはいかがでしょうか。

●今日をたのしむ

【念仏の口開け】
新年を連れてくる年神様は、念仏が嫌いだとされています。そのため12月16日～1月15日までの間、念仏はタブー。今日は念仏が解禁される「念仏の口開け」。年神様が身近だった時代を物語る言葉です。

【初閻魔】
毎月16日は閻魔大王の縁日。今年最初の縁日を迎えた今日は初閻魔です。源覚寺（東京都）の閻魔大王は、コンニャクを供えると身代わりとなって病気を引き受けてくれるご利益が。「こんにゃくえんま」の名で親しまれています。

【囲炉裏の日】
1（い）月16（いろ）日、「いい炉」の語呂合わせから。囲炉裏は難しくてもコタツを囲んで団らんを。

【藪入り】
商家の奉公人やお嫁さんが、休暇をもらって郷里に帰る、もしくは骨休めをする日。主人はこの日のために新しい着物をしつらえてやり、小遣いをあげて日頃の労をねぎらいました。

1月 睦月

17日

元日から……………… 16日
大晦日まで…………348日

［二十四節気］
小寒

［七十二候］末候
雉始めて雊く

おむすびの日

1995（平成7）年1月17日、阪神・淡路大震災が発生しました。震災で家も食べ物も失った人々の心を勇気づけたのは、ボランティアによる炊き出しでつくられたおむすびでした。その後、お米の大切さやボランティア精神を忘れぬよう制定されたのが「おむすびの日」です。

おむすびは、古くから日本人を支えてきました。弥生時代の遺跡からも、おむすびの化石が発掘されています。諸説ありますが、「（ご縁を）結ぶ」が語源とも。食材だけでなく、絆や思いもともにいただける、シンプルながらもとびっきりの伝統食です。

●今日をたのしむ

【貫一ぐもり】

尾崎紅葉の著した『金色夜叉』の主人公が婚約者に裏切られ、別れを告げた日が1月17日。今夜の月を一生忘れず、来年も自分の涙で曇らせてみせる、と伝えたことから、今夜の曇天は「貫一ぐもり」。激しく恋人を愛し、憎む男心のあらわれです。

◆季節をたのしむ

【タラコ】

スケソウダラの産卵期は11～1月で、この時季のタラコは大きく、皮が薄く、旨味も凝縮しています。

1月　睦月

18日

元日から	17日
大晦日まで	347日

［二十四節気］
小寒

［七十二候］末候
雉始めて雊く

初観音

毎月18日は観音菩薩（観世音菩薩・観自在菩薩）とご縁を結ぶ縁日です。今日は一年ではじめての縁日、「初観音」。観音様を祀るお寺に詣でれば、いつも以上の功徳を得ることができます。

観音菩薩は、人々の願いを現世で叶えてくれる仏様です。変幻自在、33種類の姿に変身でき、救いを与える者に応じた姿であらわれるといわれています。「三十三間堂（京都府）」や「三十三所巡り」など、観音様にまつわる数字に「33」が多いのはこのためです。

三十三所巡りとは、観音菩薩を本尊とする33の寺院を巡礼すること。より多くの観音様を巡り、より多くの功徳を得ようとする庶民の願いが詰まった信仰の形です。平安時代に誕生した、近畿地方の「西国三十三所」が元祖。その後、全国各地で霊場が整えられ、現在も多くの人が手を合わせます。

●今日をたのしむ

【観音様の背くらべ】

平和祈願や戦没者の慰霊などを目的に、日本各地に建立されてきた巨大な観音様のなかでも、高さ1位は仙台大観音（宮城県・100m）。北海道大観音（北海道・88m）がつづきます。

【東光寺厄除け大祭】

あらゆる災厄を祓う厄神明王を祀る東光寺（兵庫県）の「厄除け大祭」は今日と明日。数十万人の人々が参拝に訪れます。

1月 睦月

19日

元日から……………… 18 日
大晦日まで……………346 日

［二十四節気］
小寒

［七十二候］末候
雉始めて雊く

雪見

北国はとうに雪に覆われていますが、「雪が降る」こと自体が大きなニュースとなる地域もあります。雪の少ない土地に住む人々にとって、雪は季節に彩りを添える空からの贈り物。昔から、真っ白に染まった世界を愛(め)で、風情をたのしむ「雪見」を行ってきました。「雪見酒」「雪見障子(しょうじ)」「雪見灯篭(どうろう)」など、雪をたのしむための趣向は今も受け継がれています。

今日をたのしむ

【南岸低気圧(なんがんていきあつ)】

太平洋側の地域に雪が降るかどうか、その鍵を握るのが南岸低気圧です。冬から春にかけて発生し、名前の通り、日本の本州南岸近くを通過します。その多くは雨を伴いますが、気温が6℃を下回ると雪となる可能性も。進路や発達具合も影響するため、雨が降るか雪が降るのかが予測しづらい、気象予報士泣かせの低気圧です。

【雪見鍋】

体の芯からポカポカとあたたまる冬の定番、鍋料理。目にも美味しい乙な一品となるのが、「雪見鍋」です。つくり方はいたって簡単。醤油味や味噌味ベースでお好みの具材を煮込んだら、雪に見立てた大根おろしをふんだんに入れるだけ。大根に含まれるビタミンCや、胃腸の働きを助けるジアスターゼは、大根おろしにすることで効率よく摂取できます。

【のど自慢の日】

1946（昭和21）年の今日、「NHKのど自慢」の前身である「のど自慢素人音楽会」をNHKラジオが放送しました。

1月　睦月

20日

元日から……………… 19日
大晦日まで……………345日

［二十四節気］
大寒

［七十二候］初候
款冬華さく

大寒（だいかん）

寒さも底の底、一年でもっとも冷え込む時季となる大寒を迎えました。立春からスタートする二十四節気の、最後の節気でもあります。

厳しい天候に春が待ち遠しくなりますが、凍（い）てつく寒さがもたらす恵みもあります。この時季に汲まれる水である「寒（かん）の水（みず）」です。一年でもっとも冷たく、澄みきった寒の水は、清らかな水が必要な日本酒や味噌、醤油の仕込みに欠かせません。日本全国の酒蔵や醤油工場、味噌工場では、寒仕込みの真っ最中。日本酒は春先に、味噌や醤油は秋過ぎに仕上ります。

●今日をたのしむ

【款冬華（ふきのとうはな）さく】
大寒の初候は、雪の下から顔を出すフキノトウが主役です。キク科のフキノトウは、ほろ苦さと香りが身上。葉が開く前に天ぷらやおひたしにしていただきます。高血圧の予防に効果があるカリウムや、女性にうれしい食物繊維もたっぷりの春の使者です。

【二十日正月（はつかしょうがつ）】
今日はお正月の祝い納め。片づけ忘れているお正月飾りやお供え物などがあるならば、きちんと処分しましょう。

1月　睦月

21日

元日から……20日
大晦日まで……344日
［二十四節気］大寒
［七十二候］初候　款冬華さく

初大師と弘法伝説

真言宗の開祖・弘法大師（空海）は、835（承和2）年3月21日に亡くなりました。そのため、真言宗の縁日は毎月21日。今日は新年はじめての縁日、「初大師（初弘法）」です。各地の寺院はご利益を求める多くの人で賑わいます。

「弘法大師」は、真言宗を開き、大陸文化を伝え、教育や土木にも功績を残し……、という数々の偉業をたたえ、朝廷が空海に贈った諡号です。

弘法大師にまつわる伝説は全国に3千以上あるともいわれ、湧出させたという霊水や、腰をかけて休んだとされる石が各地で大切にされています。貴族にとっても、庶民にとってもスーパーヒーローだった弘法大師。お住まいの地域には、どんな伝説が残っているでしょうか。

●今日をたのしむ

【初大師】
真言宗の寺院のなかでも、西新井大師（東京都）や川崎大師（神奈川県）、東寺（京都府）などでは朝から市が立ち、家内安全・無病息災を祈願する参詣客を出迎えます。

【弘法伝説】
真言宗では弘法大師は亡くなっておらず、究極の修行法「入定」を行っているとしています。そのため総本山・金剛峯寺（和歌山県）では、千年以上もの間、毎日欠かさず弘法大師に食事を運び、年に一度、衣替えの法要を営んでいます。

1月 睦月

22日

元日から……………… 21日
大晦日まで…………… 343日

［二十四節気］
大寒

［七十二候］初候
款冬華さく

寒緋桜

大寒の真っただ中、南国・沖縄からは桜の便りがチラホラ。「ヒカンザクラ」とも呼ばれる「カンヒザクラ（寒緋桜）」がほころび、日本でいちばん早い桜祭りを開きます。

ソメイヨシノよりも濃く、くっきりとした色合いの花びらをもつカンヒザクラは、台湾が原産。沖縄諸島や鹿児島県に分布しています。ソメイヨシノは、年間を通して温暖な土地では開花しないため、沖縄で「桜」といえばカンヒザクラなのだとか。一方、日本各地で花開くソメイヨシノの芽は、まだキュッと閉じたまま。花盛りに備えて休眠中です。

●今日をたのしむ

【沖縄の桜まつり】
毎年1月中旬～2月にかけて行う、「もとぶ八重岳桜まつり」、1月下旬の「名護さくら祭り」などがあります。

【カレーの日】
1982（昭和57）年の今日、全国の小中学校の給食でカレーが供されたことにちなみ制定。

◆季節をたのしむ

【タンカン】
沖縄県や鹿児島県で栽培している柑橘・タンカンは糖度が高く、果汁もたっぷり。

1月　睦月

23日

元日から……………… 22日
大晦日まで……………342日

［二十四節気］
大寒

［七十二候］初候
款冬華さく

鼓星（つづみぼし）

空気が乾燥し大気の透明度が上がる冬は、星の瞬きが際立つ季節です。日没が早く、日の出が遅い、つまり夜が長くなるため、自然と星を目にする機会も多くなります。

冬の星座の代表格は、オリオン座です。4つの星を結んだ四角形のなかほどに、3つの星が並んでいます。今の時季ならば21時過ぎ頃、南の空を探せば見つけられるでしょう。「オリオン」はギリシャ神話に登場する狩人です。サソリの毒によって命を落とし、星になったと伝わっています。オリオン座の和名は「鼓星」。たしかに、オリオン座を結ぶとできる、中央がくびれたリボンのような形は鼓に似ています。

●今日をたのしむ

【冬の大三角】

オリオン座の四角形の左上の頂点となっている赤く輝く1等星・ベテルギウスと、オリオン座の内側に並ぶ3つの星を結んだ線を東側に伸ばしていった先にある、ひときわ明るいシリウスをまず結びます。そして、その線を底辺として、東側（左）に正三角形をつくるイメージで空を探すと浮かび上がるクリーム色のプロキオンを結ぶと、冬の大三角ができあがります。

【日本一の星空】

日本でもっとも美しい星空が見られるのは、長野県下伊那郡阿智村。2006（平成18）年、環境省が「日本一星空観測に適した場所」と認定しました。村は「スタービレッジ」として、さまざまなナイトツアーを開催しています。

【ワンツースリーの日】

日付が「ワン・ツー・スリー」の並びになっていることから。「ワン・ツー・スリー」のかけ声で、なにか新しいことをはじめる日です。

1月　睦月

24日

元日から……23日
大晦日まで……341日

［二十四節気］
大寒

［七十二候］初候
款冬華さく

初地蔵

道ばたの祠で、山道で、田んぼのあぜ道で、おだやかな笑みを浮かべ私たちの毎日を見守るお地蔵様は、もっとも身近な仏様かもしれません。今日は新年はじめてのお地蔵様とのご縁を深める日、「初地蔵」です。

お地蔵様の正式な名前は地蔵菩薩。弥勒菩薩があらわれる56億7千万年後の未来まで、人々を救うようお釈迦様に頼まれた仏様です。とくに育児や健康との結びつきが強く、各地で「子育て地蔵」や「身代わり地蔵」が愛されています。ほかにも、暮らしや悩みに寄り添う「○○地蔵」は100以上。いかに私たち日本人が頼みとしてきたのかがわかります。

●今日をたのしむ

【とげぬき地蔵例大祭】

今日はお地蔵様にお参りするとご利益が増すありがたい日です。「とげぬき地蔵」の名で知られる高岩寺（東京都）でも大祭を行い、多くの露店が立ち並びます。とげぬき地蔵のご利益は延命長寿。この日の大法要では20名近くの僧侶が読経を行います。参詣者はそのご利益にあずかるべく、僧衣に手を伸ばします。

【初愛宕】

毎月24日は愛宕神社の縁日でもあるため、今日は初愛宕。愛宕信仰の中枢である愛宕神社（京都府）をはじめ、各地の愛宕神社は多くの人で賑わいます。同社に祀られる神様・カグツチは火を司る神様。そのため火事を除ける火伏せのご利益で私たちの暮らしを守ってくれます。

1月 睦月

25日

元日から	24日
大晦日まで	340日

［二十四節気］
大寒

［七十二候］次候
水沢腹く堅し

合格祈願と初天神

これから本番を迎える受験シーズンの心強い味方、学問の神様といえば天神様・菅原道真（すがわらのみちざね）です。

菅原道真は平安時代の政治家であり、学者。その明晰すぎる頭脳と優秀さゆえに政敵に妬まれ、讒言（ざんげん）により失脚、非業の死を遂げました。しかし生前の功績が認められ、やがて学問の神様として祀（まつ）られるように。全国の天満宮や北野神社の祭神になっています。

菅原道真が2月25日に逝去（せいきょ）したことから、天神様は毎月25日が縁日です。今日は今年はじめての縁日「初天神」。受験や昇進試験合格のお願いをするのには、もってこいの一日です。

●今日をたのしむ

【水沢腹（みずさわあつ）く堅（かた）し】

大寒（だいかん）の次候は、寒さの底で沢の流れも厚い氷となる頃、という意味合い。北国の湖や滝では、日々氷が厚く、大きくなっていきます。

【日本最低気温の日】

1902（明治35）年の今日、北海道旭川（あさひかわ）市で日本の最低気温となるマイナス41℃を記録しました。大寒の真っただ中であるこの時季は、年間の最低気温の更新も珍しくありません。受験本番に備え風邪対策を万全に。

1月　睦月

26日

元日から……………… 25日
大晦日まで……………339日

［二十四節気］
大寒

［七十二候］次候
水沢腹く堅し

文化財防火デー

1949（昭和24）年1月26日、壁画の模写作業を行っていた法隆寺金堂（奈良県）で火災が起きました。釈迦如来や薬師如来、さまざまな菩薩を題材に描かれた壁画は焼損。7世紀末の制作という歴史的価値と高い芸術性により、世界の注目も集めていた壁画の色彩は失われてしまいました。

これを機に制定されたのが、文化財保護法、そして「文化財防火デー」です。長い歴史のなかで生まれ、伝えられてきた文化財を守るため、寺院や博物館などでは防火演習を行います。

法隆寺金堂の失火原因は、はっきりとしていません。漏電や電気器具のスイッチの切り忘れ、ヒーターの過熱など、さまざまな説が報道されました。どれもが、日頃の注意で予防できるものばかり。空気が乾燥する時季だからこそ、自宅の防火もしっかりと。

●今日をたのしむ

【若草山焼き】
同じ「火」でも、こちらは風物詩。古都に早春を告げる若草山焼き（奈良県）は、1月第4土曜日の開催。若草山の枯れ芝に火を放ち、夜空を焦がします。諸説ありますが、江戸時代に先人の慰霊のために芝を燃やしたのがはじまりとも。

●季節をたのしむ

【ちぢみホウレンソウ】
敢えて寒さにさらして栽培したホウレンソウ。凍結を防ぐために葉が縮まり、水分が減り、糖分や栄養が増えています。

1月 睦月

27日

元日から……26日
大晦日まで……338日

［二十四節気］
大寒

［七十二候］次候
水沢腹く堅し

ヤブツバキ

椿が見頃を迎えています。椿の一種、ヤブツバキが群生する伊豆大島（東京都）では、島をあげての一大イベント、「伊豆大島椿まつり」を催します。

ヤブツバキは10m近くにまで成長する、日本原産の常緑高木（じょうりょくこうぼく）。鳥に受粉を媒介させる「鳥媒花（ちょうばいか）」であるため、豊富な蜜でメジロやヒヨドリを誘います。艶（あで）やかな花と可憐なメジロの組み合わせは、目にもたのしい春の使者です。

●今日をたのしむ

【伊豆大島椿まつり】

1月下旬～3月下旬にかけて開催。約450種300万本の椿が咲き誇る島内を巡るスタンプラリーや、大島民謡などの伝統文化が体験できるイベントを多数行います。

【椿餅】

道明寺（どうみょうじ）粉を蒸してあんこを包み、2枚の椿の葉で挟んだ和菓子です。1～2月にかけてつくります。その歴史は古く、平安文学の『源氏物語』にも登場します。

【雨情忌（うじょうき）】

『七つの子』『シャボン玉』『十五夜お月さん』などの童謡で知られる詩人・野口雨情（のぐちうじょう）の忌日（きにち）。地方民謡も多く手がけ、伊豆大島を舞台とした『波浮（はぶ）の港』は昭和初期に大ヒットしました。

1月　睦月

28日

元日から……………… 27日
大晦日まで…………… 337日

［二十四節気］
大寒

［七十二候］次候
水沢腹く堅し

初不動

額に刻まれた深いシワ、ギロリと睨みつける眼光、食いしばった口からのぞく鋭い牙。不動明王は、迷いや災いを焼き尽くす炎を背負い、激しい怒りの形相で悪を退けてくれる仏様です。今日は今年はじめての不動明王の縁日、「初不動」。一年でもっとも深いご縁を授かる日です。各地の不動明王を祀る寺院では、炎の力によって煩悩を焼失させ、所願成就を願う護摩行や火渡り行を行います。

不動明王はその名の通り、どっしり構え、何事にも動じない精神、「不動心」を授けてくれるとも。迷いが生じているときには、そっと力を貸してくれるでしょう。

●今日をたのしむ

【不動明王】
不動明王は、密教における宇宙の根元・大日如来の化身です。優しく諭しても煩悩を捨てきれない人々を救うため、憤怒の姿であらわれ教え導きます。成田山新勝寺（千葉県）、高幡不動尊金剛寺（東京都）、瀧谷不動明王寺（大阪府）などが知られ、それぞれに「お不動さん」と親しまれています。

【初荒神】
仏・法典・僧侶を守る仏法の守護神・三宝荒神も今日がはじめての縁日です。三宝荒神も憤怒の形相をもつとされる荒ぶる神様。その厳しさが火の清浄性と結びつき、台所や竈を守るご利益でも信仰を集めています。清荒神清澄寺（兵庫県）や笠山三宝荒神社（奈良県）では大祭を行います。

1月 睦月

29日

元日から……………… 28日
大晦日まで……………336日
［二十四節気］
大寒
［七十二候］次候
水沢腹く堅し

氷の芸術

「水沢腹く堅し」。沢の流れも厚く堅い氷となる、という七十二候があらわす通り、寒さの厳しい地域の滝は凍ったまま。この時季だからこそ見られる氷の芸術をたのしむイベントを各地で開催しています。

凍結した滝を意味する「氷瀑」の名を冠するのは、北海道上川郡上川町の「氷瀑まつり」。石狩川河川敷を会場に、巨大な氷像が立ち並びます。アイスクライミングの体験場や氷の滑り台で、大人も子供も大はしゃぎです。

埼玉県秩父市では高さ10m・幅50mにも及ぶ「三十槌の氷柱」をライトアップ。自然がつくり出した氷のオブジェを堪能できます。

◆今日をたのしむ

【昭和基地開設記念日】

氷の芸術どころか大地が氷に覆われる南極大陸。かの地で行うさまざまな科学観測の中枢となっている昭和基地は、1957（昭和32）年1月29日に開設されました。

◆季節をたのしむ

【ワカサギ】

氷上釣りが風物詩となっているワカサギは今が旬。産卵を控えたメスはとくに美味で、天ぷらやフライがオススメ。表面がみずみずしく艶のあるものが新鮮です。

1月 30日　睦月

元日から……………… 29日
大晦日まで…………… 335日

［二十四節気］
大寒

［七十二候］末候
鶏始めて乳す

味噌は医者いらず

三十日（晦日）と書いて「みそか」と読むことから、毎月30日は「味噌の日」です。

味噌は大豆と米麹（こうじ）（もしくは麦麹）、食塩をまぜ合わせたものを発酵・熟成させてできあがります。奈良時代には貴族のみが口にできる高級食材でしたが、室町時代には各家庭でつくられるようになりました。長い歴史と風土に育まれた「ご当地味噌」は、全国で千種類以上。日本の食卓を支えつづけている、まさに国民的調味料です。

「味噌は医者いらず」という、江戸時代のことわざがあります。先人が体験的に味噌と健康効果を結びつけていた証ですが、現代の科学によってその実態があきらかにされつつあります。

大豆に含まれるタンパク質は、発酵によってさまざまなアミノ酸へと変化しますが、そのなかには人間が生きて

●今日をたのしむ

【鶏始めて乳す（にわとりはじめてにゅうす）】

かつてはニワトリが卵を産みはじめることも、春の兆しのひとつでした。大寒（だいかん）の末候は、ニワトリが子育てシーズンに入ることを意味しています。

一年中出回っている卵ですが、旬は2～4月。寒さのために産卵量が減り、卵が母鳥の胎内にいる期間も長くなるため、栄養価が高くなるのだそうです。ただし有精卵に限ります。

【味噌の郷土料理】

北海道の「石狩鍋」、青森県の「貝焼き味噌」、千葉県の「なめろう」、愛知県の「味噌煮込みう

いく上で欠かせない、9種類の必須アミノ酸すべてが含まれています。必須アミノ酸が不足すると起こりがちな、髪の毛や肌が老化する、全身の筋肉量が少なくなる、思考力や集中力が低下する、といったトラブルを防いでくれるわけです。

そのほかにもビタミンやミネラル、食物繊維が豊富。塩分が高いイメージがありますが、味噌汁にしてほかの具材といただくことで、たくさんの栄養素を摂取できる理想的なメニューとなります。

1日一杯の味噌汁を飲みつづけた人は、飲まない人よりも胃がんや乳がんになりにくく、生活習慣病にもかかりにくい、というデータもあります。

「医者に金を払うよりも、味噌屋に払え」。こちらも江戸時代のことわざです。味噌は調味料であると同時に、「身近な万能薬」ともいえるでしょう。

どん」、広島県の「牡蠣の土手鍋」など、その数は数えきれません。今晩のメニューにいかがでしょうか。

◆季節をたのしむ

【寒シジミ】

1～2月にかけて獲れるシジミは、越冬するために栄養をしっかりと蓄えています。旨味成分も増えているため、より豊かな風味に。疲労回復、美肌効果も抜群です。

1月　睦月

31日

元日から……………… 30日
大晦日まで…………… 334日

［二十四節気］
大寒

［七十二候］末候
鶏始めて乳す

愛菜？ それとも愛妻？

1（アイ＝愛）月31（さい）日の語呂合わせから、今日は野菜を愛する「愛菜の日」。さらには、愛する妻に感謝する「愛妻感謝の日」でもあります。

もっと野菜を食べよう！という「愛菜」はさておき、妻に感謝する「愛妻感謝」は具体的にどうすれば？と戸惑う方、「いつもありがとう」のひと言と、ちょっとした花束などで愛情と感謝を伝えてみてはいかがでしょうか。

●今日をたのしむ

【晦日正月（みそかしょうがつ）】

本来、「みそか」は三十日のみを指していましたが、次第に月の最後の日を意味するようにもなりました。そのため今日は1月最後の日、「晦日正月」です。かつてはお餅をついてお祝いしたり、年始のご挨拶に伺えなかった方を訪問したりしたそうです。明日からは2月。冬から春へと季節のバトンタッチが行われます。

◆季節をたのしむ

【鍋料理】

愛菜、すなわち野菜をしっかり食べるには、カサが減る鍋料理がうってつけ。盛りを迎えているシュンギク、白菜、ネギ、ミツバを中心に、たっぷりといただきましょう。

【そろそろ節分の準備】

2月上旬の年中行事には、3日の節分がありま す。鬼のお面や豆の用意はお済みでしょうか。

2月

如月

きさらぎ

寒さが厳しさを増すなかで、
ほんのり漂いはじめる春の気配。
次なる季節の兆しを見つけるたびに、
胸が高鳴ります。

2月 如月

1日

元日から……………… 31日
大晦日まで……………333日

［二十四節気］
大寒

［七十二候］末候
鶏始めて乳す

春へのウォーミングアップ

旧暦2月は「如月(きさらぎ)」。転じて、現在用いられている新暦2月の別名としても親しまれています。如月の語源には、寒さのために着物を重ねる「衣更着」、春めいて陽気が盛んになる時季を意味する「気更来」などがあります。寒さのなかにも、春の気配がほんのりと。草木も動物たちも、そして私たちも、目覚めの季節へのウォーミングアップをはじめるタイミングです。

新生活、趣味、習い事、生活習慣……。来たる春にスタートすること・したいことの下調べをはじめてみましょう。

●今日をたのしむ

【二月礼者(にがつれいじゃ)】

かつては本業が忙しくてお正月のご挨拶回りを行えない料理屋や役者などが、2月1日に回礼する「二月礼者」というならわしがあり、冬の季語にもなっています。お正月に休めない職種が増えている今だからこそ、「二月礼者」を名乗りながらのご挨拶や手紙、ハガキなどが役立ちそうです。

【2月の別称】

「如月」のほかにも「梅見月(うめみづき)」「初花月(はつはなづき)」「雪消月(ゆきぎえづき)」などがあります。いずれにも春を歓び、待ち侘(わ)びる先人の思いが込められています。

【テレビ放送記念日】

1953（昭和28）年の今日、日本ではじめてのテレビ本放送をNHKが行いました。

2月　如月

2日

元日から……………… 32日
大晦日まで……………332日

［二十四節気］
大寒

［七十二候］末候
鶏始めて乳す

お稲荷様と初午(はつうま)

2月最初の午の日は「初午」と呼び、各地のお稲荷様はお祭りを開きます。711（和銅4）年の初午に、稲荷神が稲荷山（京都府）に降臨したという伝承に由来する風習です。稲荷山には現在、伏見稲荷大社が鎮(しず)まり、稲荷神の名前を「宇迦之御魂大神(うかのみたまのおおかみ)」として祀(まつ)っています。全国に3万社ともいわれる稲荷社の多くが、伏見稲荷大社を勧請(かんじょう)したものです。

お稲荷様は五穀豊穣や商売繁盛をもたらす神様。大きな神社だけでなく、商店街の一隅(いちぐう)やビルの屋上の小祠(しょうし)からも暮らしを見守っています。今日、稲荷社を見かけたら、そっと手を合わせたいものです。

●今日をたのしむ

【お稲荷様と油揚げ】
お稲荷様のお使いは、稲荷社にある像でもおなじみのキツネ。お祭りの際にはキツネの好物である油揚げをお供えし、願い事を届けてもらいます。「稲荷寿司」の語源も、油揚げを用いることから。初午には稲荷寿司をお供えする地域もあります。

【初午団子】
養蚕(ようさん)が盛んだった地域には、初午に繭(まゆ)の形を模した団子をつくり、豊作を願う風習があります。

【夫婦の日】
2（ふう）月2（ふ）日の語呂合わせ。

2月　如月

3日

元日から…… 33日
大晦日まで……331日

［二十四節気］
大寒

［七十二候］末候
鶏始めて乳す

季「節」の「分」かれ目、節分

明日は立春。暦の上では春がはじまります。そして、今日は冬と春というふたつの季節の分かれ目、節分です。

もともと「節分」は立春・立夏・立秋・立冬の前日それぞれをあらわす言葉でした。しかし旧暦では、春の到来をお正月と並ぶ新年のはじまりとし、とくに大切にしていたことから、今日だけを意味するようになりました。

古来、季節と季節の隙間には災いや邪気が忍び込むとしてきました。たしかに季節の変わり目は気もそぞろになりやすく、体調を崩しがち。そういった「災厄」や「病魔」「油断」といったおそろしいものを、鬼と一緒に祓(はら)ってしまおうというのが、豆まきをはじめとする節分の風習です。

「鬼」は人に悪さをするもの、目に見えないものである「隠(おん)」に由来しています。昔から鬼のような悪いものは、

●今日をたのしむ

【やいかがし】
焼いたイワシの頭をヒイラギの枝に刺し、玄関や門口に飾る「やいかがし」も、鬼を追い払うおまじない。ヒイラギの尖った葉が、鬼の目を突いてくれるのだそうです。

丑寅（うしとら）（北東）の方角、いわゆる「鬼門」からやってくると考えられてきました。そのため、**牛**の角と**虎**の牙をもつ鬼の姿ができあがったといわれています。

節分行事の中心ともいえる豆まきは、14世紀頃に生まれました。平安時代の宮中行事であった邪気祓いの風習「追儺（ついな）」をルーツとし、豆をまくのは「魔（ま）を滅（め）する」の語呂合わせから。今日は日本中に「鬼は外、福は内」のかけ声が響き渡ります。

豆をまいて無事に鬼を追い払ったあとは、運を開き、福を招くならわしが待っています。まずは自分の年齢と同じ数の豆を食べて無病息災を願う「年取り豆」。大阪の老舗寿司店で生まれ、近年急速に広まった「恵方巻き」もあります。その年のよい方角である恵方を向きながら太巻き寿司にかぶりつき、無言で食べきると、一年間病気をせずに過ごせるといわれています。

鬼が苦手と伝わるイワシを節分の行事食とする風習もあります。今は、メザシとしてもおなじみのウルメイワシが旬。マイワシやカタクチイワシを使ったつみれ汁も定番です。

【節分蕎麦（そば）】

節分は、現代の大晦日（おおみそか）にも通じる特別な日です。蕎麦を食べ、縁起を担ぐ風習もあります。

【豆】

神棚があるお宅では、前日までに豆をお供えし神様の力を宿しておきます。炒った大豆が古来の風習ですが、北海道や東北地方では、落花生をまく家庭も多いようです。また、大豆を数粒ずつ個包装したタイプも、掃除の手軽さから広まりつつあります。

鬼を祓う効果はきっとどれも同じ。家ごとのスタイルで、節分をたのしみましょう。

如月

4日

元日から……………… 34日
大晦日まで…………… 330日

［二十四節気］
立春

［七十二候］初候
東風凍を解く

立春大吉

暦の上では今日から春です。立春は、旧暦を24等分した「二十四節気」のはじまりの節気でもあります。八十八夜や土用、二百十日といった雑節は今日を起点に決めています。

「立春大吉」と縦に書いた紙を柱や玄関に貼るのは、一年を無事に過ごすためのおまじないです。曹洞宗の開祖・道元が伝えたとされ、すべての文字が左右対称であることから、バランスや安定に通じる縁起を担いでいます。また、「立春大吉」を掲げた家に鬼が入り振り返ったところ、裏からも見ても「立春大吉」となる札に「まだ家に入っていなかったのか」と勘違いし、逆戻りして出ていった、という逸話も。鬼や厄を除けてくれる「立春大吉」の札を授与するお寺や神社もあります。お手製の「立春大吉」とともに、新たなスタートを切るのもいいですね。

今日をたのしむ

【東風凍を解く】

七十二候の一年は、東から風が吹いてはじまります。かつて親しまれていた陰陽五行の思想では、東は春を司る方角。東風は、寒さが少しゆるんだ春風です。

季節をたのしむ

【立春朝搾り】

立春の早朝に搾り上げた生原酒を瓶詰めした縁起酒です。日本名門酒会に加盟する蔵元と酒屋でのみ生産、販売するレア商品。春をことほぐにふさわしいフレッシュで爽やかな味わいです。

2月 如月

5日

元日から……35日
大晦日まで……329日

［二十四節気］
立春

［七十二候］初候
東風凍を解く

春告草（はるつげぐさ）

厳しい寒さのなかで、梅の花がチラホラと咲きはじめています。控えめで気品あふれる五弁花（ごべんか）は、昔から春の到来を知らせる「春告草」として愛されてきました。日本人に備わる、季節のうつろいを慈（いつく）しむ感性の原点といえるかもしれません。奈良時代に「花見」といえば、桜ではなく梅だったほど。今でも各地の梅林は見物客で賑わいます。花より団子派の方は、梅饅頭（まんじゅう）や梅羊羹（ようかん）で春告草をたのしんでみては。

今日をたのしむ

【旧正月】

旧暦では新暦の立春前後に元日を迎えます。中国では旧正月を「春節（しゅんせつ）」と呼び、盛大にお祝いすることから、横浜中華街や長崎新地中華街などゆかりの深い地域では、お祭りやパレードを行います。


【笑顔の日】

2(に)月5(こ)日、「ニコニコ」の語呂合わせから笑顔の日。


【雛祭りの準備】

新暦で雛祭り（P78）をする方は、そろそろお雛様を出す日にちを決めておきましょう。地域による違いはありますが、なにをするにも縁起がよい大安を選んで出す方が多いようです。先勝（せんしょう）なら午前中、先負（せんぶ）なら午後に出す、といった風習もあります。

季節をたのしむ

【博多ツボミナ】

「博多に春を告げる野菜」として、福岡県限定で栽培されているアブラナ科の新顔野菜です。手のひらサイズの白菜といったような姿で、まさに春の蕾（つぼみ）。ツンと鼻に抜ける辛味としっかりとした歯ごたえが特徴。浅漬けや天ぷらが美味。

2月 如月

6日

元日から……………… 36日
大晦日まで…………… 328日

［二十四節気］
立春

［七十二候］初候
東風凍を解く

ポカポカのんびり、お風呂の日

今日は、2（ふ）月6（ろ）日で「お風呂の日」です。日本人が大好きなお風呂は、6世紀に仏教とともに伝来した沐浴や、古来の清めの儀式である「禊」が由来といわれています。

体の冷えるこの時季は、汚れを落とすだけでなく、お風呂で体の芯からあたたまりたいもの。そのためには、37〜39℃の「ちょっとぬるいな」と感じる程度のお湯に、のんびり15分ほど浸かる「微温浴」がオススメです。リラックスする際に活発になる副交感神経を刺激することで血流が増え、体がポカポカに。さらに湯冷めもしにくく、安眠や疲労回復にも効果があります。

●今日をたのしむ

【海苔の日】
節分の恵方巻きでも大活躍した海苔は、古の時代も日本の食を支えていました。702（大宝2）年に施行された大宝律令では、租税のひとつとして記載されています。海からの贈り物である海苔に感謝し、おおいに食べようと、大宝律令の施行日を新暦に換算した今日が、海苔の記念日となりました。海苔を無料で配布するイベントも開きます。

【お燈まつり】
神倉神社（和歌山県）の例祭。家内安全を願う2千人の男性参加者が松明を手に石段を駆け下ります。その様子はまるで火をまとう下り竜。千年以上つづく、勇壮な火祭りです。

【さっぽろ雪まつり】
北の大地では冬の一大イベント、さっぽろ雪まつりを開催中。世界各地から参加者が集う国際雪像コンクールを開き、200を超える雪像が並びます。

2月 如月

7日

元日から……………… 37日

大晦日まで……………327日

［二十四節気］
立春

［七十二候］初候
東風凍を解く

春一番

身の周りに訪れる春の兆しを今か今かと待つこの時季、南からビューッと「春一番」が吹いてきます。

春一番は立春から春分（3月21日頃）までの間に吹く、その年はじめての強い南風のこと。いわゆる西高東低（せいこうとうてい）の冬型の気圧配置が崩れ、日本海側を発達した低気圧が北東に進む際に発生します。風をなまぬるく感じるほど気温が上がるのも特徴です。

もとは漁師たちが使っていた言葉ですが、歳時記やニュースによって浸透しました。年によっては、春二番、春三番が吹くことも。これらが吹いた翌日は寒さが戻ることが多いため、気温差にもご注意を。

今日をたのしむ

【長野の日（オリンピックメモリアルデー）】

1998（平成10）年2月7日、長野冬季オリンピックが開会したことを記念して制定されました。同大会では金メダルを獲得したスキー・ジャンプ団体が大きな話題となりました。

【ニゴロブナの日】

2月5～7日は、滋賀県の伝統料理「鮒（ふな）ずし」の原料でもあるニゴロブナの日。琵琶湖の固有種であるニゴロブナは旬を迎え、鮒ずしの仕込みも大忙しです。

2月　如月

8日

元日から……………… 38日
大晦日まで……………326日

［二十四節気］
立春

［七十二候］初候
東風凍を解く

物への感謝、針供養

2月8日は「御事始（おことはじめ）」（地域によっては「御事納（おことおさめ）」）。厄日とされ、身を慎（つつし）み、仕事をせずに過ごす一日でした。

昔の女性にとって裁縫は大切な仕事であったため、やはり針仕事はお休み。やがて折れたり曲がったりした古い針の労をねぎらい、感謝する「針供養」の風習が生まれました。物にも魂が宿ると考え、大切にしてきた先人の心持ちがよくわかるならわしです。

各地の神社やお寺では、針供養を行います。参拝者は使えなくなった針をやわらかいコンニャクや豆腐に刺し、これまでの感謝を込め供養するとともに、さらなる裁縫の上達を願います。

今日をたのしむ

【御事始・御事納】
田の神様を迎え、春の農作業を「始める」日とするか、お正月に関わるすべての行事を「納める」日とするかで、名前が変わるといいます。

【御事汁】
無病息災や豊作を願って御事始に食べてきた根菜たっぷりのお味噌汁。地域によって違いはありますが、サトイモ・大根・ゴボウ・ニンジン・コンニャク・小豆（あずき）が代表的な具材です。食物繊維やビタミン類が豊富で、体の芯からポカポカに。

2月 如月

9日

元日から……………… 39日
大晦日まで…………… 325日

［二十四節気］
立春

［七十二候］次候
黄鶯睍睆く

ふく・服・福・フク

語呂合わせで「ふく」と読める今日は、さまざまな「ふく」にゆかりがある一日となっています。

まずはファッションをたのしもうという「服の日」。「福」がつくことから「大福の日」にもなっています。また、冬に旬を迎える高級魚・フグとも関わりが深く、各地のフグ料理店では値引きサービスが。フグの本場である山口県下関市では、フグは「不遇」につながり、フクは「福」につながると、験(げん)を担いで「フク」と呼ぶのだそうです。

いずれにせよ福なる風が吹く、縁起のよい一日となりますように。

【治虫忌(おさむき)】
『鉄腕アトム』『火の鳥』『リボンの騎士』などを生み出した漫画の神様・手塚治虫(てづかおさむ)の命日です。

●今日をたのしむ

【黄鶯睍睆く(うぐいすなく)】
立春の次候は、春告鳥(はるつげどり)としても知られる鶯(うぐいす)の鳴く頃といった意味合いですが、実際に鶯の声が響き渡るのはもう少し先。2月下旬に九州地方や四国地方で、3月上旬には中国地方、近畿地方、東海地方、関東地方で初鳴きが観測されます。

●季節をたのしむ

【鶯餅】
鶯の鳴き声はまだ聞こえてきませんが、和菓子屋の店頭には鶯餅が並びはじめる頃。あんこを餅または求肥(ぎゅうひ)で包み、両端を尖らせ、青きな粉をまぶすことで鶯の姿や羽色をあらわしています。

2月　如月

10日

元日から……40日
大晦日まで……324日

［二十四節気］
立春

［七十二候］次候
黄鶯睍睆く

日頃の気持ちを届ける「封筒の日」

今日は、季節のご挨拶やお礼状といった手紙だけでなく、ちょっとしたプレゼントを包む際にも役立つ封筒（ふう＝2・とう＝10）の日です。

メールやSNSが全盛の今だからこそ、封書は送り手も受け手も「特別」が味わえてうれしいもの。折しも4日後は、バレンタインデーです。チョコレートとともに気持ちを言葉にあらわして、封筒に届けてもらいましょう。

●今日をたのしむ

【ニットの日】

ニット（2）ト（10）の語呂合わせ。セーターをはじめ、帽子や手袋、マフラーなど、まだまだ寒いこの時季はニット製品が大活躍。脱いだあとに洋服ブラシをかけるひと手間で、毛玉がグッとできにくくなります。

●季節をたのしむ

【マンサク】

春先に「まず咲く花」が語源ともされるマンサクは、細長く縮れた花弁が特徴。若葉が伸びる前に、黄色もしくは赤い花が賑やかに咲きます。

●今日をたのしむ

【時候の挨拶】

手紙に欠かせないのが時候の挨拶。難しく考えがちですが、前文は「こういった季節ですがお元気ですか」、末文は「それではお元気でお過ごしください」といった意味合い。今の時季ならば「余寒（よかん）」「春寒（しゅんかん）」「梅花（ばいか）」といった季節の言葉が重宝されます。

2月　如月

11日

元日から	41日
大晦日まで	323日

［二十四節気］
立春

［七十二候］次候
黄鶯睍睆く

建国記念の日

誰にでも誕生日があるように、日本という国にも誕生日があります。それが今日、建国記念の日です。「建国をしのび、国を愛する心を養う」（国民の祝日に関する法律より）祝日となっています。

今日はかつて、「紀元節」と呼ばれていました。明治時代、日本のはじまりを祝う日を望む声が高まり、定められたのが紀元節です。初代天皇（神武天皇）が即位した日を新暦に換算し、2月11日に制定されました。

戦後、紀元節は廃されたものの、1966（昭和41）年に「建国記念の日」として国民の祝日に加わりました。

紀元節、そして建国記念の日には、『古事記』や『日本書紀』が伝える日本神話が深く関係しています。今日は日本の歴史や国の成り立ちについて調べてみても面白そうです。

今日をたのしむ

【氷と雪の祭典】

もっとも雪の多いこの時季、北海道のオホーツク海は、ロシアからやってきた流氷に覆われます。北海道の紋別市では「もんべつ流氷まつり」、旭川市では「旭川冬まつり」、秋田県美郷町では「六郷のカマクラ」、山形県では「蔵王樹氷まつり」、栃木県では「湯西川温泉かまくら祭」などなど、北国では寒さに負けじと雪や氷をたのしむイベントが目白押しです。

2月　如月

12日

元日から	42日
大晦日まで	322日

［二十四節気］
立春

［七十二候］次候
黄鶯睍睆く

菜の花忌

今日は菜の花忌。『竜馬がゆく』『坂の上の雲』などの名作を生み出した司馬遼太郎の命日です。菜の花は、生前に彼がこの花を好んだことと、長編『菜の花の沖』に由来しています。

1923（大正12）年、大阪府大阪市に生まれた司馬遼太郎は、新聞社勤務を経て作家活動に専念。歴史上の人物をいきいきと描く作風が多くの人の心を掴んでいます。その影響は大きく、幕末の英雄、坂本竜馬のパブリックイメージは、彼がつくり上げたものだとも。日本各地、世界各国の「道」から歴史を紐解く紀行『街道をゆく』シリーズも読み継がれています。

今日をたのしむ

【レトルトカレーの日】

日本初のレトルト食品は「ボンカレー」。1968（昭和43）年の今日、発売されました。50年以上の時を経て、レトルト包装も進化。非常食としても活躍しています。

季節をたのしむ

【ナバナ】

食用菜の花（ナバナ）は花が開くとえぐみが強くなるため、蕾が固く閉まっているものを選びます。ビタミンCが豊富で、わずか1／2束で一日の摂取目安量をクリアできるほどです。

2月 如月

13日

元日から……………… 43日
大晦日まで…………… 321日

［二十四節気］
立春

［七十二候］次候
黄鶯睍睆く

苗字制定記念日

「一」「東西南北」「四月朔日」「小鳥遊」、これらの苗字はなんと読むでしょう？　正解は「にのまえ」「よもひろ」「わたぬき」「たかなし」。なんとなく理由がわかるものもあれば、まったく想像が及ばないものも。20万とも30万ともいわれる日本の苗字の豊かさがわかります。

今日は苗字制定記念日。1875（明治8）年の今日、誰しもが姓を名乗るよう義務づけられたことに由来しています。苗字は先人たちの残した貴重な足跡。自分のルーツがどこにあるかを確認する、絶好の機会といえるでしょう。


【厄地蔵さん】

塩澤寺（えんたくじ）（山梨県）のお地蔵さんは、今日の正午から明日の正午まで耳を開き、人々の願いを聞き届けてくれるそう。年の数だけお団子などのまるい物を供えると災厄を除（よ）けてくれると、厄年の老若男女が訪れます。

●今日をたのしむ

【土佐文旦（ぶんたん）の日】

高知県の特産果樹である土佐文旦を広めるために制定されました。土佐文旦が旬を迎える2月に「ぶ（2）んたん」をかけ、13日が「とさ」と読めることに由来。爽やかな甘味と独特の苦味が身上の柑橘（かんきつ）です。

●季節をたのしむ

【シラウオとシロウオ】

旬のシラウオとシロウオは似て非なるもの。シラウオは握り寿司のネタともなる、体長10cmほどのシラウオ科の魚です。一方、シロウオは踊り食いでも知られるハゼ科の魚。体長はおよそ5cm。

2月　如月

14日

元日から……………… 44日
大晦日まで……………320日

［二十四節気］
立春

［七十二候］末候
魚氷に上る

バレンタインデー

思いを託すチョコレートは甘いのに、苦い、切ないといった思い出もときには残すバレンタインデー。この日に女性が男性へチョコレートを渡す風習は、じつは日本独自のものです。

バレンタインデーが愛の日となった由来は、3世紀まで遡ります。古代ローマ帝国の皇帝クラウディウスⅡ世は、後ろ髪を引かれる思いで兵士が戦場に赴いては士気が下がると、若い男性の結婚を禁止しました。しかし、バレンタイン（バレンティノ）司祭は皇帝の命にさからい、多くの結婚式を執り行います。皇帝の怒りに触れた司祭は処刑され、刑の執行日であった2月14日がバレンタインデー（聖バレンティノの日）となりました。もとは親子が愛の言葉や教訓を記したカードを交換するならわしでしたが、20世紀になると恋人や夫婦など、男女でプレゼントや

●今日をたのしむ

【魚氷に上る】

立春の末候は、少しずつぬるんできた沢や湖の水から顔を出す魚が主役です。2月中旬～3月いっぱいは、渓流釣りの解禁シーズン。釣り人たちはワクワク、ソワソワしながら過ごします。

カードを贈り合うよう変化したといいます。

日本でバレンタインデーが知られるようになったのは、１９５８（昭和33）年頃から。製菓会社とデパートが「バレンタインデーにチョコレートを贈ろう」というキャンペーンを行ったのがキッカケです。その後、次第にバレンタインとチョコレートがセットになっていき、１９７０年代に定着しました。

今や意中の男性に贈る「本命チョコ」だけでなく、上司や取引先などに贈る「義理チョコ」、友達同士で贈り合う「友チョコ」、自分へのご褒美「マイチョコ」など、チョコのカタチは多種多様です。

また、チョコレートに含まれるカカオポリフェノールがもつ、動脈硬化を予防する、血圧を下げるといった働きにも注目が集まっています。甘い香りには集中力や記憶力を高める効果があるとも。「好き」とともに、「体に気をつけてね」「勉強がんばって」「お仕事お疲れ様」といった気持ちと健康効果を贈るなら、カカオポリフェノールを多く含むものを選びましょう。

【ふんどしの日】
「ふん（2）どし（14）」と読む語呂合わせ。日本ならではの下着であるふんどしを、バレンタインチョコレートとともに贈る提案も行われています。

【煮干しの日】
こちらも語呂合わせ。辛党の方には、チョコレートではなく煮干しをプレゼント、なんて手も。

2月　如月

15日

元日から……………… 45日
大晦日まで……………319日

［二十四節気］
立春

［七十二候］末候
魚氷に上る

お釈迦様を偲ぶ涅槃会

旧暦2月15日はお釈迦様が入滅した（亡くなった）日です。多くのお寺がお釈迦様を偲ぶ法会、「涅槃会」を開きます。

「涅槃」は、古代インドで用いられたサンスクリット語では「ニルヴァーナ（nirvāṇa）」。「炎を吹き消す」という意味をもち、そこから「すべての煩悩の火が消えた悟りの境地」とともに、お釈迦様の死をあらわす言葉となりました。

お釈迦様は頭を北に向けて横たわり、たくさんの弟子や信者に囲まれて亡くなりました。仏像の「涅槃像」や、涅槃会で本堂に掲げられる「涅槃図」は このときの様子をあらわしたものです。

●今日をたのしむ

【涅槃西風】
今日、頬を撫でるようなおだやかな西風が吹いたら、それは「涅槃西風」。強く吹いたら「涅槃嵐」です。

【西行忌】
平安時代の歌人・西行の命日は明日。しかし、お釈迦様と同じ日に亡くなることを望み詠んだ「願はくは　花の下にて春死なん　その如月の望月の頃」に応え、今日が忌日となりました。旧暦の15日の多くは満月（望月）にあたります。

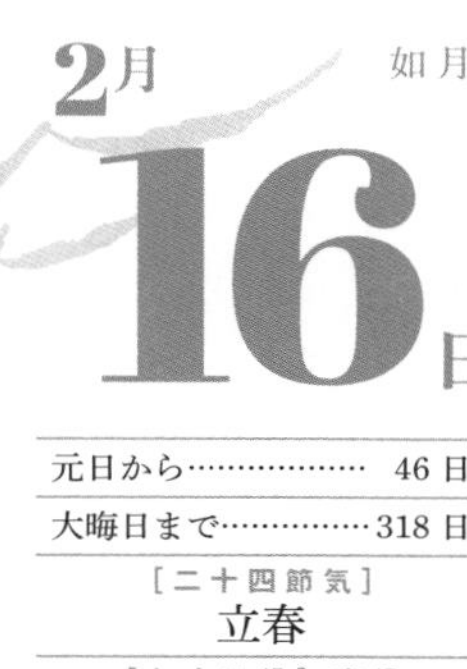

2月 如月

16日

元日から……46日
大晦日まで……318日

［二十四節気］
立春

［七十二候］末候
魚氷に上る

寒天の日

2005（平成17）年の今日、テレビの全国放送で寒天が健康食品として取り上げられました。その後、世は空前の寒天ブームに。これを記念したのが「寒天の日」です。

テングサなどの紅藻類（こうそうるい）を煮溶かして固めたトコロテンを凍（こお）らせ、乾かしてできる寒天が生まれたのは江戸時代初期。厳冬の折、戸外に放置していたトコロテンの変化に気づいた宿屋の主人が製法を研究し、売り出しました。やがて江戸時代後期に寒天づくりが信濃国諏訪地方に伝わると、冬場の気温の低さも相まって一大産地に。今も寒天の生産量は長野県が全国1位です。

今日をたのしむ

【寒天づくり】

寒天づくりは冬の寒さがあってこそ。長野県茅野（ちの）市では12月中旬〜2月下旬が天然寒天づくりのシーズンです。自然凍結、自然解凍、天日乾燥を繰り返し、天然寒天ができあがります。

【寒天の健康パワー】

寒天のほとんどは食物繊維でできています。その含有量はあらゆる食品のなかでもトップクラス。血圧を下げる、悪玉コレステロールを減らす、血糖値を下げる、といった食物繊維の働きが効果的に発揮されます。カロリーがほぼゼロなのもうれしいところ。

長野県では寒天を味噌汁の具にする方も多いそうで、都道府県別平均寿命において男性は2位、女性は1位という長寿は寒天が支えているともいえるでしょう。

〈寒天入り味噌汁〉
（1人前）

①棒寒天1／4本（2g）は表面を洗ってから水で戻し、硬く絞って細かくちぎっておく。
②いつも通りにつくった味噌汁をお碗に盛り、①を散らして完成。

2月　如月

17日

元日から……………… 47日
大晦日まで……………317日

［二十四節気］
立春

［七十二候］末候
魚氷に上る

豊かな実りを願う 祈年祭（きねんさい）

私たち日本人は、大昔からお米をはじめとする農作物に命を支えられてきました。春には豊作を願い、折りあるごとに雨や晴れを望み、秋には収穫に感謝し頭を垂れる。農作業と祈りは一体となり一年を巡ります。

今日はその巡りの幕開けともいえる日。これからはじまる本格的な農作業シーズンに先立ち、作物の豊かな実りを祈る「祈年祭」を宮中や各地の神社で行います。

「としごいのまつり」とも読む祈年祭は、奈良時代からの伝統をもつ祭儀です。おだやかな天気に恵まれますように。悪い病気が流行しませんように。害虫が発生しませんように……。無事なる収穫を願う祈りをささげます。農業を生業（なりわい）としなくとも、農作物が実り、食卓に上るありがたみを感じ、豊作を願いたいものです。

今日をたのしむ

【八戸（はちのへ）えんぶり】

青森県八戸市では、豊作を願う田踊りである「えんぶり」を奉納します。「えんぶり」は「えぶり」という農具を手にもって踊ったことに由来。力強い舞で凍（い）てつく大地を揺らし、春を目覚めさせる郷土芸能です。

季節をたのしむ

【アサツキ】

ネギの近親種であるアサツキはピリリとした辛味とシャキシャキの歯ごたえが魅力。さっと湯がいて酢味噌和（あ）えに。

2月　如月

18日

元日から	48日
大晦日まで	316日

［二十四節気］
立春

［七十二候］末候
魚氷に上る

初音前線、北上中！

鶯のさえずりを耳にすると、冬から春へと季節が動いた瞬間を実感し、心が一気に明るくなります。それは古の人々も同じだったようで、鶯の別名は「春告鳥」です。「ホーホケキョ」はオスがメスを誘う、恋の歌。その年はじめてのさえずりを「初音」と呼び、季節を知る指標にもなっています。そろそろ九州で初音が聞かれる頃。その後、3カ月ほどかけ、日本列島を初音前線が北上します。

今日をたのしむ

【方言の日】

鹿児島県大島郡に属する奄美諸島の方言を残し、伝えていくため、2007（平成19）年に制定。「方言」を意味する言葉の違いにより、奄美大島では「シマユムタ（シマクトゥバ・島口）の日」、喜界島では「シマユミタの日」、与論島では「ユンヌフトゥバの日」と、島ごとに名前が変わるのもユニーク。

季節をたのしむ

【雪割草】

キンポウゲ科ミスミソウ属の多年草の別名は「雪割草」。降り積もった雪が解ける頃に茎を伸ばし、直径2cmほどの白やピンクの可憐な花を咲かせます。じつは「雪割草」と呼ばれる山野草はほかにもあり、サクラソウ科にもユキワリソウが存在し、ショウジョウバカマやハシリドコロを「ユキワリソウ」と呼ぶ地域も。春を待ち侘びる思いを込めた名前です。

2月　如月

19日

元日から……………… 49日
大晦日まで……………315日

［二十四節気］
雨水

［七十二候］初候
土脈潤い起こる

雨水（うすい）

日脚が伸び、風がぬるみ、少しずつ春の気配が濃くなってきました。今日から二十四節気では雨水。降る雪が雨となり、大地を覆う氷はせせらぎとなる時季です。雪解け水が大地を潤し、古来、農作業の準備をはじめる目安にしてきました。「はじめる」という響きは、どこかワクワク、ドキドキするもの。春の歓びを胸に、なにか新しいチャレンジをはじめてみては。

今日をたのしむ

【土脈潤い起こる】
雨水の初候は、草花や農作物を育む大地の変化に注目。春の雨や雪解け水で潤った土がやわらかさを取り戻し、力強く匂い立ちます。

【春の雨】
今時分から3月半ば頃にかけて降る雨は、芽吹きを促す恵みの雨です。雪を解かす「雪消しの雨」、「甘」が心地よさを意味する「甘雨」、万物を慈しむ「慈雨」など、美しい呼び方が伝わっています。

【上岡観音絵馬市】
妙安寺（埼玉県）の観音堂は、馬の守り神とされる馬頭観音を祀っています。今日は、年に一度の絵馬市。縁起物の絵馬を求めて、競馬関係者や乗馬愛好家が参拝します。また、馬から輸送手段の主役を引き継いだトラックドライバーの信仰も集めているそうです。

季節をたのしむ

【サヨリ】
全長40㎝ほど、すらっとした姿と尖った下アゴが特徴。クセのない上品な味わいで、刺身、唐揚げ、塩焼きも美味。

2月　如月

20日

元日から…………50日
大晦日まで…………314日

［二十四節気］
雨水

［七十二候］初候
土脈潤い起こる

歌舞伎の日

時は1607（慶長12）年2月20日、場所は江戸城。将軍・徳川家康と諸国の大名の前で、出雲の阿国が「歌舞伎踊」を披露したとされています。歌舞伎踊は当時、爆発的な人気を誇った芸能で、その名からもわかるように歌舞伎のルーツ。これにちなみ、今日は歌舞伎の日です。

出雲の阿国は出雲大社（島根県）の巫女であり、社殿の改修費を集めるため、京都で歌舞伎踊の興行を行ったとされています。その人気から将軍謁見の名誉にも預かったとされていますが、やがて踊りとともに行っていた官能的なサービスが大問題に。その後、江戸幕府によって歌舞伎役者は男性に限定されることになりました。女性を演じる「女形」という独自の役者が生まれたのはこのためで、現代まで受け継がれています。

●今日をたのしむ

【歌舞伎用語】

普段なにげなく使っている言葉のなかには、歌舞伎由来のものがたくさんあります。「二枚目」は、芝居小屋に掲げられる名入り看板の2枚目に、色事を担当する役者が配されたことから色男の意味に。「三枚目」はおどけ役の定位置でした。

【役者色】

江戸時代の歌舞伎役者はスーパースター、かつファッションリーダー。彼らが好んだ色は瞬く間に流行したそうです。「団十郎茶」「芝翫茶」など、名優を冠する色は現代にも伝わっています。

2月　如月

21日

元日から……51日
大晦日まで……313日
［二十四節気］雨水
［七十二候］初候 土脈潤い起こる

ひと足お先のお花見、河津(かわづ)桜まつり

じつは一年中、桜は日本のどこかで咲いているというから驚きです。というのも、桜の品種は300以上。年に2回咲くものや、秋から早春まで花をつけるものなどさまざまあります。

今頃に開花している早咲きの桜として知られるのは、河津桜(かわづざくら)でしょう。2月上旬からほころびはじめ、約1カ月にわたって、淡紅色の花をつけます。

河津桜の原木は、1955（昭和30）年、静岡県賀茂郡河津町で発見されました。町名を冠し、大切に増やされた並木は同町のシンボル。2月上旬～3月上旬の「河津桜まつり」は、ひと足早いお花見をたのしむ人々で賑わいます。

●今日をたのしむ

【日刊新聞創刊の日】

1872（明治5）年の今日、現存する新聞のなかでは最古となる日刊新聞「東京日日新聞」（現在の毎日新聞）が創刊されたことに由来しています。純然たる「日本初」は、1870（明治3）年に創刊された「横浜毎日新聞」です。

●季節をたのしむ

【ワサビ】

河津町の位置する伊豆半島では、ワサビの栽培が盛ん。ワサビ独特のツンとした辛味は冬にもっとも増します。

2月　如月

22日

元日から……52日
大晦日まで……312日

［二十四節気］
雨水

［七十二候］初候
土脈潤い起こる

おでんの日

2が並ぶ今日は「ふーふーふー」と息を吹きかけアツアツをいただく、おでんの日。「おでん」という響きだけで心がほこほこになりますが、この名は豊作を願う歌舞である「田楽」に由来します。室町時代、焼き豆腐に味噌を塗った料理が、白袴に上衣を着る田楽の衣装に見立てられ、「お田楽」の名に。やがて「楽」が取れ、「お田」自体もおだしで煮る、具材が変わるといったうつろいを経て、現在のものになりました。

焼き豆腐に味噌の「お田楽」は、いわゆる「田楽豆腐」。田楽豆腐とおでんが親戚だったことに、日本食の奥深さと歴史を感じます。

●今日をたのしむ

【ご当地おでん】

鶏ガラ、牛スジでとったスープと濃口醤油で具材を煮込み、青海苔や魚粉をかけていただく「静岡おでん」、八丁味噌が香る名古屋の「味噌おでん」、とろろ昆布をたっぷりかけていただく「富山おでん」など、その土地その土地に根ざした「ご当地おでん」があるのも、おでんの魅力。ちなみに小麦粉でできた「ちくわぶ」は、東海以西ではお目にかからないおでん種だそうです。

【猫の日】

2月22日を猫の鳴き声「ニャン・ニャン・ニャン」と読んで、猫の日。

【二歳まいり】

旧暦2月22日は聖徳太子の忌日。それにちなみ四天王寺（大阪府）では、聖徳太子の遺徳を偲ぶ二歳まいりを行います。2歳の頃の太子をあらわした「南無仏太子二歳像」にお参りし、豊かな知恵を授けてもらいます。

2月 如月

23日

元日から……………… 53日
大晦日まで……………311日

［二十四節気］
雨水

［七十二候］初候
土脈潤い起こる

富士山の日

月に一度ほど、東京から山梨へとドライブをたのしみます。中央自動車道を下っていくと、稜線から見える富士山が少しずつ大きくなっていき、やがて目の前にあらわれる美しい姿。こちらの調子がよかろうが悪かろうが、いつも変わらない堂々とした佇（たたず）まいに、尊さと安らぎを覚えます。

霊峰・富士を仰ぎ見るとき、誰もが特別な思いを抱いてきました。「日本でいちばん高い山（標高3776m）」とわかる以前の時代から、富士山信仰が盛んだったことを考えると、やはりその姿には人を圧倒する力があるのでしょう。縄文時代中期の千居（せんご）遺跡（静岡県）からは、富士山を遥拝（ようはい）するために配置したと考えられる環状列石が発見されています。また、富士山に対する畏怖（いふ）の念は、普段はたおやかに佇んでいるにもかかわらず、噴火を繰り返

●今日をたのしむ

【富士山の日】
「ふ（2）じさん（23）」と読めること、今の時季は富士山がよく望まれることから制定されました。

【富士見の日】
やはり「ふ（2）じみ（23）」と読める語呂合わせから、長野県富士見町観光協会によって制定。

し、そのたびに甚大な被害をもたらしてきた、という歴史も深く関わっているのでしょう。

富士山は神々しく、ありがたいもの。その思いは各地にある「富士見坂」や「富士見町」「富士見通り」といった地名にあらわれています。開発により、今は見えなくなってしまった場所もありますが、空気が澄んでいるこの時季は富士山が見えるチャンスも増えます。「富士見」の名がなくとも、富士山を眺められる地点の北端は福島県二本松市、東端は千葉県銚子市、南端は東京都八丈島（八丈町）、西端は和歌山県東牟婁郡那智勝浦町。その範囲は20都府県に及ぶそうです。

また、「富士」の名をつけたご当地富士は日本各地に350近くあるといわれています。たとえば羊蹄山（北海道）は「蝦夷富士」、岩木山（青森県）は「津軽富士」、大山（島根県）は「出雲富士」……。本家富士山に負けず劣らず、「我が町の富士山」はそれぞれの土地で愛され、仰がれ、親しまれています。

【ふろしきの日】

もっともシンプルで、もっとも伝統的なラッピングである風呂敷も、今日が記念日。こちらは「つ（2）つみ（23）」の語呂合わせ。平安時代には「衣包み」や「平包み」と呼び、「風呂敷」の呼び名が登場するのは江戸時代から。文字通り、銭湯へ通う際、自分の着物を包むために用いたのが語源といわれています。

2月　如月

24日

元日から……54日
大晦日まで……310日

［二十四節気］
雨水

［七十二候］次候
霞始めて靆く

北へ帰る

そろそろ、本州各地で冬を過ごしたコハクチョウやオオハクチョウの北帰行（ほっきこう）がはじまります。彼らが目指すのは、はるか彼方（かなた）の生まれ故郷、ロシア。北海道に渡り1カ月ほど過ごしたのち、シベリアの大地を目指します。故郷に戻り、恋をし、子育てをし、秋になると再び日本へ。また戻ってくるまで8カ月あまり。無事の旅路を願うばかりです。

今日をたのしむ

【霞始めて靆く（かすみはじめてたなびく）】
雨水（うすい）の次候は、大気中に水分やチリが増え、遠くの景色がぼんやりと見える自然現象、霞が主役です。気象用語としては「霧」ですが、古来日本人は、春は霞、秋は霧、と季節のうつろいに合わせて呼び名を変えてきました。寒さで張りつめていた空気が、ようやくしっとり、やわらかくなる頃です。

【ハクチョウ】
シベリアから日本に飛来するハクチョウは、全長140cmほどのオオハクチョウと、ひと回り小さいコハクチョウの2種。湖や池の凍（こお）らない越冬地を求めて、3千～4千kmの大移動を行います。

季節をたのしむ

【ニシン】
北帰行のハクチョウたちと交差するように、北海道沖にはニシンが春を連れ、群れをなしてやってきます。ニシンの別名は「春告魚（はるつげうお）」。塩焼きはもちろん、干物や身欠きニシンも人気です。群れのメスが産卵し、オスが放精することで海が乳白色に染まる現象は「群来（くき）」と呼ぶそうです。

2月 如月

25日

元日から……………… 55日
大晦日まで……………309日

［二十四節気］
雨水

［七十二候］次候
霞始めて靆く

菜種御供・梅花祭

神様に菜の花をささげ、慰めるならわしがあります。天神様（菅原道真）を祀る亀戸天神社（東京都）で行う、「菜種御供」です。

学問の神様としても知られる菅原道真は、政敵の謀略によって大宰府（福岡県太宰府市）へと流されました。失意のまま道真が亡くなったのは、903（延喜3）年。2年後に建てられた祠廟が、太宰府天満宮のはじまりとされています。一方、亀戸天神社は1646（正保3）年に、太宰府天満宮の神官によって創建されました。

今日、2月25日は、菅原道真の忌日。亀戸天神社では、「なだめ」に通じる菜種（菜の花）を供え、遺徳を偲びます。太宰府天満宮では、菅原道真が好んだ梅の花をささげる「梅花祭」が。こちらも花で神様を慰める、風情あふれる神事です。

●今日をたのしむ

【北野天満宮梅花祭】
947（天暦元）年に創建された北野天満宮（京都府）でも、菅原道真を慰める梅花祭を行います。菜の花を冠に挿した神職が、梅の枝を添えた神饌をささげます。古くは菜の花もささげたため、別名「北野菜種御供」。

2月 如月

26日

元日から……………… 56日
大晦日まで…………… 308日

［二十四節気］
雨水

［七十二候］次候
霞始めて靆く

小千谷(おぢや)の雪晒(ゆきさら)し

新潟県小千谷市でつくる小千谷縮(ちぢみ)は、江戸時代に生産するようになった麻織物です。シワのような「シボ」が全面にあり、シャリッとした肌ざわりが特徴。製糸、染め、織りといった工程を丹念に手作業で行う、国の重要無形文化財です。

この時季、晴天の小千谷では縮を雪上に広げる風物詩、「雪晒し」を行います。これは、真っ白な雪で布地を漂白する先人の知恵。陽光で雪の表面が解け水蒸気となり、空気中の酸素と結合、オゾンが発生します。オゾンは天然の漂白成分。不純物をキレイにし、糸目と色柄を際立たせてくれるのです。

●今日をたのしむ

【雪晒しいろいろ】

コウゾの皮を雪に晒してより白い和紙をつくるのも、昔ながらの知恵。新潟県の発酵調味料「かんずり」は雪に晒した塩漬け唐辛子でつくります。


【包むの日】

2（つ）月26（つむ）日の語呂合わせ。贈り物を包み、届ける日です。

●季節をたのしむ

【フキノトウ】

フキノトウのほろ苦さと清涼感は、冬の寒さでのんびりしていた心身を目覚めさせてくれます。

2月 如月

27日

元日から…………57日
大晦日まで…………307日
［二十四節気］
雨水
［七十二候］次候
霞始めて靆く

植物園へ行こう！

年齢を重ねるにつれ、春を心待ちにする思いが強くなってきました。雪国生まれながら寒さに弱いということもあるのですが、なによりも「花」を待ち侘(わ)びています。うら寂しい冬の街並みが、次第にとりどりの花に彩られていく。そのうつろいを目と香りで感じるのは、春の歓びそのものです。

1875（明治8）年の今日、日本初の近代的植物園である小石川植物園（東京都）が開園しました。この時季見られるのは梅、マンサク、アセビ、木瓜(ぼけ)、水仙など。「この花、なんて名前だろう？」という疑問がすぐに解決できるのが、植物園の醍醐味でもあります。春を探しに、いざ、植物園へ！

今日をたのしむ

【山野草】

道端や草むらでも春の山野草が顔を出す時季です。コバルトブルーが遠目にも目立つオオイヌノフグリや、それよりも小ぶりでピンクがかった紫色のイヌノフグリ、日当たりのいい場所では、タンポポの黄色が見られるように。これから花をつけるものも、葉の緑が生き生きとしてきます。ついひと括りに「雑草」としてしまいますが、植物学者・牧野富太郎は「雑草という草はない」と語りました。

季節をたのしむ

【キウイ】

一年を通じて手に入るキウイですが、国産は今が旬。ビタミンCとともにビタミンEも豊富に含むため、風邪予防、美肌効果などが期待できます。おだやかな酸味は、疲労回復に効果があるクエン酸やリンゴ酸によるもの。気温が不安定なこの時季の体調管理にうってつけのフルーツです。

2月 如月

28日

元日から……………… 58日
大晦日まで……………306日

［二十四節気］
雨水

［七十二候］次候
霞始めて靆く

ビスケットの日

時は幕末。水戸藩では栄養価の高い保存食を探していました。そこで白羽の矢が立ったのが、長崎藩で外国人向けにつくられていた「ビスケット」です。とはいえ、その製法はわからずじまい。方々に手を尽くし、長崎で開業していた水戸出身の蘭法医・柴田方庵に調べてもらうことにしました。彼がビスケットのレシピを手に入れ、水戸藩へ宛てて送ったのが1855（安政2）年の2月28日。また、ビスケットがラテン語で「2（2）度焼（8）き」を意味することから、語呂合わせもかねて、今日はビスケットの日です。

ビスケットといえば、誰もが思い浮かべるあの童謡。「ポケットを叩くたびに数が増えるのは割れただけだよ」なんて、無粋なことは言いっこなし。童謡のタイトルは『ふしぎなポケット』なのですから。

●今日をたのしむ

【ふしぎなポケット】作詞、まど・みちお。作曲、渡辺茂。1954（昭和29）年発表。

【織部の日】従来の意匠を大胆に打ち破り、桃山時代から現代まで多くの人を魅了する陶器、「織部焼」が史実にはじめて登場する日にちなみ制定されました。

【逍遥忌】明治から昭和にかけて活躍した作家・坪内逍遥の忌日。江戸文学の「勧善懲悪」を打破し、現実をありのままに描くよう主張した『小説神髄』は近代日本文学の出発点。

3月

弥生

やよい

もの寂しげだった景色が
花の色に彩られていくなか、
鳥や虫、私たちも活動的に。
少しずつ、世界が賑やかに動きはじめます。

1日

元日から……………… 59日

大晦日まで……………305日

［二十四節気］
雨水

［七十二候］末候
草木萌え動く

ますます萌え出ずる、弥生

いよいよ春本番、3月のはじまりです。旧暦3月の呼び名でもある「弥生」は、もともとは「いやおい」と読み、草木がますます生い茂るさまをあらわしています。陽光とやわらかな春雨によって多くの植物が萌え出ずる時季であるため、この名前がつきました。ほかにも百花繚乱となることにちなんで「花見月」や「花月」「桜月」といった美しい別名があります。

冬籠（ごも）りから目覚めるのは、植物だけではありません。動物や虫たちが巣穴のなかからモソモソと。あちこちできらめく命の息吹きに、おのずと元気をもらえます。

今日をたのしむ

【草木萌え動く（そうもくもえいずる）】

雨水（うすい）の末候は、「下萌」や「草萌」とも呼ばれる、芽吹きの瞬間をあらしています。うららかな日差しに誘われて、新芽の淡い緑色が樹上や地面を染めていきます。


【木の芽おこし（このめおこし）】

今の時季の雨は、木の芽が膨らむのを促す恵みの雨。「木の芽雨」や「木の芽おこし」という呼び名があります。


【修二会（しゅにえ）】

我が身の穢（けが）れと罪を懺（ざん）悔（げ）し、国家の繁栄と五穀豊穣、人々の豊楽を祈念する法会（ほうえ）。もとは旧暦2月に修めて（＝行って）いたことがその名の由来です。3月1日から2週間にわたって行う東大寺二月堂（奈良県）の修二会が有名です。

季節をたのしむ

【ネコヤナギ】

川辺ではヤナギ科の落葉低木であるネコヤナギが銀白色（ぎんはくしょく）の花穂をつけはじめます。フワフワとした花穂を猫の尾に見立て、「ネコヤナギ」の名がつきました。

3月　弥生

2日

元日から……………… 60日
大晦日まで……………304日

［二十四節気］
雨水

［七十二候］末候
草木萌え動く

若狭に春呼ぶ「お水送り」

今日は、福井県に春を告げる仏教行事が行われます。小浜市にある古刹・神宮寺のほとりを流れる遠敷川を舞台とする「お水送り」です。護摩や読経によって清めた水を、白装束に身を包んだ僧侶が流します。

「お水」とは、東大寺二月堂の仏前に供える「香水」のこと。東大寺の修二会に遅れた若狭の神様が、お詫びに若狭の清水を送ると約束したという伝承に由来しています。遠敷川に注いだ香水は、10日後に奈良・二月堂近くの井戸から湧き出るとされ、3月12〜13日にかけて行う「お水取り」で汲み上げます。

●今日をたのしむ

【出会いの日】

「3（みー）2（つ）」で出会いを意味する英語meetsと読む語呂合わせで、今日は出会いの日。思いがけない巡り合いに感謝しながら、新たな愛を育む日だそうです。

◆季節をたのしむ

【椿の生和菓子】

東大寺の修二会（お水取り）では、僧侶手ずからの椿の造花を二月堂に飾ります。今の時季、奈良市内の和菓子店には、この椿をかたどった生和菓子が登場します。

3月　弥生

3日

元日から……61日
大晦日まで……303日

［二十四節気］
雨水

［七十二候］末候
草木萌え動く

上巳の節句・雛祭り

雛あられに菱餅、白酒、桃の花のディスプレイ。雛祭りが近づくと、スーパーマーケットの食品売り場がぐんと華やぎ、それだけでうれしくなります。

雛祭りの正式名称は「上巳の節句」。かつては旧暦3月上旬の巳の日に行っていたことから、この名前がつけられました。

上巳は災いが降りかかりやすい忌み日。平安時代には、紙や藁でつくった人形で体を撫でて穢れをうつし、身代わりとして川や海に流す風習が生まれました。人形に、これから訪れるであろう災厄を引き受けてもらい、消し去ろうと願ったのです。これが、今でも島根県などで受け継がれている「流し雛」のルーツと考えられています。

やがて女の子が行っていた人形遊びと人形とが結びつき、女児の健やかな成長を願って貴族が雛人形を飾るよう

●今日をたのしむ

【雛あられ】
桃色、緑、黄色、白の雛あられは四季をあらわし、一年間の健康と幸せを祈ります。

【菱餅】
緑は新芽、白は残雪、桃色は桃の花。色づけした餅を重ねて春の里山の風景をあらわすとともに、健康、清浄、魔除けといっ

になったのは、室町時代頃から。時代が下り、江戸幕府が公式な季節の節目として定めると、庶民の間にも上巳の節句が広まりました。

旧暦3月に開花時期を迎える桃の花もしつらえるようになり、「桃の節句」の別名も生まれます。桃は邪気を祓(はら)い、災いをはねのけるパワーに満ちた仙木(せんぼく)。雛人形だけでなく、桃の花にも我が子の幸せを託したのでしょう。より多くの災厄を引き受けてもらおうと、男雛と女雛に加え、三人官女、五人囃子(ばやし)……と人形の数も増えていきました。

住宅事情の変化により、豪勢な多段飾りを整えることは難しくなりましたが、我が子の健康と幸運を願う親の気持ちはいつの時代も変わりません。

また、上巳の節句の起源を考えると、女の子限定の年中行事とはとらえずに、厄落としをする節目としてもたのしそうです。雛祭りならではのごちそうを食べたり、桃の花を飾ったり。災いを祓い、幸いを招く一日としてみては。

た願いを込めています。

【白酒】
焼酎に蒸した米と米麹(こうじ)をまぜて熟成させたお酒。邪気を祓います。お子様にはアルコールを含まない甘酒で代用を。

【ハマグリ】
もともとの組み合わせでしかぴったりと合わないハマグリに、良縁と夫婦円満の願いを託します。

【柳川(やながわ)雛祭り】
さまざまな縁起物を布でつくり、吊り下げる吊るし雛の一種、「さげもん」で知られる福岡県柳川市では、4月上旬まで盛大な雛祭りを開催中。

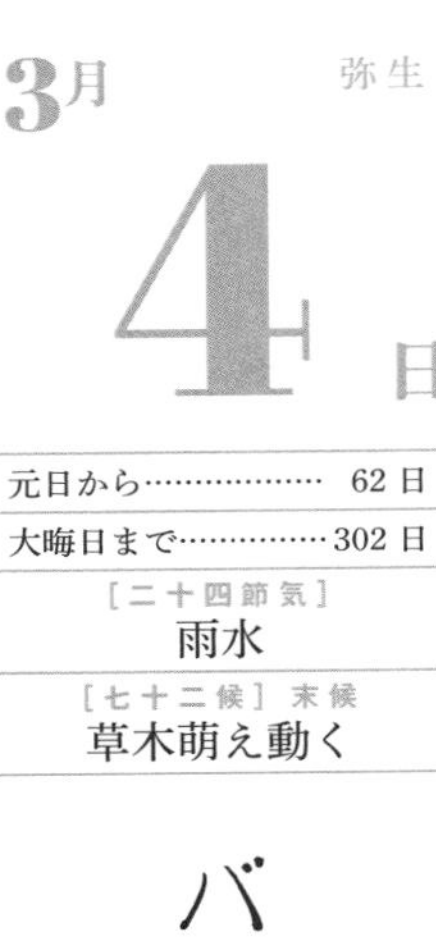

3月　弥生

4日

元日から……………… 62日
大晦日まで……………302日

［二十四節気］
雨水

［七十二候］末候
草木萌え動く

バウムクーヘンの日

私がはじめてバウムクーヘンを見たのは、小学校に上がる前のこと。両親が招待された結婚式の引き出物でした。味よりも、その断面の美しさに驚き、しばらく見とれていたのを覚えています。

ドイツ発祥のバウムクーヘンは、直訳すると「木のお菓子」。断面が年輪のように見えることから、この名前がつきました。日本ではじめてつくられたのは、1919（大正8）年の今日のこと。ドイツ人菓子職人が、広島で開かれた作品展に出品しました。やがて神戸で洋菓子店を開いた彼のバウムクーヘンは大評判に。ほかの菓子店も販売するようになり、日本に根づきました。幸福や年齢を重ねていく願いを年輪に託し、慶事の贈り物としても重宝されています。こういった文化はドイツにはないのだとか。験担ぎが好きな日本ならではの使い道です。

今日をたのしむ

【自宅でバウムクーヘン】
卵焼き器を使えば自宅でバウムクーヘンをつくれます。

（1本分）

①ホットケーキミックス（200g）、牛乳（200cc）、卵（1個）、砂糖（大さじ2）、ハチミツ（大さじ2）、溶かしバター（50g）をボールに入れてまぜ、生地をつくる。
②油をひいた卵焼き器を弱火であたためる。
③②に①を薄く広げて弱火で焼く。
④表面に気泡が出てきたら、奥から手前に巻く。
⑤③と④を繰り返してできあがり。

3月　弥生

5日

元日から……63日
大晦日まで……301日

［二十四節気］
雨水

［七十二候］末候
草木萌え動く

インスタントラーメンの父

今日はインスタントラーメンの生みの親、安藤百福の誕生日です。彼は1958（昭和33）年に世界初となるインスタントラーメンを発明しました。当時、百福は48歳。理事長を務めていた銀行が破綻し、職も財産も失ったなかでのチャレンジでした。

百福が「食」に携わることを決意したのは、戦後の食糧難を通して食事がすべての原点であると強く感じていたから。食が満たされてこそ平和になり、文化が栄えると考え、それを「食足世平（食足りて世は平らか）」と表現しました。「食」は、たのしむことや喜びに直結しているのですね。

今日をたのしむ

【安藤百福の日】

「人間にとって一番大事なのは創造力であり、発明、発見こそが歴史を動かす」という安藤百福の理念を広めるために、制定されました。


【今や世界食】

誕生から60年あまり、今やインスタントラーメンは世界中で親しまれています。一年間で食べられる量は1千億食以上。日本では一世帯あたり82食ほどお世話になっているそうです。


【サンゴの日】

3（さん）月5（ご）日、「サンゴ」の語呂合わせから制定。サンゴと美しい海を守るため、沖縄では海中の清掃やサンゴの植えつけを行います。

季節をたのしむ

【ジンチョウゲ】

日本の三大芳香木に数えられるジンチョウゲ。花の姿を見つける前に、甘い香りで開花を教えてくれることもしばしば。その香りが香料の沈香と丁子に似ていることから、名前がつけられたという説もあります。

3月　弥生

6日

元日から……………… 64日

大晦日まで…………… 300日

［二十四節気］
啓蟄

［七十二候］初候
蟄虫戸を啓く

啓蟄（けいちつ）

今日から二十四節気では啓蟄。「啓」は「開く」、「蟄」は「冬籠（ごも）りの虫」をあらわし、冬眠から目覚めた虫や動物たちが土のなかから出てくる頃、という意味になります。身近な生き物ではテントウムシやダンゴムシ、カエルなどが顔を出します。陽気に誘われて外に出たくなるのは、私たち人間も同じ。なんだか心がウキウキ、フワフワ。厚手のコートを脱いで足取りも軽やかに、春風とともにお出かけです。

●今日をたのしむ

【蟄虫戸を啓く（すごもりのむしとひらく）】

二十四節気とともに、七十二候も次なる季節へ。眠っていた虫たちが「戸を開いて」動きだす頃、という意味合いです。虫たちが目覚めれば、それを捕食するスズメやヒヨドリたちのさえずりも賑やかに。大地をせっせとついばむ姿が見られるようになります。

【春雷】

冬の間は鳴りをひそめていた雷も、大気が不安定になる今頃から再びゴロゴロと。夏ほどの激しさはありませんが、その音で驚いた虫たちが巣穴から出てくると考えられていたことから「虫出しの雷」とも呼びます。

●季節をたのしむ

【カリフラワー】

カリフラワーに含まれるビタミンCは熱に強いのが特徴。茹で汁に酢もしくはレモン汁を入れると、キレイな白色を保つことができます。

ビタミンCは茎の部分にもたくさん含まれていますので、無駄なくいただきましょう。高血圧を予防するカリウムや腸をキレイにする食物繊維も豊富です。

3月　弥生

7日

元日から……………… 65日
大晦日まで……………299日

［二十四節気］
啓蟄

［七十二候］初候
蟄虫戸を啓く

春風、春嵐、風光る

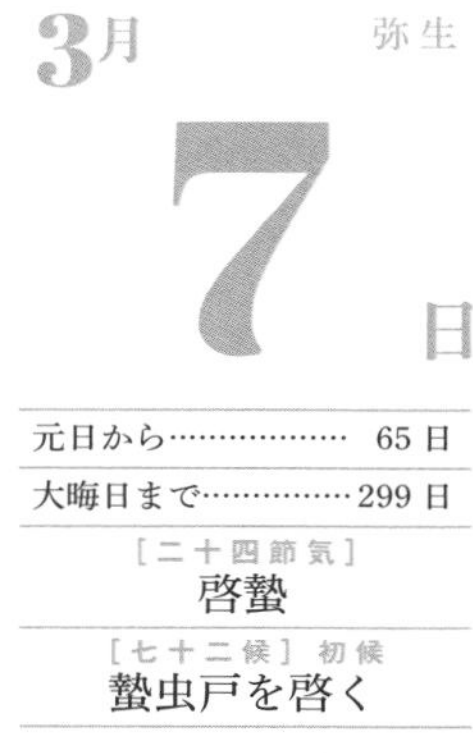

今時分の日本列島は、高気圧と低気圧が交互に訪れます。ポカポカ陽気がつづいたと思いきや一転、思わぬ冷え込みや強風が。もう降らないだろうと油断していると、冬の置き土産とばかりに雪が降ることもあります。まさに三寒四温、体調を崩しやすい時季です。

古来、風は季節のうつろいや天候の変化を教えてくれる自然からの便りでした。そのため、今頃に吹く風も強弱や寒暖によってさまざまな名前がついています。「春風」はおだやかなあたたかい風のこと。万物を成長させる恵みの風、という意味を込め「恵風」とも。一方、低気圧が日本海を発達しながら進むことで発生する強風は、「春嵐（春の嵐）」や「春疾風」。また、うららかな春の日差しのなかをそよ風が吹き渡る様子を表現する「風光る」という美しい言葉もあります。

今日をたのしむ

【さかなの日】

「3（さ）か7（な）」の語呂合わせ。日本人のソウルフードともいわれる魚介類を食べて、海の幸の素晴らしさを確認する日です。関西ではそろそろ、春の魚と書く鰆が旬を迎える頃。味噌に漬け込んだ「西京焼き」が定番です。ギロリと大きな目からその名がついたメバル（目張）も旬。釣り人には春を告げる魚として愛されています。

【ホワイトデー間近】

ホワイトデーまであと1週間。プレゼントを渡す予定のある方はそろそろ準備を忘れずに。

3月　弥生

8日

元日から……………… 66日
大晦日まで……………298日

［二十四節気］
啓蟄

［七十二候］初候
蟄虫戸を啓く

サヤエンドウ

煮物にパラリ、卵でとじてチャチャッとひと品、シャキシャキの歯ごたえとほのかな甘味を堪能できるゴマ和(あ)えも美味。鮮やかな翡翠(ひすい)色で食卓を彩るサヤエンドウが旬を迎えています。

関東では「キヌサヤ」の名でも親しまれているようです。漢字にすると「衣(絹)サヤ」。サヤがこすれる音が、衣擦れに似ていることから名づけられたといわれています。スジ取りは、サヤエンドウとの真剣勝負。キレイに取れると、爽快感を覚えます。

栄養面では、疲労回復や老化予防に効果があるビタミンCが豊富。ただしビタミンCは水に溶けやすく、熱にも弱いので、茹ですぎや火の通しすぎには気をつけましょう。

今日をたのしむ

【さやえんどうの日】

3（さ）月8（や）日の語呂合わせ。エンドウ豆の新芽は「豆苗」、若取りした未熟なサヤは「サヤエンドウ」、完熟前のやわらかい実は「グリーンピース」、完熟して固くなったら「エンドウ豆」。成長と成熟具合で名前が変わります。

【みつばちの日】

こちらも語呂合わせ。巣に籠(こも)っていた働きバチたちが動きだす頃です。彼らがもたらすハチミツは栄養満点。疲労回復、風邪予防などに効果があり、古くから薬としても重宝されてきました。

3月　弥生

9日

元日から……………… 67日
大晦日まで……………297日

［二十四節気］
啓蟄

［七十二候］初候
蟄虫戸を啓く

ありがとう

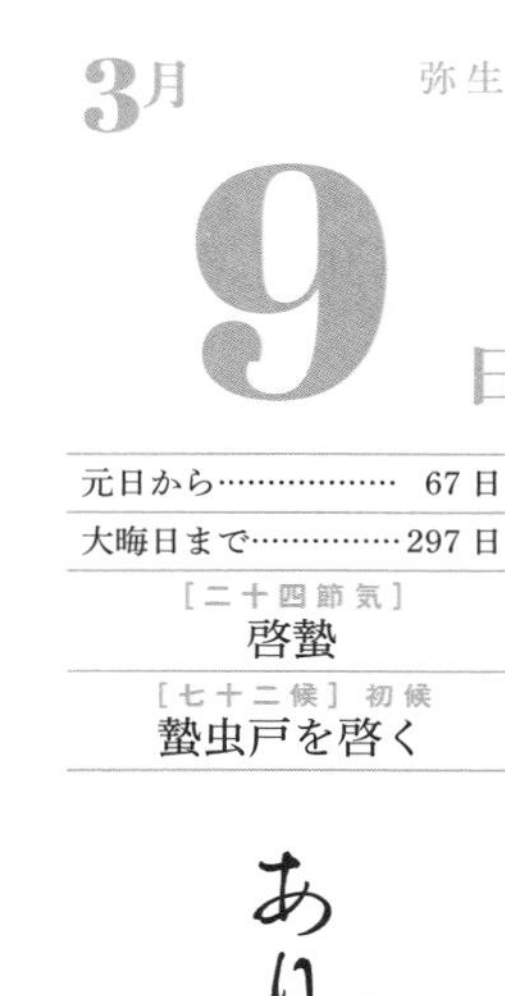

「サン（3）」と「キュー（9）」が並ぶ今日は、「サンキュー」の語呂合わせから、ありがとうの日。「ありがとう」の語源は「有り難し」で、「滅多にない」といった意味になります。中世になると、得難い神仏の加護を受けているという思いから、感謝の言葉として用いるようになったそうです。

ところで、あなたは1日何回ぐらい「ありがとう」と口にしていますか？　ある調査によると日本人の平均は1日七回ほど。「ありがとう」が多い人は、ストレスを引きずりにくいというデータもあります。今日は「ありがとう」をたくさん伝えて、ちょっぴり幸福度の高い一日にしたいものですね。

今日をたのしむ

【ありがとうの対義語】
「ありがとう」の対義語は「当たり前」とする説があります。

【雑穀の日】
古くから日本の食を支えてきた雑穀は、その高い栄養価によって再評価されています。今日は語呂合わせで3（ざっこ）月9（く）の日。いつものお米にまぜるだけで雑穀米が炊き上がるパックタイプが便利です。

【記念切手記念日】
日本の記念切手第1号は1894（明治27）年3月9日、明治天皇・皇后のご成婚25周年の式典を記念して発行されました。当時の日本には記念切手の概念がありませんでしたが、在留外国人の新聞投書をきっかけに急きょ発行を決定。1カ月弱という短期間で制作しました。

【佐久の日・ケーキ記念日】
神戸（兵庫県）、自由が丘（東京都）と並んで「日本三大ケーキのまち」とされる佐久市（長野県）にちなんで制定されました。市内の洋菓子店がさまざまなイベントを開催します。

3月　弥生

10日

元日から……………… 68日
大晦日まで……………296日

［二十四節気］
啓蟄

［七十二候］初候
蟄虫戸を啓く

心にも体にも、あま～い喜び

さまざまな料理やお菓子に欠かせない調味料といえば、砂糖です。紀元前から利用されていた砂糖が日本に伝わったのは8世紀のこと。当時は薬として重宝されました。たしかに疲れたときの甘いお菓子は、元気の源。薬とされたのも納得です。

江戸時代中期になると、国内でのサトウキビの栽培・製糖が奨励されます。とくに細かな結晶とまろやかな甘味が特徴の「和三盆（わさんぼん）」は珍重され、今でも老舗菓子店は逸品に用いています。季節の花や縁起物をかたどった和三盆の干菓子（ひがし）は、目にもたのしい甘い喜び。眺めているだけで元気になれます。

●今日をたのしむ

【砂糖の日】
今日は3（さ）10（とう）の語呂合わせで砂糖の日。砂糖はほかの糖質にくらべ人体に吸収されやすく、体内に入るとすばやくエネルギー源になります。健康効果を意識するのであれば、ミネラルやビタミンを含む黒砂糖やきび糖などがオススメです。

【和三盆】
精白のためにお盆の上で3回研ぐ（と）ぐ（＝手で練る）ことが名前の由来といわれています。現在では徳島県と香川県で生産されています。

3月 弥生

11日

元日から……………… 69日
大晦日まで……………295日
［二十四節気］
啓蟄
［七十二候］次候
桃始めて笑う

前を向く「3・11」

2011（平成23）年3月11日午後2時46分。東北地方太平洋沖を震源とする地震によって、東日本大震災が発生しました。たくさんの命が奪われた痛ましい事実と今に至る復興の現実。「過ぎ去ったこと」にするにはまだまだ難しい、被害と影響がつづいています。

それでも前を向こうとする気持ちを結び、広げていこうと、今日は各地で鎮魂と祈りの催しを開きます。あの日を今につなげ、なにができるのか、なにをすべきなのか。命の重みと「当たり前の日常」の尊さを感じる、それぞれの「3・11」がやってきます。

今日をたのしむ

【桃始めて笑う】
啓蟄（けいちつ）の次候で登場する「笑う」は花の蕾（つぼみ）が開くこと。古代中国では長寿のシンボルとされ、日本でも霊力をもつと信じられてきた桃がほころびはじめる時季です。

【東日本大震災追悼復興祈念式】
福島県が主催する「東日本大震災追悼復興祈念式」では、震災の犠牲者を追悼するとともに、復興活動を国内外へ発信します。

【福魂祭】
「福島を復興させる決意の再生イベント」として、福島県郡山市で開催されます。追悼式をはじめ映像上映、福島を想うアーティストのライブなどで、震災の犠牲となった魂を弔い、未来に向かって進む決意を新たにします。

【ツール・ド・東北】
震災の復興支援と、被災地の「今」の記憶を未来へ伝えることを目的に開催される自転車イベント。長期的に東北を支えていくため、10年程度の継続開催を目標に掲げています。

3月　弥生

12日

元日から……………… 70日
大晦日まで……………294日
［二十四節気］
啓蟄
［七十二候］次候
桃始めて笑う

お水取りとお松明（たいまつ）

東大寺の修二会（しゅにえ）（P76）も、いよいよハイライト。今夜から明日の未明にかけ、僧侶が本尊にお供えする「香水（こうずい）」を汲み上げる「お水取り」を行います。それに先立ち、二月堂の廻廊（かいろう）では直径1mほどの大松明を僧侶の補佐役である「童子」が引き回す「お松明」が。闇に包まれた廻廊で松明を振り、火の粉を散らす様子は迫力満点です。火の粉を浴びると災厄が祓（はら）われるといわれ、多くの参拝者で賑わいます。

●今日をたのしむ

【お松明】

お松明は修二会の期間中（3月1～14日）、毎晩行います。松明の材料である杉の葉の燃え残りをお守りとしてもち帰る方もいるそうです。


【サイフの日】

3（さ）月12（いふ）日の語呂合わせから。新年度前の3月は、財布を買い換える方が多いそう。新しいアイテムとともに心機一転してみては。


【だがしの日】

お菓子の神様として知られる田道間守命（たじまもりのみこと）の命日にちなんで制定。昔から駄菓子は庶民の味方。100円玉を握りしめて、店先で必死に計算したのも懐かしい思い出です。

◆季節をたのしむ

【イチゴ】

とちおとめ、あまおう、紅ほっぺが出回る時季。ツヤツヤと大きくハリのあるものを選びましょう。洗ってからヘタを取ると、水っぽくならず美味しくいただけます。

3月　弥生

13日

元日から……………… 71日
大晦日まで…………… 293日

［二十四節気］
啓蟄

［七十二候］次候
桃始めて笑う

サンドイッチの日

大人になった今でも、ピクニックが大好きです。やはり醍醐味は外で味わうお弁当。卵の黄色、トマトの赤、レタスの緑。おかずいらずで目にも鮮やかなサンドイッチは、我が家の春ピクニックの定番です。

3（サン）に1（イッチ）が挟まれている今日は、サンドイッチの日。その名前は、食事の時間さえ惜しむほどトランプが好きだった、イギリスのサンドイッチ伯爵から。トランプをしながら食べられるよう、パンにローストビーフを挟んだ食事をつくらせたことが由来とされています。日本では明治時代に食べるようになりました。イギリスからやってきたサンドイッチですが、日本で生まれたものもあります。食べごたえ抜群のカツサンドもそのひとつ。昭和初期に花街の芸者衆の口元を汚さないよう考案されました。

今日をたのしむ

【日本発祥サンドイッチ】
季節のフルーツと生クリームを挟んだ「フルーツサンド」も日本発祥。最近話題の「出し巻き卵サンド」もそうですね。

【新撰組の日】
1863（文久3）年の今日、壬生（みぶ）（京都府）に屯所（とんしょ）を置いていた浪士隊に、会津藩から「会津（あいづ）藩御預（はんおあずかり）」とする連絡が入りました。これによって新撰組の前身である「壬生浪士組」が誕生したとされます。

3月 弥生

14日

元日から……………… 72日

大晦日まで…………… 292日

［二十四節気］
啓蟄

［七十二候］次候
桃始めて笑う

ホワイトデー

2月14日のバレンタインデーから1カ月。男性から女性へ感謝とお返しを贈るホワイトデーがやってきました。

女性が男性へ愛とチョコレートを贈るバレンタインデーの習慣同様、ホワイトデーも日本発祥です。

バレンタインデーが定着した1978（昭和53）年、福岡県の老舗菓子店が「バレンタインデーのお返しの日」として、マシュマロを贈ることを提唱したのがはじまりといわれています。返礼のためにホワイトデーが誕生し、定着したのは、律儀で義理堅い日本人男性の心持ちがあってこそ。優しさと感謝があふれる一日です。

今日をたのしむ

【ホワイトデーは日本だけ？】

日本発祥のホワイトデーですが、近年では韓国や台湾にも浸透しています。

【国際結婚の日】

日本ではじめて国際結婚を認める法律が公布されたのが1873（明治6）年の今日です。現在、日本における国際結婚の割合は3～4％を推移しています。

【数学の日】

円周率の3・14に日付をかけて、数学の大切さを知るために制定されました。

3月　弥生

15日

元日から……………… 73日
大晦日まで…………… 291日

［二十四節気］
啓蟄

［七十二候］次候
桃始めて笑う

梅若の涙雨

今日降る雨は「梅若の涙雨」と呼ぶそうです。「梅若」とは梅若丸のことで、平安時代に人買いにさらわれて東国に下り、隅田川のほとりで病死した伝説上の人物です。当時の人々は梅若丸をあわれみ、塚をつくって供養したといいます。室町時代には能の題材となり、それ以降も歌舞伎や浄瑠璃などで「隅田川物」と呼ばれる多くの作品がつくられています。

梅若丸が亡くなったのは旧暦3月15日。先人は、梅若丸の悲しい運命を悼み、天が雨を降らせるのだと考えました。たしかに、しとしとやわらかく降る春の雨には「涙」の言葉がしっくりきます。

今日をたのしむ

【梅若塚】

隅田川のほとりに位置する木母寺（東京都）には、梅若丸を供養したと伝わる「梅若塚」が残っています。

【靴の記念日】

1870（明治3）年の今日、日本初の西洋靴工場が設立されました。最初に製造したのは軍靴。工場のあった東京中央区入船には、記念碑が。お気に入りの一足は、履いたら数日休ませてあげると長持ちします。

【春日大社御田植神事】

松苗を植える所作をする八乙女の田舞を、神楽男の田植歌に合わせて奉納します。春日大社（奈良県）の御田植神事を先駆けに、全国各地で五穀豊穣を願う田植祭がはじまります。

季節をたのしむ

【ウド】

野山に自生するウドは「山ウド」。スーパーマーケットなどに多く出回る白いウドは栽培物です。切った直後に酢水にさらせば、変色を防ぐことができます。特有の香りとシャキシャキ感をたのしむならば酢味噌和えがオススメ。皮はきんぴらにするとアクも気になりません。

3月 弥生

16日

元日から…………………74日
大晦日まで……………290日

［二十四節気］
啓蟄

［七十二候］末候
菜虫蝶と化す

田の神様と十六団子

稲の成長を見守り、実りに力を貸してくれる「田の神様」は、春から秋は水田に、秋と冬は山にとどまり「山の神様」になると信じられてきました。

今日はそんなフットワークの軽い田の神様が、里山に降りてくる日。東北や関東地方には、16日にちなみ16個の団子をつくり、田の神様にお供えする地域があります。団子は上新粉でつくり、串に刺さずに盛りつけます。このならわしはその名も「十六団子」。田の神様の恵みである米の粉でおもてなしし、今年のさらなる実りを願う行事です。

今日をたのしむ

【菜虫蝶と化す】

サナギのなかで冬を越した蝶の幼虫が羽化し、春の花々の間を優雅に舞う時季です。「菜虫」とは、大根や白菜などの葉を食べる虫のこと。モンシロチョウの幼虫がもっとも一般的です。

【国立公園指定記念日】

美しく豊かな自然を次世代へ伝えていくため、国が保護・管理する風景地が国立公園。1934（昭和9）年3月16日、瀬戸内海、雲仙、霧島の3カ所をはじめて国立公園に指定しました。

3月 弥生

17日

元日から……………… 75日
大晦日まで……………289日

［二十四節気］
啓蟄

［七十二候］末候
菜虫蝶と化す

土から筆がひょっこり

私が小さな頃に住んでいた家の近くには川が流れていました。河川敷には、春になるとツクシがたくさん姿をあらわします。両手いっぱいに摘んでは得意顔でもち帰り、おひたしなどにしてもらいました。

土の筆（土筆）と書いて「ツクシ」と読ませることを知ったときは、妙に納得したものです。たしかに、ツクシの頭は筆のよう。この頭から胞子をまき散らすと、ツクシは枯れてしまいます。植物学的には「胞子茎」といい、スギナがその数を増やすために生み出したもの。生命力がギッシリ詰まっていそうです。

今日をたのしむ

【ツクシ料理】

河川敷や野原、田のあぜ道にツクシが顔を出す時季です。ツクシを食べるには、茎にあるハカマを取る下処理が必要。アクで指先が真っ黒になるので、ビニール手袋は必須です。

〈ツクシの卵とじ〉（2人前）

①ツクシ（200g）のハカマを取り除き、流水で何度も洗う。
②水から10分茹で、水に30分ほどさらす。
③水を切り、油で炒める。
④醤油、みりん、日本酒、砂糖（それぞれ大さじ1）を③に入れ、煮詰める。
⑤溶き卵（2個分）を入れ、蓋をして1～2分蒸したらできあがり。

【セント・パトリックス・デー】

アイルランドにキリスト教を伝えたセント・パトリックをたたえる祝日。アイルランドでは盛大にお祝いを行います。日本では、原宿（東京都）をはじめ横浜市（神奈川県）や名古屋市（愛知県）などでパレードが。参加者はアイルランドのシンボルカラーである緑色のアイテムを身につけるのがお決まりです。

3月　弥生

18日

元日から……………… 76日
大晦日まで…………… 288日

［二十四節気］
啓蟄

［七十二候］末候
菜虫蝶と化す

彼岸入り

3月の春分の日と9月の秋分の日を中日とする前後3日、合わせて7日間は「彼岸」です。彼岸中は仏壇を清め、お墓に参る風習があり、全国のお寺では「彼岸会」という法会を営みます。我が身につながるご先祖様に感謝し偲ぶ期間です。彼岸の初日となる今日は、「彼岸入り」と呼びます。

仏教が根づいている国のなかでも、こういったならわしがあるのは日本だけです。しかし、なぜ日本で彼岸にお墓参りをするようになったのか、はっきりとはわかっていません。一説には、古来の先祖崇拝のならわしを取り入れることで仏教を広めようとした、聖徳太子のアイデアだともいわれています。ちなみに「彼岸」とは仏教の言葉で、迷いのない悟りの境地のこと。一方、私たちが暮らす迷いに満ちた世界は「此岸」です。

今日をたのしむ

【ぼた餅】

一般的には春と秋で名前が変わるぼた餅ですが、「形が大きいものがぼた餅、小さいものがおはぎ」「小豆を周りにつけるとぼた餅、上に載せるとおはぎ」「こし餡はぼた餅、つぶ餡はおはぎ」など、名前の使い分けには諸説あります。小豆やきな粉のほかにも関西の青海苔、東北のずんだなど、郷土色豊かに親しまれています。

【春の睡眠の日】

世界睡眠デーに合わせ、今日は「春の睡眠の日」。春になり日照時間が延びてくると、冬仕様だった

春分の日と秋分の日は、太陽が真東から昇り、真西に沈む一日です。西に極楽浄土があると信じていた先人は、沈みゆく太陽に、彼岸に渡った故人との交わりを託してきたのかもしれません。

春のお彼岸では、ご先祖様に「ぼた餅」をお供えします。餅米やうるち米を炊き、軽くついたものを餡（あん）やきな粉で包んだ和菓子です。春に咲くのにちなみ、「ぼた（牡丹）」の名が。秋のお彼岸では、同じものでも「おはぎ（萩）」となります。

「暑さ寒さも彼岸まで」の言葉通り、冬の寒さもやわらぎ、過ごしやすい時季がやってきます。故人に思いを馳（は）せる年中行事としてだけでなく、季節の移り変わりを教えてくれる目安としても、彼岸は私たちの暮らしに根づいているといえるでしょう。

体内時計が狂って、時差ボケのような現象が起こります。陽気も相まって眠気が増し、「春眠暁（しゅんみんあかつき）を覚えず」に。起床時に日光を浴びたり、布団のなかで簡単なストレッチをしたりすれば、眠気を撃退できます。

【点字ブロックの日】
1967（昭和42）年、岡山県に世界ではじめて点字ブロックが設置されました。今では世界150カ国以上に設置されている点字ブロックは、日本発祥なのです。

3月　弥生

19日

元日から……………… 77日
大晦日まで…………… 287日

［二十四節気］
啓蟄

［七十二候］末候
菜虫蝶と化す

『蛍の光』と『仰げば尊し』

音楽を耳にして、忘れかけていた出来事や感情が呼び起こされた経験をおもちの方は多いでしょう。たとえば今の時季、『蛍の光』や『仰げば尊し』を聞けば、おのずと卒業式が思い出されますよね。

ふと気になり調べたところ、この2曲の原曲は外国生まれ。『蛍の光』はスコットランド民謡、『仰げば尊し』はアメリカの歌とみられているそうです。100年以上歌い継がれているにもかかわらず、『仰げば尊し』の日本語作詞者は不明。「音楽に国境はない」の言葉そのままに、国も時間も飛び越えて、日本の卒業式の定番となっています。

今日をたのしむ

【ミュージックの日】

3（ミュー）月19（ジック）日の語呂合わせから。クラブやライブハウスなど、多彩な舞台で活躍するミュージシャンの活動振興のために制定されました。


【卒業式】

卒業式のはじまりは、明治時代まで遡るといいます。上記2曲のほかにも『贈る言葉』『翼をください』などが定番曲。


【道後温泉まつり】

毎年3月19～21日に道後温泉（愛媛県）で開催される春を告げる祭り。温泉に感謝する湯祈祷にはじまり、名物の長寿餅つき、郷土芸能大会、時代衣装のパレード、法被を着た女性による女神輿かきくらべなど、街全体が賑わいます。

季節をたのしむ

【ワカメ】

ワカメは初夏に胞子を放出し、冬に生長、春に旬を迎えます。肉厚で磯の香り漂う生ワカメはこの時季だけ。豊富な食物繊維が血液をサラサラにしてくれます。

3月 弥生

20日

元日から……………… 78日
大晦日まで…………… 286日

［二十四節気］
啓蟄

［七十二候］末候
菜虫蝶と化す

海開きと潮干狩り

日本列島は、東西に約3100km、南北に約2800km。季節の巡りにも時間差があり、それを知るたびに日本の広さをしみじみ実感します。

この時季に飛び込んでくる、沖縄の海開きもそういったニュースのひとつです。水着やウエットスーツに身を包んだ子供たちが歓声を上げながら海で遊ぶ姿は、寒がりな私にはうらやましい限り。寒の戻りで震えていようものなら、なおさらです。

一方、関東以西ではそろそろ潮干狩りシーズンのはじまり。日中に潮の干満差が大きくなり、アサリも産卵を前に身がたっぷりと肥える旬を迎えます。

●今日をたのしむ

【寒の戻り】
3～4月にかけて急に寒さがぶり返すこと。季節外れの雪となる場合も。

【沖縄の海開き】
3月下旬～4月にかけて海開きを行います。海の安全を祈願するとともに、エイサーやライブ、花火など華やかなイベントを開催します。

【日やけ止めの日】
日照時間が延びていくこの時季から紫外線対策を意識していこうと制定されました。海遊びでは日焼け止めを忘れずに。

3月　弥生

21日

元日から……………… 79日
大晦日まで…………… 285日

［二十四節気］
春分

［七十二候］初候
雀始めて巣くう

お日様が元気をくれる「春分の日」

太陽が真東から昇り、真西に沈む「春分の日」です。昼と夜の長さがほぼ等しくなり、明日からは昼の時間が徐々に長くなっていきます。また、春の彼岸の真ん中、「中日（ちゅうにち）」にもあたります。

日ごとにあたたかさも増し、「春めく」から「春本番」へ。太陽の光が植物の生長を促すように、日脚が伸びるにつれ私たちの心もどこかウキウキしてきます。日光を浴びると、気持ちを安定させる脳内物質・セロトニンの力が強くなるからだそうです。もちろん、芽吹きや気温の高まりを感じるせいもあるのでしょう。太陽は植物にとっても、私たち人間にとっても大切な生命のスイッチを押してくれます。

今日をたのしむ

【雀始めて巣くう】
動物たちにとっては、本格的な恋の季節の到来です。雀も産卵に備え、巣づくりを開始。かつては雀が家に巣をつくると、繁栄の吉兆として喜んだそうです。

【春分の日】
宮中では天皇が歴代天皇をはじめとする皇族の御霊（みたま）を祀（まつ）る「春季皇霊祭」を行います。かつては国家の祭日でしたが、1948（昭和23）年からは「自然をたたえ、生物をいつくしむ」（国民の祝日に関する法律より）日として、国民の祝日に。

3月　弥生

22日

元日から……80日

大晦日まで……284日

［二十四節気］
春分

［七十二候］初候
雀始めて巣くう

じつは名水二百選

日本は水資源に恵まれた国です。全国各地に清流や湧き水があり、土地と人々を潤してきました。こういった水環境を守り、後世まで残していこうと１９８５（昭和60）年に選定されたのが「名水百選」です。時を経た２００８（平成20）年、地域の人々が積極的に保全活動を行っているかに重きを置いて、新たに「平成の名水百選」が選ばれています。

２０１６（平成28）年には環境省が人気調査を実施。「観光地として素晴らしい名水」では安曇野わさび田湧水群（長野県・名水百選）、「おいしさが素晴らしい名水」では、おいしい秦野の水～丹沢の雫～（神奈川県・名水百選）、「秘境地として素晴らしい名水」では、鳥川ホタルの里湧水群（愛知県・平成の名水百選）が１位となりました。

●今日をたのしむ

【世界水の日】
安全で清潔な水を使えることの大切さを広めるため国連総会で制定されました。世界中で水問題のフォーラムや、最新技術の発表を行います。

【昭和と平成の名水百選】
ふたつの名水百選は飲用に適することを保証するものではありません。飲用する場合は、所在の自治体に確認を。

【放送記念日】
１９２５（大正14）年の今日、日本放送協会（ＮＨＫ）の前身、東京放送局が日本ではじめてのラジオ放送を行いました。

3月　弥生

23日

元日から……………… 81日

大晦日まで……………283日

［二十四節気］
春分

［七十二候］初候
雀始めて巣くう

菜種梅雨（なたねづゆ）

菜の花が盛りを迎え、ようやくあたたかくなったと思いきや、寒々とした雨が降りつづくことがあります。この時季特有の「菜種梅雨」です。開花を催す雨、つまり「催花雨（さいかう）」が「菜花雨（なばなあめ）」に転じ、菜種梅雨になったともいわれています。

春の長雨の別名には「春霖（しゅんりん）」や「春霖雨（しゅんりんう）」があります。「霖」は3日以上つづく雨のこと。10日以上つづく雨は「霪（ながあめ）」とあらわします。

今日をたのしむ

【世界気象デー】

1950（昭和25）年に世界気象機関条約が発効したことを記念して定められました。毎年キャンペーンテーマを決め、気象の知識や国を越えての理解を深める取り組みを行います。

「菜種梅雨」のほかにも、日本の天候の豊かさをあらわす言葉をたくさん伝え残していきたいですね。

季節をたのしむ

【ハクモクレン】

紫色の花をつけるモクレンに対し、白い花をつけるのでハクモクレン（白木蓮）の名で呼びます。20mにも達する落葉高木。3～4月にかけて甘い香りのする卵形の花をつけ、蕾（つぼみ）は頭痛や鼻炎に効く漢方薬としても用います。

【雪下ニンジン】

秋にニンジンを収穫せず、雪の下で越冬させた北国の贈り物です。臭みがなくなり、甘味が通常のニンジンの2倍になるともいわれています。スティックサラダやジュースなどで、甘さや旨味をダイレクトに堪能しましょう。

3月 弥生

24日

元日から……………… 82日
大晦日まで…………… 282日

［二十四節気］
春分

［七十二候］初候
雀始めて巣くう

連子鯛の日

海に身を投げた女性たちが化身したという、悲しくも美しい逸話をもつ魚がいます。日本海西部や東シナ海に多く生息する黄鯛、別名「連子鯛」です。「連子」とは「かわいい」を意味する「ベンコ」が訛ったとも、次々と連なって獲れる様子をあらわしているともいわれています。

1185(元暦2)年3月24日、壇ノ浦の戦いで平家は滅亡しました。戦いの舞台になった山口県には、幼い安徳天皇とともに入水した女官たちが連子鯛となった、という伝説があります。連子鯛は加熱しても、身はふっくらやわらか。塩焼きや煮つけがオススメで、真鯛よりお手頃な価格も魅力です。

【彼岸明け】
7日間にわたる春の彼岸の最後の日。彼岸の間はこの世とあの世が通じやすいといわれています。ご先祖様への感謝と祈りを込めて仏壇の掃除やお墓参りを済ませましょう。

【檸檬忌】
短編小説『檸檬』で知られる大正時代の小説家・梶井基次郎の命日。檸檬の果実は、正体不明の憂鬱にとらわれながら京都の街をさすらう主人公によって爆弾に見立てられます。高校時代、国語の教科書で読んだ方も多いのでは。

●今日をたのしむ

【連子鯛の日】
1185（元暦2）年の今日、壇ノ浦の戦いで入水した貴族の女性たちが連子鯛になったという伝説にちなんで制定されました。キラキラと輝く、黄みがかった桜色の鱗は平安女官さながらの美しさ。ほかの鯛と同様、これから旬を迎えます。

3月　弥生

25日

元日から……………… 83日
大晦日まで……………281日

［二十四節気］
春分

［七十二候］初候
雀始めて巣くう

朧月夜（おぼろづきよ）

三日月、上弦（じょうげん）の月、寝待月（ねまちづき）、立待月（たちまちづき）……。日本には、美しい月の呼び名がたくさんあります。電灯もネオンサインもなく、月の満ち欠けをもとにした旧暦で暮らしていた人々にとって、今以上に月光は明るく、頼もしかったからでしょう。

春の宵に浮かぶ、ぼんやりかすんだ「朧月」も美しい月の名前です。「朧」とは、夜に大気中のチリや水分で遠くの景色がかすむ自然現象のこと。同じものでも、日中は「霞（かすみ）」と表現します。やわらかく輪郭がにじんだお月様は、夜空の贈り物。部屋の灯りをそっと消して、春のお月見と洒落込みましょう。

今日をたのしむ

【電気記念日】

日本ではじめて公の場で電灯がついたのが、1878（明治11）年の今日。当時の人々にとって、点灯された灯りは目がくらむほど。「夜も日が出るという不夜城のようだった」と伝わります。


【花会式（はなえしき）】

今日から3月31日にかけて行う薬師寺（奈良県）の修二会（しゅにえ）（P76）は、色とりどり、10種類の造花を本尊の薬師如来に供えることから、別名「花会式」と呼びます。国家繁栄と五穀豊穣を願う行事です。

季節をたのしむ

【朧月】

「菜の花畑に　入り日薄れ　見渡す山の端　霞ふかし」。『朧月夜』を歌った方も多いでしょう。神秘的なその姿は、古くから和歌や俳句の題材ともなってきました。「朧月」は春の季語。


【朧饅頭（おぼろまんじゅう）】

蒸し上げた饅頭の薄皮をむいたものが朧饅頭。茶道の一派である表千家では、利休忌の茶席でいただくならわしがあります。

3月 弥生

26日

元日から……………… 84日
大晦日まで……………280日

［二十四節気］
春分

［七十二候］次候
桜始めて開く

犀星忌（さいせいき）

ふるさとは
遠きにありて思ふもの
そして悲しくうたふもの
（室生犀星（むろうさいせい）『小景異情』より）

この一節を知ったとき、心の奥がキュッと締めつけられるような、切ない気持ちになりました。生まれ故郷を出て暮らしたことがある方には、沁みるものがありますよね。

新年度を前にすると、この詩と進学のために上京したばかりの自分を思い出します。東京での暮らしが長くなるにつれ、故郷からの距離が遠くなっていくようにも。少々センチメンタルになるのは、出会いと別れが交錯するこの時季だからなのかもしれません。

今日をたのしむ

【桜始めて開く】
春分の次候は、誰もが待ち焦がれた桜の花が開く頃。桜前線、北上中です。

【犀星忌】
大正から昭和時代に活躍した詩人であり小説家・室生犀星の忌日（きにち）。代表作には『愛の詩集』『蜜のあわれ』『杏っ子』などがあります。

【比良八講（ひらはっこう）】
比良山（滋賀県）で汲んだ法水を、船の上から琵琶湖にまいて安全祈願をする、天台宗の法会（ほうえ）を行います。

3月　弥生

27日

元日から…………………85日
大晦日まで……………279日

［二十四節気］
春分

［七十二候］次候
桜始めて開く

さくらの日

日本人がもっとも愛する花、桜の盛りが近づいてきました。日本中の「まだかな、そろそろかな」というワクワクに応えるかのように、桜前線が北上しています。

今日は、さくらの日です。七十二候の「桜始めて開く」にあたることと、「咲く（3×9）＝27（日）」の語呂合わせから制定されました。

桜前線は、全国各地の桜（おもにソメイヨシノ）の開花日をつないだ線です。各地の気象台が観測している「標本木（ひょうほんぼく）」が5～6輪以上ほころべば、いわゆる「開花宣言」となります。例年通りならば、桜前線は九州と四国を通過した頃。ソワソワと待ち侘（わ）びているにもかかわらず、いざ「開花！」と聞くと、どこか寂しさを覚えもし、我ながら勝手なものだと苦笑いです。

私たちを一喜一憂させる桜前線は、

●今日をたのしむ

【桜前線】

3月末、九州から北上をはじめ、5月はじめに北海道に至ります。ソメイヨシノが生育しない沖縄・奄美地方ではヒカンザクラ、北海道ではエゾヤマザクラなどが標本木。花の見頃は開花宣言から約1週間後。標本木の8割以上の蕾（つぼみ）が開くと「満開日」となります。

ソメイヨシノのある特徴によって成り立っています。それは、日本全国、津々浦々にある樹木すべてがクローンであることです。

ソメイヨシノは、江戸時代末期に江戸駒込の染井村（現在の豊島区駒込あたり）で栽培がはじまりました。葉が出る前に花が咲く美しさと華やかさが、人々の心を掴んだのでしょう。明治時代に入ると、各地の自治体が植えるようになります。ソメイヨシノ同士では受粉しないため、接ぎ木や挿し木によって数を増やしました。その結果、すべてが同じ遺伝子となり、気温や気候といった条件が整えば、遠い場所に植えた樹でも同じタイミングで開花するのです。桜前線を形づくることができるのも、そのため。

ため息の出るような満開の桜並木も、散り際の桜吹雪も、人と桜と自然とが力を合わせてつくり上げた風景なのですね。

【表千家利休忌】

千利休の忌日は旧暦2月28日。表千家では月遅れの3月27日に、遺徳を偲び茶会を開きます。利休を描いた掛け軸に菜の花やお茶湯、クチナシで色づけした黄色の朧饅頭を供えます。

◆季節をたのしむ

【桜餅】

江戸時代、向島・長命寺の門前で売り出したのがはじまりです。水で溶いた小麦粉を薄く焼いた皮は関東風、道明寺粉を蒸したもちもちの皮は関西風。

3月　弥生

28日

元日から……………… 86日
大晦日まで……………278日

［二十四節気］
春分

［七十二候］次候
桜始めて開く

根ミツバ

今の時季に店先に並ぶミツバがあります。白い茎と細いゴボウのような根をもつ「根ミツバ」です。スポンジに種をまき、水耕栽培で育てた「糸ミツバ」にくらべ少々値が張りますが、香りの強さが格段に違います。今を逃したらしばらくお預け。こういうときばかりは財布の紐（ひも）もゆるみます。

ミツバの香りは、クリプトテーネンやミツバエンという成分によるもので、食欲増進や気持ちを落ち着ける働きがあります。しっかりとした根っこも、もちろんおたのしみ。よく洗ってキンピラにしたり、葉茎とおひたしにしたり。香りが飛ばないように、さっと加熱するのがポイントです。

●今日をたのしむ

【紀三井寺桜まつり】

約500本の桜の木を植えている紀三井寺（和歌山県）の境内には、関西の桜前線の基準になる標本木（ひょうほんぼく）があります。3月20日～4月20日の桜祭りでは「日本さくら名所100選」に選ばれた、美しい景観がたのしめます。

【ミツバの日】

3（ミ）月28（ツバ）日の語呂合わせ。ミツバは、水耕栽培でつくる「糸ミツバ（青ミツバ）」、根つきのまま出荷する「根ミツバ」、根元で茎を切って収穫する「切りミツバ（白ミツバ）」の3種類が出回ります。どれもミツバゼリという、日本原産の香味野菜です。

●季節をたのしむ

【サクラエビ】

その名は桜色に由来するともいわれるサクラエビの本場は駿河湾（静岡県）。頭も殻もまるごと食べるため、カルシウムをたっぷり摂取できます。

3月　弥生

29日

元日から………………… 87日
大晦日まで……………277日

［二十四節気］
春分

［七十二候］次候
桜始めて開く

地上の星、ホタルイカ

春の富山湾で見られる風物詩があります。その名も「ホタルイカの身投げ」。ちょっとびっくりする名前です。

産卵期を迎えたホタルイカが集まる富山湾。そして打ち寄せる波がおだやかな新月の夜。富山湾に面する滑川市の浜辺は、海に戻らずに最期を迎えるホタルイカの光で埋め尽くされます。闇夜で方向感覚を失うためにに起こるともいわれる「ホタルイカの身投げ」です。

折しも夜空には北斗七星。柄杓にもたとえられる星々からこぼれ落ちたのは、妖しく光るホタルイカの大群なのかも、なんて想像してしまうほど神秘的な光景です。

●今日をたのしむ

【北斗七星】
北斗七星は、じつはおおぐま座の一部で、星座名ではありません。この時季、北の空の高い位置で光り輝きます。

【マリモの日】
1952（昭和27）年の今日、阿寒湖（北海道）のマリモが国の特別天然記念物に指定されました。

◆季節をたのしむ

【ホタルイカ】
滑川市には漁を間近で見る海上観光があります。酢味噌和えが定番ですが、沖漬けや燻製も乙。

3月 弥生

30日

元日から……………… 88日
大晦日まで……………276日

［二十四節気］
春分

［七十二候］次候
桜始めて開く

春野菜

「春は苦味を盛れ」ということわざがあります。早春に苦味を帯びた山菜や若菜を食べ、冬の寒さに合わせてのんびりしていた体を目覚めさせるという、昔ながらの知恵が詰まった言葉です。

一方で春本番は、過ごしやすい気候と季節を体現するような、甘さがギュッと詰まった野菜が出回ります。収穫後、雪の下に貯蔵することで甘味を引き出したニンジンや、ふんわりとしたフリルのような春キャベツ、白さが眩しい新タマネギ。野菜スティックやサラダなど、シンプルな味つけでいただけば、春の活力が体にみなぎります。

今日をたのしむ

【国立競技場落成記念日】

1958（昭和33）年、明治神宮外苑（東京都）に初代国立競技場が完成しました。

季節をたのしむ

【春キャベツのサラダ】

（2人前）

①春キャベツ（1／4玉）を適当な大きさに切り、塩（小さじ1／2）をもみ込む。

②しんなりしたら、和風だし（大さじ1／2）、みじん切りにした青じそ、おろし生姜を和えて完成。

3月 弥生

31日

元日から……………… 89日
大晦日まで……………275日

［二十四節気］
春分

［七十二候］末候
雷乃声を発す

年度末

今日は年度末。入学、進級、進学、就職、転勤……。明日からたくさんの人たちが新しいステージに踏み出します。

「年のはじまりは1月1日、年度のはじまりは4月1日」という制度は、1886（明治19）年に定まりました。10月はじまり、1月はじまりなど、試行錯誤を経たのちの決定でした。とはいえ、なぜそうなったのか、はっきりとした理由がわかっていないというのが不思議にも面白いところです。

いわば今日は、もうひとつの大晦日（おおみそか）。明日からに備え、旧年度の自分をねぎらいましょう。

今日をたのしむ

【雷乃声を発す（かみなりのこえはっす）】
春分の末候は、冬の間は鳴りをひそめていた雷がゴロゴロとあらわれる頃といった意味合い。春の雷は遠くで鳴ってそれっきり、という場合も多くあります。

【山菜の日】
3（さん）月31（さい）日の語呂合わせから、日本の食生活を支えてきた山菜の日です。滋味豊かな山の恵みは、これから本格的なシーズンを迎えます。

【体内時計の日】
体内時計は一日周期でリズムを刻むことで、心と体のバランスを保ってくれます。これが崩れると、睡眠不足や集中力低下、肥満などを引き起こします。春は体内時計が崩れやすい季節。規則正しい生活と日光浴が体内時計を整えるカギです。

季節をたのしむ

【草餅】
ハハコグサやヨモギを入れてつき上げる草餅は、春の香りたっぷりの和菓子。古くはこの香りが邪気を祓（はら）い、病気を退けると考えられていました。

4月

卯月

うづき

春爛漫、風景が鮮やかに彩られ、
優しい風が吹き抜けていきます。
年度が変わり、清々しい空気とともに
気分も一新です。

4月　卯月

1日

元日から……………… 90日
大晦日まで……………274日

［二十四節気］
春分

［七十二候］末候
雷乃声を発す

年度はじめとエイプリルフール

新年度がはじまりました。今日は、社会全体の空気が「昨年度」からガラリと変わる一日です。

大学や専門学校の入学式、新入社員を迎える入社式が行われ、新しい制度がスタートすることもしばしばあります。たとえば消費税が導入されたのは、1989（平成元）年の4月1日のことでした。市町村合併によって新しい市が生まれる際も、4月1日から市制を施行することが多いようです。

さらに今日は、エイプリルフールでもあります。ご存知、「嘘（うそ）をついてもいい日」。とかく日本の4月1日はバタバタしますね。

私がエイプリルフールを知ったのは、小学校低学年の頃でした。「嘘をつくと閻魔（えんま）様に舌を抜かれる」と信じていた年齢でしたから、驚きと戸惑いを覚えたものです。いざ、嘘をつこうと決

●今日をたのしむ

【卯月（うづき）】
4月と旧暦4月の異称です。卯の花（ウツギ）が咲き乱れる「卯の花月」から転じたといわれています。

【入社式】
多くの会社で行われる入社式ですが、じつは日本独自の行事。一斉入社の風習がない海外から見

意をしても春休み真っ盛り。友達にも会えず、姉に「今日は雪が降るんだって！」と、当たり障りのない嘘をつきました。

でも「当たり障りのない嘘」は、エイプリルフールのルールに適（かな）っています。エイプリルフールでついていいのは「罪のない嘘」だけ。一説には午前中に嘘をつき、お昼を過ぎたらタネ明かしをしなくてはいけない、ともいわれています。嘘にだまされた人が「エイプリルフール（四月馬鹿）」です。

その起源は旧約聖書にあるとも、ギリシャ神話にあるとも、フランス王政にあるともいわれ、インドにあるとも。日本には大正時代に伝えられたそうです。なかには、嘘のひとつとして語られた逸話が、まことしやかに流布（るふ）してしまった、なんてものもあるかもしれません。いずれにせよ、今日嘘をつくのであれば、たのしい嘘を。

ると、とても不思議な光景なのだそう。

【熊本甘夏の日】

冬に収穫、貯蔵されていた甘夏みかんの酸味が抜け、甘味が増す頃です。出荷量が増え、店先に並び出します。甘夏みかんの生産量全国1位は熊本県。ゼリーやジュースも同県の特産品です。

【トレーニングの日】

新年度初日は気分を新たにジョギングやフィットネスなどのトレーニングをはじめるのにぴったりな日、ということで制定されました。

4月　卯月

2日

元日から……………… 91日
大晦日まで……………273日

［二十四節気］
春分

［七十二候］末候
雷乃声を発す

お花見

お花見は、春の農作業に先立ち、神様にごちそうやお酒を供えて豊作を祈願したならわしがルーツです。桜と神様は関わりが深く、「『神様が座る場所』が語源」や「田の神様が降りてきたしるしとして開花する」といった言い伝えが残っています。

「花より団子」も、「花より花見酒」も素敵ですね。ちょうど、大寒（だいかん）の頃に仕込んだ日本酒が「寒造り」として出回ります。現代のお花見も、神様と人とが仲よく過ごすおたのしみの行事と考えたいもの。節度をもって桜花を満喫しましょう。

◉今日をたのしむ

【国際子どもの本の日】

世界的童話作家アンデルセンの誕生日にちなんで制定。桜の下での読み聞かせや読書も一興です。

◈季節をたのしむ

【花見団子】

上から桃色、白、緑と並ぶ三色の団子は、雪解けの間から顔を出す新芽と、咲き誇る桜をあらわしています。

4月　卯月

3日

元日から……92日
大晦日まで……272日

［二十四節気］
春分

［七十二候］末候
雷乃声を発す

いんげん豆の日

旬はもう少し先の6月頃に訪れますが、今日は「いんげん豆の日」。明（中国）から日本にいんげん豆をもたらした禅僧、その名も隠元が亡くなった日にちなんでいます。

隠元は江戸前期、幕府によって日本に招かれ、黄檗宗と黄檗山萬福寺（京都府）を開きました。いんげん豆のほかにも、煎茶、レンコン、スイカ、孟宗竹を伝えたとされています。また、日本でもっとも親しまれている書体のひとつである「明朝体」は、隠元が携えてきた経本の版木をもとにしているのだとか。読経の際にポクポクと鳴らす木魚も、隠元が広めたといわれています。

●今日をたのしむ

【月遅れのお雛様】

月遅れで桃の節句を迎える地域では、今日が雛祭り。山形県西村山郡河北町では、紅花貿易で栄えた旧家を中心に時代雛を展示する催しが。

【シーサーの日】

4（シー）月3（サー）日の語呂合わせから。シーサーは沖縄で屋根瓦などに取りつける焼き物の獅子像。魔を祓い家を守ります。那覇市にある壺屋やちむん通りでは、シーサーづくりの体験教室や企画展を開催します。

【日本橋開通記念日】

1911（明治44）年の今日、日本橋が木橋から石橋に架け替えられました。江戸幕府の開府とともに架けられ、五街道の起点ともなった日本橋。現在、橋の中央には「日本国道路元標」が埋め込まれています。

【おどり花見】

元禄年間から、成田山新勝寺（千葉県）の周辺地域で行っている行事。着物を着た女性たちが、悪疫退散や五穀豊穣を願って歌と踊りを繰り返しながら16の寺社を回ります。

4月　卯月

4日

元日から……………… 93日
大晦日まで…………… 271日

［二十四節気］
春分

［七十二候］末候
雷乃声を発す

こし餡派？つぶ餡派？

あんぱん、お饅頭、どら焼きなど、和のスイーツにあんこは欠かせません。そしてつぶ餡か、こし餡かは好みが分かれるところです。ちなみに私はつぶ餡派。事あるごとに祖母がふるまってくれた、手づくりつぶ餡のたっぷり絡んだ「あんこ餅」の影響だと思います。

一般的に関東はこし餡、関西はつぶ餡が好まれるのだとか。甘さの具合もきっと地域性があるのでしょう。あなたはどちら派ですか？

今日をたのしむ

【あんぱんの日】
1875（明治8）年の今日、木村屋總本店の初代・安兵衛がお花見のお茶菓子として明治天皇にあんぱんを献上したことを記念して制定。なかはこし餡、「おへそ」には桜の花の塩漬けが埋め込まれました。

【どら焼きの日】
3月3日は女児のための桃の節句、5月5日は男児のための端午の節句。それなら4月4日はどら焼きを食べて、男の子も女の子も幸せ（4合わせ）になろう、という日。もちろん大人が食べても幸せに。

【歯周病予防デー】
歯（し＝4）と予（よ＝4）のふたつの4がつくことから。30～50代の約8割が歯周病であるともいわれています。虫歯より歯を失うリスクが高い病気なのだとか。歯と歯茎の間を日頃からキレイに保つことが予防のポイントです。

【大瀬まつり・内浦漁港祭】
大瀬まつりは大瀬神社（静岡県）の例祭で、女装した青年たちが披露する「勇み踊り」で有名。踊りのあとは海に投げ込まれた俵を奉納して大漁と航海安全を願います。神社近くの内浦漁港では、踊り船のパレードも。

4月　卯月

5日

元日から……………… 94日
大晦日まで……………270日

［二十四節気］
清明

［七十二候］初候
玄鳥至る

清明（せいめい）

今日から二十四節気は「清明」へと進みます。読んで字のごとく、すべてが清々しく、明るく輝く節気です。空は晴れ渡り、鳥は歌い、花が咲き、緑が日に日に濃さを増していきます。

南の国からは、恋と子育てのために渡り鳥が次々と飛来。七十二候にも登場する「玄鳥（げんちょう）」はツバメの別名です。

沖縄では本島南部を中心に、「シーミー（清明祭）」という、先祖供養のお祝いを行います。もとは中国から伝わった風習です。親戚縁者総出で祖先が眠る「門中墓（もんちゅうばか）」にお参りし、ごちそうやお花を供え、お線香を手向けます。ごちそうはお餅やカマボコ、豚肉の煮つけなどが多いそうです。

お供えしたあとは、参列者全員でごちそうを囲み、泡盛を飲んだり、歌ったり、踊ったり。ご先祖様と今を生きる人々がともに盛り上がるお祭りです。

●今日をたのしむ

【玄鳥至る（つばめきたる）】
ツバメは昔から害虫を駆除してくれる益鳥として大切にされてきました。商売繁盛を招く福の鳥としても愛されています。

【横丁の日】
4（よ）月5（こ）日で「横」の語呂合わせ。横丁とは表通りから横に入った町筋のこと。商店や飲食店が立ち並ぶ、昔懐かしい横丁が最近は見直されています。

【端午（たんご）の節句の準備】
1カ月後は端午の節句。五月人形や鯉のぼりをいつ出すか、そろそろ決めておきましょう。

4月　卯月

6日

元日から	95日
大晦日まで	269日

［二十四節気］
清明

［七十二候］初候
玄鳥至る

城の日

4を「し」、6を「ろ」と読んで、今日は「城の日」です。お城は古今東西、時の権力者の軍事拠点、もしくは住まいとしてつくられてきました。私たち日本人には、お堀に囲まれ、堂々とした天守閣を備えた姿がおなじみですね。

文化遺産であり、歴史的シンボルである城郭や城跡をより多くの人に知ってもらおうと、「日本100名城」が選定されています。すべての都道府県から選ばれていますので、お花見や春のピクニックもかねて、お城散策に出かけてみてはいかがでしょうか。

今日をたのしむ

【お城でお花見】

日本100名城のひとつ佐倉城址（さくらじょうせき）（千葉県）では、約50種類・1100本の桜が咲き誇ります。高田城（新潟県）は「日本三大夜城」のひとつ。お城と桜並木をライトアップする「さくらロード」は圧巻の美しさです。


【春の全国交通安全運動】

交通事故撲滅のため、1948（昭和23）年から行っています。期間は4月6～15日までの10日間です。


【新聞をヨム日】

4（ヨ）月6（ム）日の語呂合わせから。近年は朝刊を毎日読む人の割合が約50％に落ち込んでいるそう。「新生活がはじまる春に、新聞を読みはじめませんか」と各新聞社や新聞販売店がPR活動を行います。

季節をたのしむ

【スミレ】

スミレは3㎝ほどの小さな花をつける多年草。その名前は花の形が大工道具である「墨入れ」に似ていることに由来するといわれています。

4月　卯月

7日

元日から……………… 96日
大晦日まで…………… 268日

［二十四節気］
清明

［七十二候］初候
玄鳥至る

ピカピカのランドセル

そろそろ、全国各地で小学校の入学式が行われる頃です。小さな体にピカピカのランドセルを背負って歩く新1年生らしき子を見かけると、ついつい心のなかで応援してしまいます。

学用品入れとしてランドセルが登場したのは、1885（明治18）年のこと。それまで認められていた馬車や人力車での通学が禁止され、徒歩通学となった東京目白の学習院に通う子供たちのために、軍人の背負いカバンである「背嚢（はいのう）」を採用したのがはじまりです。やがて革製に変わり、呼び名もオランダ語で背嚢を意味する「ランセル」から「ランドセル」へと変化。戦後、全国的に広まりました。

●今日をたのしむ

【入学式】

かつては欧米にならって9月に行ったこともあるという日本の入学式。新年度のはじまりを4月1日としたのに合わせて、入学式も春の行事に。

【鉄腕アトムの誕生日】

十万馬力を誇る少年ロボット・鉄腕アトム。原作では、2003年4月7日に誕生します。

●季節をたのしむ

【ミツバチ】

草花が咲きはじめると、せっせと働くミツバチの姿も見られるように。

4月　卯月

8日

元日から	97日
大晦日まで	267日

［二十四節気］
清明

［七十二候］初候
玄鳥至る

お釈迦様のお誕生日会

今日は、お釈迦様の誕生日。各地の寺院では、お祝いの行事である花祭りを行います。いわば、お釈迦様のお誕生日会です。

仏教の開祖であるお釈迦様は、ルンビニーの花園で生まれました。誕生してすぐに歩き、右手で天を、左手で地を指し「天上天下唯我独尊（てんじょうてんげゆいがどくそん）」と唱えたといいます。この姿をかたどった像が「誕生仏（たんじょうぶつ）」です。

花祭りは、お釈迦様が誕生した瞬間を再現します。「花御堂（はなみどう）」と呼ばれる小さなお堂を、ルンビニーの花園よろしく色とりどりの花で飾り、花御堂のなかには、水盤に乗せた誕生仏を安置。この水盤は、お釈迦様の誕生を祝って大地から芽生えたとされる蓮（はす）の花をかたどっています。

参拝者は誕生仏に甘茶を注ぎお参りをします。これは、やはりお釈迦様の

●今日をたのしむ

【花祭り】
「灌仏会（かんぶつえ）」「仏生会（ぶっしょうえ）」「浴仏会（よくぶつえ）」などとも呼び、月遅れの5月8日に行う地域もあります。

【卯月八日（うづきようか）】
今日は山で野遊びをしたり、神様を拝んだり、お墓参りをしたりと、さまざまな風習があり、これらをまとめて「卯月八日」と呼びます。近畿以西では竹竿の先にシャクナゲやツツジの花を束ね、厄除けとする「天道花（てんとうばな）」が受け継がれています。

【忠犬ハチ公の日】
1934（昭和9）年、亡くなった主人を一途に

生誕を祝いあらわれた9匹の龍が、不老不死の飲み物である「甘露（かんろ）」を吐き注いだという伝承に由来するものです。また、この甘露を産湯にしたという伝説もあります。

甘茶は、アマチャもしくはアマチャヅルの葉を煎じたお茶です。その名の通りほのかな甘味があり、無病息災の縁起物としても珍重してきました。参拝後にもち帰り、家族で飲んで厄除（よ）けとする習慣もあります。

お寺が経営する幼稚園や保育園では、花祭りを大切な年中行事として受け継いでいます。子供が誕生仏に甘茶を注ぐと、健やかに育つともいわれているそうです。花御堂の美しさや、美味しい甘茶を懐かしく思い出される方もいらっしゃるでしょう。稚児（ちご）行列を催す寺院もあります。衣装をまとい、おめかしをした子供たちが並び歩く姿は、思わず頬がゆるむかわいさ。無事なる成長を願わずにはいられません。

待ちつづける忠犬・ハチをたたえ、彫刻家・安藤照（あんどうてる）が渋谷駅前（東京都）に銅像を建立しました。翌年、ハチはその生涯を閉じましたが、今やハチの像は渋谷のシンボルに。今日は慰霊祭が行われます。

◆季節をたのしむ

【シャクナゲ】
ドレスのフリルのような花びらの気品と美しさから「花木の女王」とも称されます。「シャクナゲ寺」の別称もある高野寺（佐賀県）ではシャクナゲ祭りを開催中。お近くの名所の見頃を調べてみては。

4月　卯月

9日

元日から……98日
大晦日まで……266日

［二十四節気］
清明

［七十二候］初候
玄鳥至る

大仏の日

752（天平勝宝4）年4月9日、東大寺の大仏の開眼供養式が行われました。開眼供養は、仏像に魂を入れる儀式です。この日、7年をかけてつくった大仏がようやく完成しました。

今では「奈良の大仏」の名前で親しまれていますが、正式名称は盧舎那仏（るしゃなぶつ）像（ぞう）。体から出る光ですべてのものを照らし導く、ありがたい仏様です。像は約15m、台座は約3m、見上げたときの高さは18mにも及びます。私もはじめて拝観したときには、想像を上回る大きさと迫力にびっくりしました。

じつは奈良の大仏は、頭部が落下したり、焼き討ちにあったりと波乱万丈な歴史を送ってきました。先人が補修や改修を繰り返し、現在の姿となっています。当時の人々を支えていたのは、熱心な信仰心。だからこそ、今でも多くの人を惹きつけるのでしょうね。

今日をたのしむ

【大仏の日】
奈良の大仏の開眼供養式にちなみます。現存する日本の大仏は約100体。もっとも大きいものは、牛久大仏（茨城県・120m）、次に日本寺（にほんじ）大仏（千葉県・31m）、長浜びわこ大仏（滋賀県・28m）とつづきます。

【フォークソングの日】
4（フォー）月9（ク）日の語呂合わせ。フォークソングは1950年代から60年代にかけてアメリカで生まれ、日本では1960年代後半から80年代まで大ブームが起こりました。

4月　卯月

10日

元日から……………………99日
大晦日まで…………………265日

［二十四節気］
清明

［七十二候］次候
鴻雁北へかえる

「ねぐら立ち」と「ねぐら入り」

南の国からやってきたツバメと入れ替わりに、冬を日本で過ごしたマガンやヒシクイがロシアへと帰る日が近づいてきました。北海道美唄市の宮島沼では、６万羽近くのマガンが来たる旅路に備えて羽を休めています。エサとなる落ち籾や水草を求めて、周辺の水田に一斉に飛び立つ「ねぐら立ち」と、夕暮れに戻ってくる「ねぐら入り」は、この時季の風物詩。賑やかな鳴き声が北の大地に響き渡ります。

●今日をたのしむ

【鴻雁北へかえる】

「鴻」は大型のガンのこと。清明の次候は、「マガンやヒシクイ、カリガネなどが北へ帰る頃」という意味合いです。


【鳥曇り】

マガンが北へ帰る頃の曇り空は「鳥曇り」。人間ではなく、花鳥風月を中心に据えた日本語は趣深いものです。今の時季ならば「花曇り」や「花冷え」といった言葉もあります。


【駅弁の日】

行楽シーズンがはじまる4月と、弁当の「当（とう＝10）」から4月10日に制定。駅弁はご当地グルメを手軽にたのしめるのが魅力です。列車内で食べれば心が躍り、不思議と懐かしい感覚にも。一方、お家で食べれば旅行気分が味わえます。

◆季節をたのしむ

【島ラッキョウ】

おもに沖縄で栽培される島ラッキョウは辛味と強い香りが特徴。定番の塩漬けはもちろん、天ぷらにしたときのホクホク感もたまりません。

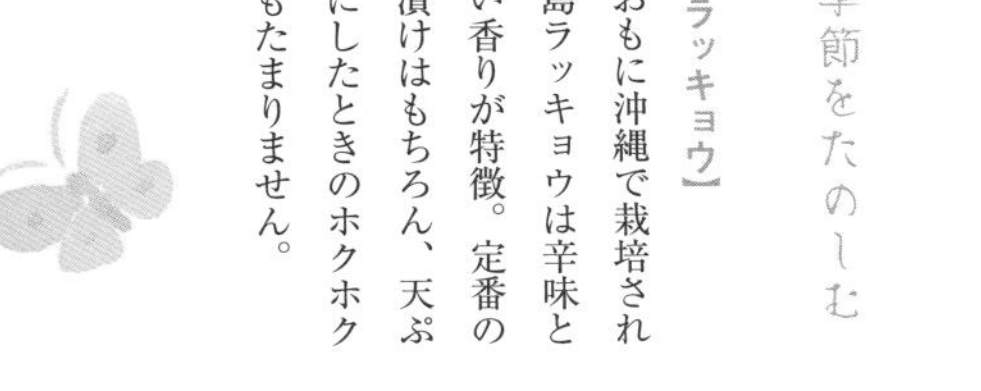

4月　卯月

11日

元日から……100日
大晦日まで……264日

［二十四節気］
清明

［七十二候］次候
鴻雁北へかえる

筍と竹

隠元禅師（P115）が伝えたともされる孟宗竹の根元から、筍がひょっこり。旨味とほのかな甘味が魅力の筍は、春の味覚の王者です。

「一旬（10日間）で竹になる」と書く「筍」の字が示すように、その成長は目を見張るものがあります。実際は30日ほどで筍から竹へと育ち、一日に1m以上伸びることもあるそうです。3月中旬～5月にかけて爆発的に育ち、夏がはじまる頃には10～20mの高さになり成長をとめます。

やわらかく美味しい筍でいられるのは、土から顔を出すか出さないかのわずかな期間だけ。今が旬の筍からみなぎる生命力をいただきましょう。

●今日をたのしむ

【雨後の筍】
乾燥を嫌う筍が雨上がりに次々と顔を出すことから、物事が相次いで起こるたとえとしてこの言葉が生まれました。

【メートル法公布記念日】
1921（大正10）年の今日、長さの単位として「m」を使うことを定めました。

【ガッツポーズの日】
1974（昭和49）年の今日、世界ライト級タイトルマッチでガッツ石松さんが逆転KO勝ち。喜びで腕を掲げたポーズが「ガッツポーズ」と呼ばれ、広まりました。

4月 卯月

12日

元日から……101日
大晦日まで……263日

［二十四節気］
清明

［七十二候］次候
鴻雁北へかえる

思い出のパン

日本にパンが伝わったのは1543（天文12）年のこと。鉄砲とともにポルドガルから伝来したといわれています。しかし多くの人が知るようになったのは、それから300年あまりあとの幕末。戦時の携行食として注目され、明治時代には神戸や横浜といった港町を中心にパン食文化が広まりました。

さて、あなたの「思い出のパン」はどんなものでしょうか。私は小さな頃に大好きだった、近所のパン屋さんのクリームパン。高校の売店で人気だった生クリームの入ったあんぱんも忘れられません。また、私の住む町には金曜日の夕方、音楽を流しながらパンの移動販売車がやってきます。近所の子供たちが一斉に集まり、あれこれ悩む姿はかわいいものです。このときのパンが、いつか誰かの「思い出のパン」となるのかもしれません。

今日をたのしむ

【パンの記念日】

1842（天保13）年の今日、軍学者・江川太郎左衛門英龍が、兵糧として日本ではじめてパンをつくりました。小麦粉と卵、砂糖を原料とするシンプルなもので、焼き上げたあとに乾燥させる「乾パン」でした。

【信玄公忌】

今日は川中島の戦いで知られる、戦国時代の名将・武田信玄の命日です。信玄の菩提寺である乾徳山恵林寺（山梨県）の境内には露店が並び、巫女舞や太鼓演舞などを奉納、信玄の遺徳を偲びます。

4月　卯月

13日

元日から……………… 102日
大晦日まで…………… 262日

［二十四節気］
清明

［七十二候］次候
鴻雁北へかえる

十三参り

数え年で13歳になる子供が虚空蔵菩薩にお参りし、知恵や運を授かるよう願う風習が「十三参り」です。旧暦3月13日や月遅れの今日を中心に、おもに関西地方で行います。

虚空像菩薩は無限の知恵と福徳を与えてくれる仏様。弘法大師に知恵を授けたという伝説もあります。数え年の13歳は生まれ年の十二支がはじめて一巡し、子供から大人への階段を上りはじめる頃。年頃の我が子を見守る仏様として、古くから多くの親が虚空像菩薩を頼りにしてきました。

「嵯峨の虚空蔵さん」と親しまれる法輪寺（京都府）には、十三参りの帰途、お寺の前の橋を渡りきる前に振り返ると授かった知恵が失われるという言い伝えがあります。しっかりと前を見据えて歩く。まるで人生そのものです。

●今日をたのしむ

【十三参り】

「知恵もらい」や「十三講参り」とも。法輪寺のほかにも村松山虚空蔵堂（茨城県）、福満虚空藏尊圓藏寺（福島県）などが賑わいます。

【喫茶店の日】

1888（明治21）年の今日、東京・上野に日本初の喫茶店が開業。

●季節をたのしむ

【グレープフルーツ】

じつは4～5月が旬。甘酸っぱく爽やかな香りには、気分をリフレッシュさせる効果があります。

4月 卯月

14日

元日から……103日
大晦日まで……261日

［二十四節気］
清明

［七十二候］次候
鴻雁北へかえる

春の高山祭

農作物の健やかな生長と豊かな実りを願う春のお祭りの多くは、華やかできらびやか。日枝神社（岐阜県）の例祭である高山祭（山王祭）は、「屋台」と呼ばれる絢爛豪華な山車が12基繰り出します。その美しさから「動く陽明門」ともたたえられる屋台は、２００年近く前の職人がつくり上げた芸術品。からくり人形を備えた屋台はとくに人気が高く、精巧な所作に拍手と歓声が巻き起こります。

今日をたのしむ

【からくり人形山車】

江戸中期、お祭りや芸能を奨励する尾張藩主を慕い、各地のからくり職人が移住しました。そのため、からくり人形が見ものとなる山車を曳き回すお祭りの多くは、東海地方に集中しています。高山祭のほかにも、亀崎潮干祭（5月3〜4日）や犬山祭（4月第1土日）が有名。ともに愛知県のお祭りです。


【高山祭】

「高山祭」は春の「山王祭」と秋の「八幡祭（櫻山八幡宮例祭）」の総称です。山王祭は毎年4月14〜15日、八幡祭は10月9〜10日に行います。


【オレンジデー】

果実がたくさんなることから「繁栄」や「多産」のシンボルであり、「花嫁の喜び」という花言葉をもつオレンジを、愛の証として贈る日。オレンジ色の品物をプレゼントしてもいいそう。

4月　卯月

15日

元日から……………… 104日
大晦日まで…………… 260日

［二十四節気］
清明

［七十二候］末候
虹始めて見る

初虹

にわか雨が止んで雲の切れ間から太陽が差し込んだら、今年はじめて架かる「初虹」を見るチャンス。空気中の水滴に日光が反射して発生する虹は、今頃からあらわれやすくなります。太陽に背を向け空を仰ぐのも、虹を見つけるコツです。

ところで、7色の虹の色を順番に言うことができますか？ 正解は外側から「せきとうおうりょくせいらんし」。赤・橙・黄・緑・青・藍・紫の音読みです。呪文のような響きのせいでしょうか、私はついつい唱えたくなり、虹を見つけるたびにブツブツと呟きながら確認してしまうのです。

●今日をたのしむ

【虹始めて見る】

空気が乾燥する冬はなかなか虹が架かりません。虹は、春の深まりを教えてくれる季節のサイン。「虹始めて見る」は清明の末候です。

【ヘリコプターの日】

ヘリコプターの原理を考案した、レオナルド・ダ・ヴィンチの誕生日にちなんでいます。彼は15世紀末にスケッチを残しましたが、人が乗って飛行できるヘリコプターが実際につくられたのは20世紀になってからです。

【日本巡礼文化の日】

日本最古の巡礼霊場である「西国三十三所」の開場1300年を記念して制定されました。日付は、4月15日を「よいご縁」と読ませる語呂合わせから。

【いちご大福の日】

こちらは「よいイチゴ」の語呂合わせ。露地栽培のイチゴは今が盛り。日光をたっぷりと浴びた、まさに「よいイチゴ」とあんこ、お餅のハーモニーをオヤツにどうぞ。

4月　卯月

16日

元日から……………… 105日
大晦日まで…………… 259日
［二十四節気］
清明
［七十二候］末候
虹始めて見る

牡丹（ぼたん）

各地で牡丹が咲きはじめています。牡丹といえば、直径20cmにもなる大輪の花と艶（あで）やかな花びらが身上です。その美しさと優雅さから平安貴族は「富貴（ふうき）の花」として大切にしました。現代では、美しい女性を形容する「立てば芍薬（しゃくやく）、座れば牡丹、歩く姿は百合の花」の言葉がおなじみですね。

鑑賞花として愛されてきた牡丹ですが、じつは奈良時代、薬草として中国から伝来しました。根の皮に鎮痛・消炎作用があり、解熱剤や止血剤として珍重されたのです。仏教では病人の看護も修行のひとつ。多くの寺院が牡丹を植え、今育てているのはその名残りでもあるそうです。

●今日をたのしむ

【長谷寺（はせでら）ぼたんまつり】
約150種・7千株の牡丹がたのしめる長谷寺（奈良県）では、4月中旬～5月初旬にかけてぼたんまつりを開催。期間中に茶会や特別法話を行います。

【ボーイズビーアンビシャスデー】
1877（明治10）年の今日、ウイリアム・スミス・クラーク博士が札幌農学校（現・北海道大学）を去る際、有名な「ボーイズビーアンビシャス（少年よ、大志を抱け）」という言葉を残しました。

4月　卯月

17日

元日から……………… 106日

大晦日まで…………… 258日

［二十四節気］
清明

［七十二候］末候
虹始めて見る

山笑う

日本の山々は、季節の移り変わりに合わせて表情を変えていきます。芽吹きの季節を迎えた春の山は「笑う」。たしかにやわらかく生き生きとした若芽色をまとう山はほがらかで、見ている私たちもつい笑みがこぼれます。

「山笑う」は春の季語になっており、正岡子規は「故郷や　どちらを見ても山笑ふ」と詠（よ）んでいます。ちなみに夏は「山滴（したた）る」、秋は「山粧（よそお）う」、冬は「山眠る」が季語。いずれも北宋（中国）の画家・郭熙（かくき）の言葉です。

今日をたのしむ

【森林浴の森】

遠くで眺める「山笑う」も素敵ですが、近くで芽吹きの様子を堪能できる森林浴もオススメ。自然保護の精神を養い、森林浴を健康増進に役立てることを目標にして選定された「森林浴の森日本100選」は、お出かけの参考になります。

【なすび記念日】

4（よ）月17（いなす）日の語呂合わせから。夏野菜のイメージが強いナスですが、12～6月にかけては「冬春ナス」が出回り、4月に最盛期を迎えます。

4月　卯月

18日

元日から……………… 107日
大晦日まで…………… 257日
［二十四節気］
清明
［七十二候］末候
虹始めて見る

鎮花祭

古来、疫病をもたらす疫病神（厄病神）の勢いは、桜の花の散る頃に盛んになるとしてきました。きっと、風に乗って四散する花びらに病の流行や蔓延を重ねたのでしょう。

奈良県の大神(おおみわ)神社では、毎年4月18日に飛鳥時代からつづく神事・鎮花祭を行い、人々の無病息災を願います。製薬業者も多く参列するため、「薬まつり」とも呼びます。

今の時季は生活の変化や気温の寒暖差が手伝い、心身のバランスを崩しやすいもの。散りゆく花を惜しみつつお散歩したり、ゆったりと入浴したり。厄介な不調を招かぬよう、がんばりすぎない一日も大切ですね。

今日をたのしむ

【鎮花祭】

大神神社の鎮花祭は「はなしずめのまつり」とも呼ばれ、古代国家の重要な祭礼となっていました。疫病が鎮(しず)まるよう願い、無病息災を祈るお祭りは、今宮神社（京都府）の「やすらい祭（毎年4月第2日曜日開催）」も有名です。

【発明の日】

1885（明治18）年の今日、特許法の前身である「専売特許条例」が公布されました。知的財産が守られることで、たくさんの発明や研究が精力的に行われるようになりました。

季節をたのしむ

【新ゴボウ】

成長しきる前のゴボウを若採りした「新ゴボウ」は、やわらかな食感と上品な香りが身上。さっと茹でてサラダにしたり、ささがきにしてお吸い物にしたり。豊富な食物繊維が腸の働きを整えるだけでなく、血糖値の上昇を抑えます。アク抜きのために水にさらしすぎると、若返り効果のある栄養素・ポリフェノールが流れ出てしまうので、5分以内を目安にしましょう。

4月　卯月

19日

元日から……108日
大晦日まで……256日

［二十四節気］
清明

［七十二候］末候
虹始めて見る

はじめの一歩

どんなチャレンジにも「遅すぎる」はない、と教えてくれる偉人がいます。江戸後期、日本ではじめて実測地図を作製した伊能忠敬です。

彼は、55歳から71歳までの17年間にわたり、日本全国を測量しました。測量の旅は計10回、総測量距離は4万km、じつに地球1周分に及びます。

彼がこの偉業に取り組んだのは、家督を息子に譲ったあとのこと。いわば定年後の第二の人生で、新たな挑戦をはじめたのです。49歳で本格的に天文学や暦学などを学びはじめ、55歳で測量の旅へ。そうしてできあがった『大日本沿海輿地全図』は、江戸幕府のみならず明治政府も頼りとしました。

今日は伊能忠敬が長き測量の旅をはじめた日。「はじめの一歩」を踏み出すにはうってつけの一日です。

●今日をたのしむ

【地図の日】

1800（寛政12）年4月19日、伊能忠敬が蝦夷地（北海道）の測量へ出発したことにちなんでいます。別名は「最初の一歩の日」。

【良いきゅうりの日】

4（よ）月19（いきゅうり）日の語呂合わせから制定。きゅうりは「世界一栄養がない野菜」としてギネス認定されていて、約96％が水分。しかし侮るなかれ、ナトリウムを排出させるカリウムを含むため、むくみやだるさを取り除くのにひと役買います。

4月　卯月

20日

元日から……………… 109日

大晦日まで…………… 255日

［二十四節気］
穀雨

［七十二候］初候
葭始めて生ず

穀雨（こくう）

春の節気としては最後となる穀雨になりました。「穀雨」とは、田畑を潤し、たくさんの穀物を育む雨のこと。米どころでは来たる田植えに向けて、種籾（たねもみ）から可愛らしい芽が出る頃。稲も野菜も草花も、恵みの雨を浴びてぐんぐん生長していきます。家庭菜園や庭木の手入れもこれからが本格シーズン。「今年はなにを育てよう?」とあれこれ思案するのは、この時季ならではのおたのしみです。

今日をたのしむ

【葭（あし）始めて生ず】

穀雨の初候で芽吹くと謳（うた）われる「葭」は、「葦」や「蘆」とも書かれ、「ヨシ」とも呼ばれるイネ科の多年草。日々強さを増す日光でぬるんだ河川や湖沼から、にょっきりと新芽を出します。

【発芽野菜の日】

20（はつか）日と「はつが」をかけて、毎月20日は発芽野菜の日。発芽野菜（スプラウト）とは新芽や茎を食す野菜のことで、かいわれ大根や豆苗、ブロッコリースプラウトなどが代表的。「天然サプリ」と呼ばれるほど栄養が豊富です。

【郵政記念日】

1871（明治4）年の今日、郵便制度が実施されたことにちなんでいます。今日を含む「切手趣味週間」では、意匠をこらした特殊切手が毎年発行されます。

季節をたのしむ

【ヒジキ】

ヒジキはカルシウムが牛乳の約12倍も含まれ、食物繊維やマグネシウムも豊富。煮物が一般的ですが、サラダや炊き込みご飯にしても美味。

4月　卯月

21日

元日から	110日
大晦日まで	254日

［二十四節気］
穀雨

［七十二候］初候
葭始めて生ず

藤の花

風に揺れる藤の花は、まるでシャンデリアのようだと幼い頃から思っていました。艶やかで優美な色合いのせいもあるのか、藤の花を見ると不思議と胸が高鳴ります。

この花の色をうつしとった藤色は、古くから日本人女性が愛してきました。平安時代には隆盛を誇る藤原氏の「藤」に通じることから、「色のなかの色」ともたたえられたそうです。

青空にも、ライトアップにも映える藤の花。平安貴族よろしく、淡く儚い紫色を愛でる「藤見」の計画を立ててみてはいかがでしょうか。

●今日をたのしむ

【藤まつり】
大中臣神社（福岡県）の「将軍藤まつり」は5月上旬まで。14世紀中頃に征西将軍であった懐良親王が奉納したと伝わる「将軍藤」の花房は、1・5mにも及びます。4品種を栽培するあしかがフラワーパーク（栃木県）では、約1カ月間にわたり藤見をたのしめます。広さ千㎡を誇る大藤棚の見頃は4月下旬～5月上旬です。

【民放の日】
1951（昭和26）年の今日、日本ではじめて民放16社に放送の予備免許が与えられました。

4月　卯月

22日

元日から……………… 111日
大晦日まで…………… 253日

［二十四節気］
穀雨

［七十二候］初候
葭始めて生ず

アースデー

アースデーは、世界中の人々が地球の環境や未来を守るためにアクションを起こす日です。

「地球環境」と聞くとなんだか身構えてしまいますが、私たち日本人はもともとエコ活動が得意です。その象徴ともいえる日本語「もったいない」は世界に広まっています。

アースデーに「これをしなければいけない」という決まりはないそうです。一人ひとりが、できることからコツコツと。持続可能な未来のために、もの言わぬ地球をいたわりましょう。

●今日をたのしむ

【アースデー（地球の日）】

1970（昭和45）年4月22日、アメリカの学生が地球環境のために開いた集会をルーツとし、1990年代に全世界に広まりました。日本でも各地でシンポジウムやライブ、さまざまなエコ活動を行います。

【もったいない】

2004（平成16）年にノーベル平和賞を受賞したワンガリ・マータイさんが、環境を守る国際語として「もったいない」を提唱したことをきっかけに世界的に知られるようになりました。

【よい夫婦の日】

4月22日で「よい・ふうふ」。同じく語呂合わせで「いい・ふうふ」となる11月22日とともに、婚姻届を出すカップルが多い一日だそうです。

◆季節をたのしむ

【ハマボウフウ】

浜防風と書く日本原産のセリ科の野草で、日本各地の海岸に自生しています。野菜としては埼玉県川口市が主産地。刺身のツマとしておなじみですが、爽やかな味わいをたのしめる酢味噌和(あ)えもオススメです。

4月 卯月

23日

元日から……………… 112日
大晦日まで……………… 252日

［二十四節気］
穀雨

［七十二候］初候
葭始めて生ず

サン・ジョルディの日

今日は、男性が女性に赤いバラの花を、女性は男性に本を贈る「サン・ジョルディの日」です。スペインのカタルーニャ地方の祝日で、日本には1980年代に伝わりました。

「サン・ジョルディ」は、今日が命日とされるカタルーニャ地方の守護聖人。生贄となった王女を救うため、竜を退治した伝説の騎士です。竜の血が流れた大地から赤いバラが芽吹き咲いたという逸話があり、男性が女性にバラを贈るならわしが生まれました。一方、女性が男性に本を贈るのは、『ドン・キホーテ』で知られるスペインの文豪・セルバンテスの命日も今日であることにちなんでいます。

サプライズプレゼントは、贈る側も贈られる側もワクワクするもの。日頃の感謝とともに、バラや本を大切な方に贈ってみてはいかがでしょう。

今日をたのしむ

【子ども読書の日】

子供の読書への意欲を高めるために2001(平成13)年に制定されました。セルバンテスとシェイクスピアの命日である今日をユネスコが「世界・本と著作権の日」としていることにちなんでいます。親子で本を贈り合うのも素敵ですね。

【シジミの日】

4(し)月23(じみ)日と読んでシジミの日。今頃のシジミは夏の産卵期を前に身が殻いっぱいに大きくなっています。シジミに含まれるタウリンやオルニチンは疲労回復の特効薬です。

4月　卯月

24日

元日から……………… 113日
大晦日まで…………… 251日

［二十四節気］
穀雨

［七十二候］初候
葭始めて生ず

植物学の日

日本に自生する植物は7千種に及ぶといわれています。そのうちの1500種以上に学名をつけたのが「日本の植物学の父」と呼ばれる牧野富太郎です。身近なところを見ただけでもケヤキやキンモクセイ、クチナシ、ノジギクなどの学名は彼によるものです。自叙伝に「私は植物の愛人として生まれ来たように感じます」と記しています。

彼はすぐれた観察眼と絵を描く才能に恵まれていました。ネズミの毛を3本束ねただけの極細の筆で描かれた植物画は、その精密さと美しさにため息が出るほど。彼の植物画を収め、1940（昭和15）年に刊行された『牧野日本植物図鑑』は、植物学者や植物好きのバイブルとして読み継がれています。

今日をたのしむ

【植物学の日】
牧野富太郎の誕生日は1862（文久2）年4月24日。これにちなみ、今日は「植物学の日」。小学校を中退し、ほぼ独学で植物の知識を身につけた牧野は、東京大学植物学教室の助手、やがて講師となって研究をつづけた努力と情熱の人です。

【日本ダービー記念日】
1932（昭和7）年の今日、目黒競馬場で日本初のダービー（東京優駿大競走）が行われました。現在は「東京優駿（日本ダービー）」と名前が変わり、5月に開催されます。

4月　卯月

25日

元日から……………… 114 日
大晦日まで…………… 250 日

［二十四節気］
穀雨

［七十二候］次候
霜止んで苗出ず

田植え

朝晩の冷え込みもやわらぎ、日の出の早さに季節のうつろいを感じます。品種や地域にもよりますが、苗床にまかれた種籾（たねもみ）から芽吹いた苗も青々と生長する頃。そろそろ田植えシーズンの到来です。

私が通っていた山あいの小学校には学校田がありました。田植えは全校総出。思った以上に足を取られる泥のなか、転ばないよう、必死に苗を植えたことは今も忘れられません。無事に植えられた若苗の列と、水田に映り込む青空の美しさも鮮明に覚えています。「すくすく無事に育ってほしい」という全国の米農家の方々の思いが叶うよう、願うばかりです。

●今日をたのしむ

【霜止んで苗出ず】

夏が近づきつつある穀（こく）雨（う）の次候は、もう朝の冷え込みで霜が降りることはないと告げています。田んぼでは田植えの準備が着々と進み、卵から孵（かえ）ったばかりのオタマジャクシが泳ぐ姿も見られます。

【御忌（ぎょき）（法然忌（ほうねんき））】

浄土宗の開祖である法然の忌日（きにち）に行う法要が「御忌」。法然の命日は旧暦1月25日ですが、1877（明治10）年、浄土宗総本山・知恩院（京都府）が4月に改めたことで、より多くの人が参詣できるように。7日に渡って行われた知恩院の御忌も、今日が最終日。

【初任給の日】

今日は多くの新社会人がはじめての月給を受け取る日。別名「ファーストペイデー」です。初任給のいちばん多い使い道は両親への贈り物だそう。

●季節をたのしむ

【ネモフィラ】

和名は瑠璃唐草（るりからくさ）。2cm前後の花は、瑠璃さながらに鮮やかな青色をしています。開花時期は5月中旬まで。国営ひたち海浜公園（茨城県）の「ネモフィラの丘」は連日、多くの人で賑わいます。

4月 卯月

26日

元日から……115日
大晦日まで……249日

［二十四節気］
穀雨

［七十二候］次候
霜止んで苗出ず

お風呂の愉しみ

入浴は、6世紀に仏教とともに伝来しました。汚れた体で仏様に仕えるのは失礼にあたると、体を清める沐浴（もくよく）も伝えられたのです。とはいえ、お風呂が日常となったのは江戸時代に銭湯が登場してから。それ以降、日本人は大のお風呂好きになり今に至ります。

疲れを明日に引きずらないためにも、シャワーだけでなくお湯に浸かることが大切です。38～40℃のお湯に10分以上入ると、疲労回復やリラックス効果がぐんと高まります。市販の入浴剤はもちろん、天然素材を用いた薬湯もオススメ。今の季節ならではのヨモギ湯は、腰痛や肩こりの緩和に効果があります。

今日をたのしむ

【よい風呂の日】
4（よい）月26（ふろ）日の語呂合わせ。

【簡単ヨモギ湯】
ヨモギの香り成分であるシネオールが血行を促進し、筋肉のこわばりをやわらげてくれます。
①適量（20㎝ほどを5～6本）のヨモギをよく洗い、刻む。
②①を1ℓの水で10分ほど煮出し、濾（こ）す。
③お湯を張った浴槽に②を入れる。

【弘前さくらまつり】
桜前線は青森に上陸。弘前城では、2600本の桜が咲き誇ります。

4月　卯月

27日

元日から……………… 116日
大晦日まで…………… 248日

［二十四節気］
穀雨

［七十二候］次候
霜止んで苗出ず

黄金週間

そろそろゴールデンウィークがやってきます。気候にも恵まれるため、どこへ行こうか、なにをしようかと、指折り数えてたのしみにしている方も多いことでしょう。最近は運動会を行う学校も増えているようです。

ゴールデンウィークはもともと「黄金週間」。昭和20年代、この時期に封切りされた映画がヒットしたのをキッカケに、映画業界のキャンペーン名としてつくられた造語です。その後、響きのよさから「ゴールデンウィーク」と直訳され、次第に暦の言葉として広まったとされています。その名の通り、ピカピカと光る輝かしい連休を過ごしたいものですね。

●今日をたのしむ

【ゴールデンウィーク】

昭和の日（4月29日）・憲法記念日（5月3日）・みどりの日（5月4日）・こどもの日（5月5日）を含む土日や振り替え休日がつながることにより発生する大型連休です。

【駅伝誕生の日】

1917（大正6）年の今日、日本ではじめての駅伝「東海道駅伝徒歩競走」の火蓋が切って落とされました。東京が首都となって50周年を祝して催された東西対抗の一大レースで、コースは三条大橋（京都府）から上野不忍池（東京都）まで、なんと約500㎞。昼夜休みなく3日間にわたって行われた大会に、大観衆が沸き上がりました。現在、スタートとゴール地点には、記念碑が立てられています。

【諏訪神社例大祭（万燈祭り）】

和紙と針金でつくられ、なかに灯りがともされる大万燈が8基登場する新潟県佐渡市のお祭りです。なかには高さ3mに及ぶ大万燈も。諏訪神社のお神輿とともに大万燈が進む夜のパレードがクライマックスです。

4月　卯月

28日

元日から……117日

大晦日まで……247日

［二十四節気］
穀雨

［七十二候］次候
霜止んで苗出ず

日本庭園

寺院や公園にしつらえられた日本庭園を前にすると、深いやすらぎとともに背筋が伸びるような感覚を覚えます。

日本における作庭の歴史は古く、7世紀後半の飛鳥時代の遺跡から、池を配した「庭」が発掘されているというから驚きです。平安中期には世界最古のハウツー本となる『作庭記』が著（あらわ）されました。日本庭園は、造形の美しさのなかに、思想や哲学をも表現します。石や砂だけで山水と禅の世界をあらわす「枯山水（かれさんすい）」が代表的ですね。また、四季折々の植物が魅せる色彩の美も、日本庭園の魅力のひとつです。

今日をたのしむ

【庭の日】

4（よい）月28（にわ）日の語呂合わせから制定されました。気候が安定して過ごしやすくなるこの時季は草花が咲き乱れ、各地の名庭が見頃を迎えます。

【象の日】

1729（享保14）年の今日、ベトナムからやってきた象が時の天皇に披露されました。天皇に謁見（えっけん）するためには官位が必要だったため、急きょ象に「広南従四位（こうなんじゅうしい）白象（はくぞう）」という名前と位を与えたそうです。

4月　卯月

29日

元日から……………… 118日
大晦日まで……………246日

［二十四節気］
穀雨

［七十二候］次候
霜止んで苗出ず

昭和の日

4月29日は、時代によってその名前を変えてきた稀有(けう)な一日です。昭和天皇の誕生日であったことから、戦前は「天長節」、戦後は「天皇誕生日」。平成となってからは「みどりの日」となり、2007（平成19）年からは「昭和の日」となりました。

もとは天皇の誕生日というおめでたい日であり、ゴールデンウィークのはじまりということも手伝ってか、各地で春祭りが開催されます。大勢の人が集まる大祭やイベントもたのしいものですが、地元の人々が受け継いできた鎮守の神様（氏神(うじがみ)神社）のお祭りも風情があって素敵です。

今日をたのしむ

【錦帯橋(きんたいきょう)まつり】

日本三大名橋にも数えられる錦帯橋（山口県）と河川敷を舞台に、参勤交代を再現した大名行列や、「岩国藩鉄砲隊」による火縄銃の実演などを行います。

【日高火防祭(ひたかひぶせまつり)】

火の神様を祀(まつ)る日高神社（岩手県）の防火を祈るお祭り。高さ約5mの屋台上に20人あまりの少女らが乗り、三味線・小太鼓・横笛などでお囃子(はやし)を奏でます。この荘厳な「屋台囃」は、県の無形民俗文化財です。

【ナポリタンの日】

昔懐かしのナポリタンは、日本で生まれた洋食。昭和に誕生したことにちなんで、昭和の日に制定されました。

季節をたのしむ

【フキ】

フキが出回る頃です。日本原産の野菜であるフキは、そのほろ苦さが持ち味。煮物はもちろん、サラダやキンピラにしてもたのしめます。

4月 卯月

30日

元日から……………119日
大晦日まで…………245日
［二十四節気］
穀雨
［七十二候］次候
霜止んで苗出ず

鯉のぼり

5月5日の端午(たんご)の節句が近づき、各地の空で鯉のぼりが泳いでいます。

鯉のぼりは、戦国時代の幟(のぼり)がルーツ。江戸時代に入ると、「黄河にある急流〝竜門〟を昇った鯉は竜になる」という中国の「登竜門伝説」にあやかろうと、子供の立身出世を願う武士の家々が鯉のぼりを立てるようになりました。

住宅事情の変化により、大きな鯉のぼりを掲げる家庭は少なくなりましたが、たくさんの鯉のぼりをロープにつなぎ掲げる「鯉のぼり祭り」が増えています。風を受けて泳ぐ鯉のぼりの群れは爽快そのもの。色、柄、大きさなどの個性も面白く、見ているだけで元気をもらえます。

●今日をたのしむ

【各地の鯉のぼり祭り】

群馬県館林市の鶴生田(つるうだ)川(がわ)では「こいのぼりの里まつり」を開催中。6000匹以上の鯉のぼりが空を泳ぎます。熊本県の杖立(つえたて)温泉では「杖立鯉のぼり祭り」。1980（昭和55）年からつづく、鯉のぼり祭りの元祖です。「泳げ鯉のぼり相模川」では、相模川（神奈川県）の両岸にワイヤーを渡し鯉のぼりをつなぎます。

【図書館記念日】

1950（昭和25）年の今日、図書館法が公布されたことにちなみ、日本図書館協会が制定。

5月

皐月

さつき

季節は淡く優しい春から
力強くエネルギッシュな初夏へ。
青空、新緑、爽やかな風。大人も子供も
おおいにはしゃぐ、行楽シーズンの到来です。

5月　皐月

1日

元日から	120日
大晦日まで	244日

［二十四節気］
穀雨

［七十二候］末候
牡丹華さく

五月雨と五月晴れ

私たちは旧暦5月を「さつき」の名前で呼び、「皐月」「早月」などの字をあててきました。語源には諸説ありますが、田植えで早苗を植える「早（小）苗月」が有力とされています。旧暦5月は新暦では6月頃。そのため来月やってくる梅雨も、昔の人々は「五月雨」といっていました。ほかにも五月雨を降らせる「五月雲」、どんよりと重く立ち込める雨の夜を意味する「五月闇」などの言葉を残しています。「五月晴れ」も梅雨の晴れ間の意味でしたが、最近は新暦5月ならではの爽やかな晴天のことをいいます。新暦になって言葉のもつ意味が変わったわけです。

●今日をたのしむ

【牡丹華さく】

春の七十二候の最後を飾るのは、「花の王」とたたえられる牡丹です。楚々とした春の花々から、鮮やかで華麗な夏の花々へ。季節のバトンを受け取ったかのように咲き誇り、初夏の陽気のなかで崩れるように散っていきます。

【メーデー】

働く人々が団結と連帯を示すためにデモや集会を行う一日。「労働者の祭典」とも呼ばれ、世界各国・日本各地でデモや集会が行われます。

【クールビズ】

地球温暖化や電力不足を解消するため、2005（平成17）年からはじまった「クールビズ」は、夏場のノーネクタイ・ノージャケットを推奨しています。当初の実施期間は6月1日～9月30日まででしたが、近年は前倒し傾向。軽やかなファッションに身を包み、ビジネスも軽やかにいきたいところですね。

5月　皐月

2日

元日から……………… 121日
大晦日まで…………… 243日

［二十四節気］
穀雨

［七十二候］末候
牡丹華さく

八十八夜

2月4日の立春から88日。今日は雑節のひとつである「八十八夜」です。「夏も近づく八十八夜」と歌うように、暦の上では夏となる立夏が数日後に迫り、昔から夏の準備をはじめる日としてきました。

「野にも山にも若葉がしげる　あれに見えるは茶摘みじゃないか」とつづく歌詞が示す通り、今は茶摘みの最盛期。日本茶好きが首を長くして待っていた新茶が出回りはじめます。末広がりでおめでたい「八」を重ねた八十八夜に摘み取ったお茶は、無病息災や不老長寿の縁起物です。

今日をたのしむ

【緑茶の日】
八十八夜に合わせて制定。緑茶の美味しさや健康効果をPRするイベントが開催されます。

【美味しい新茶の淹れ方】
旨味と甘味をたのしむならば70℃、爽やかな香りとほどよい渋味をたのしむならば80℃で淹れます。沸騰したお湯を湯呑みに入れ、湯呑み全体があたたまったら80℃、それから5分ほど置けば70℃です。茶葉はひとりあたりティースプーン1杯が目安。茶葉と適温のお湯を急須に入れ、蓋をして1分半待てば完成です。

5月　皐月

3日

元日から	122日
大晦日まで	242日

［二十四節気］
穀雨

［七十二候］末候
牡丹華さく

初凧

ぐんぐんと空高く揚がる凧に、我が子の無事なる成長を願う風習があります。静岡県浜松市で受け継がれる「初凧」です。今から約450年前、浜松を治めていた城主が男児の誕生を祝って凧を揚げたのがはじまりといわれています。

竹と和紙でつくる初凧は、4～6畳にもなる大きなもので、住む町ごとの絵柄や図案を描きます。さらにお祝いをする家の家紋と子供の名前を記し、世界にひとつだけの初凧を制作。5月3日、家族や町衆が力を合わせて糸を操り、凧を揚げます。遠州のからっ風に乗って、初凧は大空へ。高く揚がれば揚がるほど、子供は健やかに育つといいます。

●今日をたのしむ

【大凧あげ祭り】
埼玉県春日部市の江戸川河川敷を会場に、有志の人々が、子供たちの健やかな成長を願って凧を揚げます。代名詞である大凧は縦15m・横11mにも及ぶ大迫力。威勢のいいかけ声とともに大凧が揚がると、大観衆は拍手と歓声で祝います。

【浜松まつり】
5月3～5日に行われる浜松市の一大イベント。昼は初凧揚げのほかに町対抗の凧揚げ合戦を行い、夜は絢爛豪華な彫刻を施した御殿屋台を曳き回します。

【博多どんたく港まつり】
博多商人による領主への年賀祝いを起源とする市民祭り。5月3～4日の2日間で、市民による「どんたく隊」がパレードを行い、山車（だし）やお囃子（はやし）、楽器演奏などさまざまな演目を披露します。

【憲法記念日】
1947（昭和22）年の今日に施行された「日本国憲法」によって、日本は民主主義国家への一歩を踏み出しました。今日は「日本国憲法の施行を記念し、国の成長を期する」（国民の祝日に関する法律より）祝日です。

5月　皐月

4日

元日から……………… 123日
大晦日まで…………… 241日
［二十四節気］
穀雨
［七十二候］末候
牡丹華さく

目に青葉

日ごとに力強さを増していく新緑が目にも眩しい今日は、「みどりの日」。「自然に親しむとともにその恩恵に感謝し、豊かな心をはぐくむ」（国民の祝日に関する法律より）日です。

新緑を眺めると条件反射のように「目には青葉(あおば)　山時鳥(やまほととぎす)　初鰹(はつがつお)」のフレーズが浮かびます。江戸中期の俳人・山口素堂(やまぐちそどう)の俳句です。ホトトギスは夏とともにやってくる渡り鳥、初鰹は初夏、黒潮に乗って北上するカツオ。初夏の風物詩を並べるというシンプルさが心に響き、来たる夏に心躍る気持ちは同じなのだとなんだかうれしくなります。

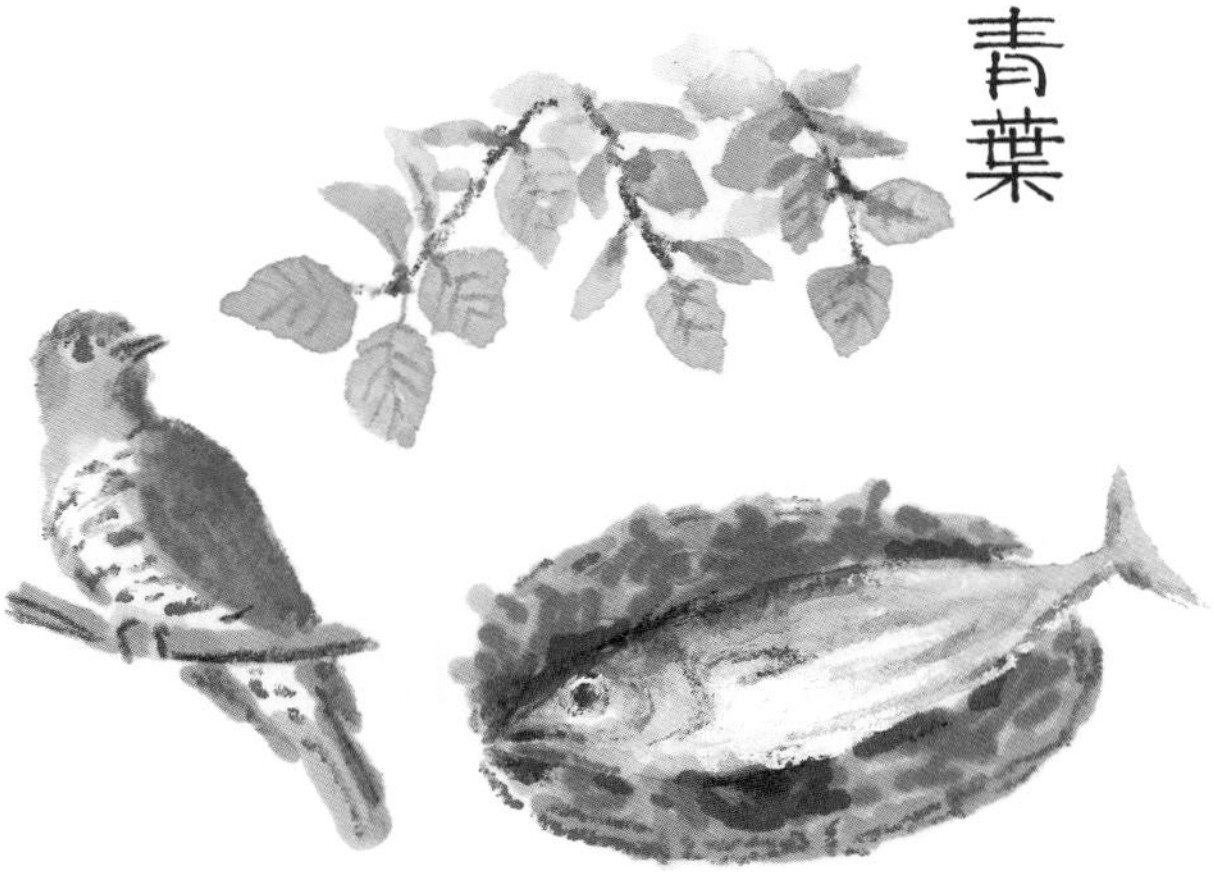

●今日をたのしむ

【ホトトギス】

東南アジアから渡ってくるホトトギスは夏を告げる鳥。よく響く声で「キョキョキョキョキョ」と鳴きます。

【初ガツオ】

江戸の人々は「初物」に生命力があふれていると信じ、我先にと初ガツオを食べました。さっぱりとした味わいが特徴の初ガツオは表面だけを炙った「たたき」が定番。

5月　皐月

5日

元日から……………124日
大晦日まで…………240日

［二十四節気］
穀雨

［七十二候］末候
牡丹華さく

端午の節句と菖蒲

端午の節句は男の子が健やかに育つことを願う一日となっていますが、もとは老若男女に降りかかる災いを除け、長寿を願う日でした。

「端午」は古代中国で生まれた言葉で、月のはじめの午の日を意味します。やがて物忌みの月である5月のなかでも、「午（ご）＝五」が重なる5月5日を指すようになり、薬湯に浸かる、菖蒲を浮かべたお酒を飲む、といった風習が生まれました。

一方、日本でも古来、旧暦5月は穢れを祓う季節でした。田植え前の厄祓いとして、菖蒲やヨモギで屋根を葺いた小屋で禊を行う民間行事もありました。やがてこの行事と中国から伝わった端午の風習が結びつき、菖蒲を用いたさまざまなならわしが生まれます。

お風呂に菖蒲の葉を浮かべる菖蒲湯のほかにも、軒先に菖蒲を吊るして厄

●今日をたのしむ

【端午の節句】

端午の節句が男児の節句として広まったのは、江戸時代頃から。武士たちが菖蒲を「勝負」「尚武」に通じる縁起物として大切にするようになり、男の子の成長と出世を願う行事へと変化しました。武者人形を飾り、鯉のぼりを揚げ、柏餅を食べてお祝いします。

【こどもの日】

1948（昭和23）年に制定された国民の祝日。「こどもの人格を重んじ、こどもの幸福をはかるとともに、母に感謝する」（国民の祝日に関する法律より）日。

除けとしたり、枕の下に敷いて寝ることで病気を遠ざけたり。古(いにしえ)の人々が邪気を祓うしるしと頼りにしたのは、細長く伸びた菖蒲の葉から漂う清々しい香りでした。この芳香はアザロンやオイゲノールといった成分によるもので、血行促進や疲労回復に効果があると明らかになっています。

「菖蒲」と聞くと、美しい紫色の花も一緒に想像しがちですが、そちらはアヤメ科のハナショウブ。菖蒲湯に使うものはショウブ科に属し、黄緑色の細長い筒状の花をつけます。近頃では5月5日近くになると、生花店やスーパーマーケットで葉だけを束にして売っています。

より疲れを癒し、リラックス効果を高める菖蒲湯を入れるコツは、ズバリ温度。葉の香り成分は熱いお湯により多く溶け出すため、空(から)の浴槽に葉を10枚ほど入れたあと、43℃ほどの湯温でお風呂を張ります。入浴は適温に冷めるのを待ってから。お湯に浸かりながら葉を優しく揉めば、さらに香りが立ち上り心身を包み込みます。

季節をたのしむ

【柏餅】
新しい芽が出るまで古い葉が落ちない柏の葉には、子孫繁栄の願いが込められています。

5月　皐月

6日

元日から……125日
大晦日まで……239日
［二十四節気］
立夏
［七十二候］初候
蛙始めて鳴く

立夏

二十四節気の立夏を迎えました。暦の上では、今日から立秋（8月8日頃）の前日までが夏となります。とはいえ本格的な夏はまだまだ先。今は爽やかな風とカラリと過ごしやすい陽気をたのしみましょう。

若葉の間を吹き抜け、新緑の香りを運んできてくれる南風は「薫風（くんぷう）」です。こちらを言い換えた「風薫る」は時候の挨拶でもおなじみですね。「薫風」は漢詩から取った言葉で、平安時代の和歌では花の香りを運ぶ春の風として詠（よ）んでいます。やがて江戸時代に入り俳諧（かい）が発展すると、次第に人々は夏の季語として使うようになりました。

●今日をたのしむ

【蛙始めて鳴く】

立夏の初候は繁殖期を迎える蛙が主人公。これからしばらくは、オスがメスに贈るラブソングが水ぎわで聞けるようになります。今年はじめて聞く蛙の鳴き声は「初蛙」と呼びます。

【六日の菖蒲（しょうぶ）】

日本人は行事ごとの食事や風習を大切にしてきました。そのため端午（たんご）の節句では大切にされた菖蒲も、一日経てば縁起物ではなく身近な植物に戻ります。「六日の菖蒲」は時期に遅れて役に立たない物事のたとえです。

5月 皐月

7日

元日から……126日
大晦日まで……238日

［二十四節気］
立夏

［七十二候］初候
蛙始めて鳴く

もうすぐ母の日

多くの方にとって、生まれてはじめて「誰か」のために買った花は、お母さんのためのカーネーションではないでしょうか。お小遣いを握りしめて花屋に向かい、花を選び、そっとそっと大切にもち帰る。お母さんに「ありがとう」を伝えるための大冒険です。

「母の日」と、お母さんにカーネーションを贈る風習はアメリカで生まれました。20世紀初頭、ある女性が亡き母の命日である5月9日に教会で白いカーネーションをささげたのが起源とされています。やがてこれが全米に広まり、当時の大統領が5月の第2日曜日を「母の日」に制定しました。日本では戦後、多くの人が知るように。かつては亡き母には白、存命の母には赤のカーネーションを贈る風習がありましたが、現在は好きな色や好きな花を贈るようになっています。

●今日をたのしむ

【母の日のプレゼント】

5月第2日曜日の母の日に向けて、プレゼントの準備はお済みでしょうか。お花や品物はもちろんですが、感謝の言葉や近況報告の電話も素敵なプレゼントになります。

【コナモンの日】

5（こ）月7（な）日の語呂合わせから、小麦粉をはじめとする「粉」を用いた料理「コナモン」の魅力をPRするために制定。お母さんへのプレゼントを手料理にするなら、たこ焼きやお好み焼き、うどんなどのコナモン料理もいいですね。

5月　皐月

8日

元日から……127日

大晦日まで……237日

［二十四節気］
立夏

［七十二候］初候
蛙始めて鳴く

ゴーヤーの日

今日は5月8日で「ゴーヤーの日」。ゴーヤーはウリ科の野菜であるニガウリ（ツルレイシ）を指す沖縄の方言ですが、最近ではこちらのほうがおなじみになっている気がします。

ゴーヤーは食べるだけでなく、育てるたのしみも手軽に味わえる野菜です。プランターとネット、土を準備し、毎日の水やりさえ忘れなければ、ぐんぐん生長し実が成ります。夏場の室内温度の上昇を防ぐグリーンカーテンにもうってつけ。清々しい朝顔のグリーンカーテンも素敵ですが、食いしん坊の私は断然ゴーヤー派。涼しくて、食材も手に入って、お腹も膨れるなんて一石二鳥どころか一石三鳥です。

今日をたのしむ

【ゴーヤー】

種から育てるなら今がまきどき。苗も今頃から6月中旬までに植えます。独特の苦味を生み出すモモルデシンは食欲促進、疲労回復に効果バツグン。買う場合は色が濃く、イボイボの大きさが均一なものほど新鮮です。

【世界赤十字デー】

災害救助や衛生思想の普及を行う国際組織・赤十字の創設者であるスイス人の実業家アンリ・デュナンの誕生日にちなんで制定。「苦しむ人は敵味方関係なく救護しなくてはならない」という赤十字思想を広めるべく、世界各地のランドマークを赤く照らす「赤十字ライトアップ運動」を行います。

季節をたのしむ

【シラス】

春先に解禁されたシラス漁が最盛期を迎えています。「シラス」はイワシ類の稚魚の総称です。獲れたてをふっくら茹で上げた「釜揚げシラス」、それを天日干しした「シラス干し」、さらにじっくり乾燥させた「ちりめんじゃこ」と味わいはさまざま。カルシウムたっぷりの健康食材です。

5月 皐月

9日

元日から……………… 128日
大晦日まで…………… 236日
［二十四節気］
立夏
［七十二候］初候
蛙始めて鳴く

アイスクリーム

日本ではじめてアイスクリームを食べたのは、１８６０（万延元）年、日米修好通商条約の批准書を交わすためにアメリカを訪れた使節団一行でした。「珍しき物あり。氷をいろいろに染め、ものの形を作り、是を出す。味は至って甘く、口中に入るるに忽ち溶けて、まことに美味なり。之をアイスクリンといふ」とメンバーのひとりが日記にしたためています。今は当たり前にあるアイスクリームですが、当時は日記に記すほどの驚きと感動の味だったのですね。

それから１６０年、日本でもさまざまなアイスクリームがたのしめるようになりました。

●今日をたのしむ

【アイスクリームの日】
１９６４（昭和39）年の今日、アイスクリームをPRするため、業界団体が諸施設にアイスクリームをプレゼントしたことが由来。私が買ってもらっていたアイスはいつも1段だったため、２段アイスを見ると今も心がときめきます。

【沖縄梅雨入り】
平年値では、そろそろ沖縄地方が梅雨入りする頃。湿度の高い天候も、アイスクリームが一服の清涼剤となります。

5月 皐月

10日

元日から……………… 129日
大晦日まで…………… 235日

［二十四節気］
立夏

［七十二候］初候
蛙始めて鳴く

野鳥と「聞きなし」

日本で見られる野鳥は約600種類といわれています。ひとくちに「野鳥」といっても、その生態はさまざま。スズメやハトのように、年間を通して同じ縄張りで生きる「留鳥（りゅうちょう）」、鶯（うぐいす）やヒバリのように季節に合わせて国内を移動する「漂鳥（ひょうちょう）」、ツバメやホトトギスのように春に日本を訪れ、子育てをして秋に帰る「夏鳥（なつどり）」、ハクチョウやマガンのように日本にやってきて冬を過ごす「冬鳥（ふゆどり）」が代表的です。

「花鳥風月」の言葉が示すように、野鳥は日本人の暮らしに彩りを与えつづけてきました。自由に大空を飛び回る姿は天の使いをイメージさせたのでしょう、神様の使者として多くの日本神話や地域の伝承に登場し、今も愛されています。苦労しらずの「フクロウ」や、悪い出来事を嘘（うそ）にする「ウソ」など、縁起物のモチーフとしても人気ですね。

●今日をたのしむ

【愛鳥週間】

今日から5月16日まで。かつてはアメリカから伝わった愛鳥保護の運動を行う「バードデー」が4月10日に定められていましたが、日本の野鳥の活動時期に合わせて1カ月遅らせることに。1950（昭和25）年からは「愛鳥週間（バード

また、長い旅路を経て日本にやってくる渡り鳥や、季節によって住処（すみか）を変える漂鳥は、春夏秋冬のうつろいを教えてくれる季節の使者です。パートナーを求めるさえずりや、子育てに奔走する健気さに心打たれもします。

身の回りに野鳥がいる環境が当たり前だった日本人ならではの遊びがあります。鳥の鳴き声を人の言葉に置き換える「聞きなし」です。たとえば鶯の「ホーホケキョ」は「法法華経」。これは江戸時代に定着した聞きなしで、それ以前は「ホーホキ」「ヒートク」などさまざまありました。

ホトトギスの「特許許可局」、メジロの「長兵衛、忠兵衛、長忠兵衛（ちょうちゅうべい）」、ホオジロの「一筆啓上仕り候（いっぴつけいじょうつかまつりそうろう）」、センダイムシクイの「焼酎一杯ぐぃ〜」など、本当かな?と確かめてみたくなる聞きなしがたくさんあります。声はすれども姿は見えず……なことも多い野鳥。聞きなしを手がかりに、近くに暮らす野鳥を調べてみるのもたのしそうです。

ウィーク）」と改称しました。自然保護と野鳥保護を目的としたシンポジウムや探鳥会などが多く開催されます。

【野鳥の種類】
留鳥、漂鳥、夏鳥、冬鳥のほか、台風などの影響で本来の生息地から迷い込んできた「迷鳥（めいちょう）」、渡りの旅路の途中で日本に立ち寄る「旅鳥（たびどり）」がいます。

5月　皐月

11日

元日から……130日
大晦日まで……234日

［二十四節気］
立夏

［七十二候］次候
蚯蚓出ずる

長良川鵜飼い開き

今日は、岐阜県を流れる長良川で行われる「長良川鵜飼い」の解禁日。岐阜に初夏を告げる風物詩です。

「鵜飼い」とは篝火をたく舟に乗り込んだ鵜匠が、十数羽の海鵜を操り行う伝統漁法のこと。獲物の魚を丸飲みし、苦もなく吐き出せる鵜の習性を活かしたもので、1300年以上の歴史を誇ります。この伝統が廃れないよう、現在は皇室の保護下に置かれ、鵜匠は宮内庁に所属する国家公務員というから驚きです。

篝火が照らし出す鵜飼いの幽玄の世界は、観覧船からたのしむことができます。

今日をたのしむ

【蚯蚓出ずる】

この時季に土いじりをしていると、ひょっこりニョロニョロ。立夏の次候はミミズが活発に動きだす頃です。ミミズは昔から、土を耕し、豊かにする益虫として大切にされてきました。

【長良川鵜飼い】

毎年5月11日～10月15日まで、増水時を除き毎夜開催します。期間中8回「御料鵜飼」を行い、獲れた鮎は皇室に献上します。

季節をたのしむ

【若鮎】

鵜飼い開きや鮎漁解禁に合わせ和菓子屋には若鮎を模したお菓子が並びます。お店によって表情や大きさは異なるものの、カステラ生地で求肥を包むのが基本的なスタイルです。

5月　皐月

12日

元日から……………131日
大晦日まで……………233日

［二十四節気］
立夏
［七十二候］次候
蚯蚓出ずる

ゴマ豆腐

ツルリとした食感とゴマの風味が身上のゴマ豆腐は、隠元禅師（P115）とともに日本にやってきたといわれています。江戸時代中期には、代表的な精進料理として広く知られるようになりました。

ゴマの小さな粒のなかには、健康パワーがギュッと詰まっています。脂質に含まれるリノール酸やオレイン酸は動脈硬化を防ぎ、疲労回復に効くビタミンB、「若返りビタミン」とも呼ばれるビタミンEも豊富です。

「ゴマ豆腐」とはいえ豆は一切使わず、基本的な材料は、ゴマ、葛粉、水の3つだけ。皮つきの煎(い)りゴマでつくる永平寺（福井県）系と、皮をむいた白ゴマでつくる高野山（和歌山県）系があるそうです。永平寺系はコックリ、高野山系はアッサリな味わい。あなたはどちらがお好みでしょうか？

●今日をたのしむ

【永平寺胡麻豆腐の日】
5（ゴマ）月12（トウフ）日の語呂合わせ。

【看護の日】
近代看護の礎を築いたフロレンス・ナイチンゲールの誕生日にちなみ制定されました。今日を含む1週間は「看護週間」。各地で看護の心を広めるための看護体験やフォーラムを行います。

【檜枝岐(ひのえまた)歌舞伎】
檜枝岐村（福島県）に260年前から伝わる農村歌舞伎を奉納します。役者はすべて村民。江戸時代の歌舞伎を今に伝える貴重な郷土芸能です。

5月　皐月

13日

元日から……132日

大晦日まで……232日

［二十四節気］立夏

［七十二候］次候　蚯蚓出ずる

メイストーム・デー

八十八夜（P147）にまつわる言葉に「八十八夜の別れ霜」があります。八十八夜の頃に降りる霜は上半期最後の霜となる、という意味合いです。この「別れ」にかけて誕生したのが、本日のメイストーム・デー。バレンタインデーの愛の告白が見事成就してから88日目、「なんだかうまくいかないな」というモヤモヤを抱える恋人同士が別れ話を切り出すには絶好のタイミングなのだそうです。

その発想の豊かさに感心しつつも、5月の嵐をもたらす低気圧、「メイストーム」を冠しているのがやや不安。嵐ではなく、凪（なぎ）のようなおだやかさで話がまとまるよう願いましょう。

●今日をたのしむ

【メイストーム】

1954（昭和29）年の5月9～10日にかけ、超大型の低気圧が日本海を北上しました。甚大（じんだい）な被害をもたらした低気圧はのちに気象予報の研究サンプルとなり、「メイストーム」と名づけられました。転じて、5月の暴風雨をもたらす低気圧全般を意味するとともに、警戒を呼びかける言葉となっています。

【竹酔日（ちくすいじつ）】

古来の中国の俗説では、旧暦5月13日は竹が酔っ払っているため、植え替えても気づかずよく根を張ると考えられました。それが転じて、旧暦と新暦の5月13日が「竹酔日」に。「竹迷日（ちくめいじつ）」という別名も。「竹植（たけう）う」は夏の季語です。

5月 皐月

14日

元日から……133日
大晦日まで……231日

［二十四節気］
立夏

［七十二候］次候
蚯蚓出ずる

卯の花腐し

野山のなかで白い花びらがひときわ目を引くウツギが花をつける頃です。ウツギの別名は「卯の花」。旧暦4月の異称である「卯月」は、この花の名から取っています。

ウツギが咲く時季に降る長雨は「卯の花腐し」と呼びます。卯の花は農作物の豊凶を占う花で、ほがらかに咲きつづける年は豊作、降りつづく雨で早く散ってしまう年は凶作になると考えられていました。「卯の花腐し」には、せっかくの花が腐って散り、凶作になるのではないか、という先人の憂いが込められているのでしょう。

今日をたのしむ

【卯の花】
豆腐や豆乳をつくる際にできるおからの別名も「卯の花」。小さな白い花が集まる様子が似ていることから、この名前がついたといわれています。

【風日祈祭】
伊勢神宮（三重県）内の風日祈宮は、風の神様をお祀りするお宮です。今日は、農作物が育つこれからの季節に風雨の災害が起きないように祈る「風日祈祭」を執り行います。

5月　皐月

15日

元日から……134日
大晦日まで……230日

［二十四節気］
立夏

［七十二候］次候
蚯蚓出ずる

葵祭（あおいまつり）

今の時代、「祭り」と聞いて思い浮かぶ答えは人それぞれですが、平安時代の人々の答えはただひとつ。祭りといえば上賀茂神社と下鴨神社（ともに京都府）の例大祭、「葵祭」でした。6世紀中頃、大飢饉（ききん）の原因とされた賀茂の神々の祟りを鎮（しず）め、五穀の実りを願うお祭りとしてはじまった葵祭は現在、平安時代の古式にのっとり行います。

葵祭の代名詞といえば、華麗な王朝行列。平安装束に身を包んだ500名以上の人々が京都御所から下鴨神社へ、さらに上賀茂神社へと進みます。参列者をはじめ牛馬や御所車などに葵の葉があしらわれますが、これは上賀茂神社の祭神・賀茂別雷大神（かもわけいかづちのおおかみ）が降臨した際に、「葵の葉を飾り祭りせよ」という神託が下されたという伝承から。このならわしが「葵祭」の名の由来です。

●今日をたのしむ

【葵祭】
正式名は「賀茂祭」。5月1日から一連の祭事がはじまり、15日の最終日には王朝行列（路頭の儀）、祭文の奏上や神馬の牽き回し（ひ）を行う「社頭の儀」などを行います。

【沖縄復帰記念日】
第二次世界大戦後、沖縄が日本に返還されたのは、終戦から27年経った1972（昭和47）年の今日でした。

【Jリーグの日】
1993（平成5）年の今日、日本初のプロサッカーリーグ・Jリーグが開幕。

5月　　　　皐月

16日

元日から……………………135 日
大晦日まで……………229 日

［二十四節気］
立夏

［七十二候］末候
竹笋生ず

旅行計画

5月は絶好の行楽シーズン。次の旅行はどこへ行こうか、と考えるだけで、まるで遠足前の子供のようにワクワクします。それもそのはず、人は旅行の計画を立てるだけで幸福感がアップし、最大8週間もその効果がつづくのだそうです。行きたい場所や旅先で体験したいことをリストアップするだけで心が弾むもの。脳内旅行をしつつ、ハッピーな一日を送りましょう。

●今日をたのしむ

【竹笋生ず（たけのこしょうず）】

立夏の末候は「筍（たけのこ）が生えてくる頃」という意味合いです。今の時季、孟宗竹（もうそうちく）は盛りを過ぎ、淡竹（はちく）や真竹（まだけ）、根曲がり竹が旬。

【旅の日】

江戸時代の俳人・松尾芭蕉が「奥の細道」に出発したのは1689（元禄2）年3月27日。この日付を新暦に換算した5月16日は「旅の日」です。芭蕉の辿った奥の細道は、江戸・深川を出発し、東北、北陸を巡り、終着点は大垣（岐阜県）。総移動距離は2400㎞、150日間に及ぶ大旅行でした。

●季節をたのしむ

【ツツジ】

『万葉集』の時代から日本人が親しんできたツツジが見頃を迎えています。国内には数十種以上の野生種が自生していますが、現在家庭で栽培されている色とりどりのツツジの多くは江戸時代に品種改良されたもの。葛城高原（奈良県）では、5月になると「一目百万本」と称されるツツジ群が咲き乱れます。

5月　皐月

17日

元日から……………… 136日

大晦日まで…………… 228日

［二十四節気］
立夏

［七十二候］末候
竹笋生ず

お茶漬け

寝坊した朝や小腹が空いたとき、我が家ではお茶漬けが活躍します。ご飯の上に梅干しや佃煮、ワサビを載せ、お茶を注ぎ、大葉と海苔をパラリ。身も心もあたたかくなるひと品です。

そんなお茶漬けが生まれたのは江戸時代中期。もともと日本には、ご飯にお湯をかけていただく「湯漬け」がありましたが、煎茶が江戸時代に発明され、お茶が庶民にも広まったことで誕生したと考えられています。江戸の町にはお茶漬け屋が並び、人気店を紹介する番付が発行されていたほど。せっかちな江戸っ子にはうってつけのファーストフードだったようです。

今日をたのしむ

【お茶漬けの日】
煎茶の製法を発明し、日本のお茶文化に多大な功績を残した永谷宗円(ながたにそうえん)の命日にちなんで制定。ちなみに宗円の子孫が、お茶漬けの素(もと)で知られる「永谷園」を創業しました。

【輪王寺(りんのうじ)・延年(えんねん)の舞】
日光山輪王寺(栃木県)では、千年以上前に天台宗3代目座主である慈覚大師・円仁が唐より伝えたという「延年の舞」を奉納します。僧たちが経文を唱えるなか、ふたりの舞衆が舞を披露し、天下泰平・国土安寧・延年長寿を祈願します。

5月　皐月

18日

元日から……………… 137 日
大晦日まで…………… 227 日
［二十四節気］
立夏
［七十二候］末候
竹笋生ず

お神輿（みこし）

威勢のよいかけ声とともにお神輿が担がれる様子は、見ているだけでたのしいものです。地域性でしょうか、東京はお神輿の渡御（とぎょ）するお祭りが多くあり、今の時季は浅草神社の三社祭や神田明神の神田祭が行われます。

神社のお祭りで登場するお神輿は、神様の乗り物です。普段は神社にいらっしゃる神様が乗り込み、氏子地域を巡ることで災いや厄を祓（はら）い清めます。揺さぶったり、大声をかけたりしても平気なの？という心配はご無用。お神輿を激しく揺らし、盛り立てることで、神様はパワーアップすると考えられています。

今日をたのしむ

【三社祭】

浅草神社の三社祭は、5月17～18日に近い金～日曜日に開催されます。初日は五穀豊穣を願う舞を奉納し、2日目は100基近い町神輿や子供神輿が練り歩きます。最終日には3基の本社神輿が各町会を渡御。150万人の見物客が訪れる、下町の一大祭りです。

【神田祭】

多くのお神輿が渡御する神田祭は隔年斎行（さいこう）（西暦の奇数年・5月15日に近い土日を中心とする6日間）、神田明神の氏子地域となる秋葉原や大手町、日本橋といった大都会をお神輿が巡幸します。最終日のハイライトは「宮入」。約100基の町神輿と担ぎ手が境内に練り込み、あたりは熱気に包まれます。

季節をたのしむ

【アスパラガス】

露地（ろじ）物のアスパラガスは今が旬。豊富に含まれるアスパラギン酸は即効性のエネルギー源で、疲労回復を促してくれるうれしい効果があります。保存する際は、穂先が上を向くよう立てて冷蔵庫に入れると長持ちします。

5月　皐月

19日

元日から……138日
大晦日まで……226日

［二十四節気］
立夏

［七十二候］末候
竹笋生ず

うちわまき

今日、奈良時代に鑑真によって建立された唐招提寺（奈良県）では、たくさんのうちわがまかれます。「唐招提寺中興の祖」とたたえられる覚盛の命日に行う「うちわまき」でのひとコマです。

鎌倉時代の高僧・覚盛は戒律を遵守することで、衰退していた同寺を復興しました。彼は蚊を殺そうとした弟子に対し、「自分の血を与えるのも仏の道」と諭したとか。せめてその風で蚊を追いやってほしいと覚盛に供えられたうちわは、法会後、参拝者にまかれます。ハート型のうちわは厄除けや病除けの縁起物です。

●今日をたのしむ

【うちわまき】

うちわまきに先駆けて、唐招提寺の講堂では覚盛を偲ぶ中興忌梵網会が営まれます。授与されるうちわは、1500本。そのうち数百本は安全のために手渡しされます。

【小諸・山頭火の日】

「分け入っても分け入っても青い山」「まっすぐな道でさみしい」といった自由律俳句で知られる種田山頭火が、1936（昭和11）年の今日、長野県小諸市に投宿したことを記念して制定されました。

5月　皐月

20日

元日から……………… 139日
大晦日まで…………… 225日

［二十四節気］
立夏

［七十二候］末候
竹笋生ず

森林浴

日本は国土の約7割を森林に覆われた、世界有数の森林国です。私たちが緑豊かな森林の写真などを見て安らぎを覚えるのは、古来、山や木々とともに暮らしてきたせいかもしれません。

実際に森林に入り、胸いっぱいに空気を吸い込むと、なんとも爽やかな香気が漂っていることに気づきます。樹木の発する揮発性物質・フィトンチッドです。フィトンチッドは、植物が病気や害虫から身を守るために出していると考えられていますが、人間にとっては精気の塊。リラックス効果が高く、ストレスを軽減してくれます。このフィトンチッドを目いっぱい浴びて心身を保養する「森林浴」は、1982（昭和57）年、林野庁によって提唱されました。日本ではすっかりおなじみですが、近年、その言葉と健康効果が世界に広まっているそうです。

●今日をたのしむ

【森林の日】

5（＝「森林」の字は5つの「木」で成り立つ）月20（＝「森林」の総画数は20画）日から制定。

【東京港開港記念日】

「東京港」は隅田川河口を中心とする港。名古屋・横浜・大阪・神戸と並ぶ日本五大港のひとつで、1941（昭和16）年の今日、外国貿易港に指定されました。

【成田空港開港記念日】

くしくも日本を代表する空の港も今日が記念日。1978（昭和53）年の今日、「新東京国際空港」として開港しました。

5月　皐月

21日

元日から……140日

大晦日まで……224日

［二十四節気］

小満

［七十二候］初候

蚕起きて桑を食う

小満（しょうまん）

二十四節気のひとつ、小満を迎えました。草木も花々も動物も虫も、すべてのものが成長を重ね、天地に生命力が満ちていきます。

「小満」は、麦の穂が無事に実り、少しずつ色づきだすことに、農家の方がほっとひと安心（＝少し満足）したのが語源とも。あたたかい地方では、前年の秋にまいた麦の収穫がはじまります。

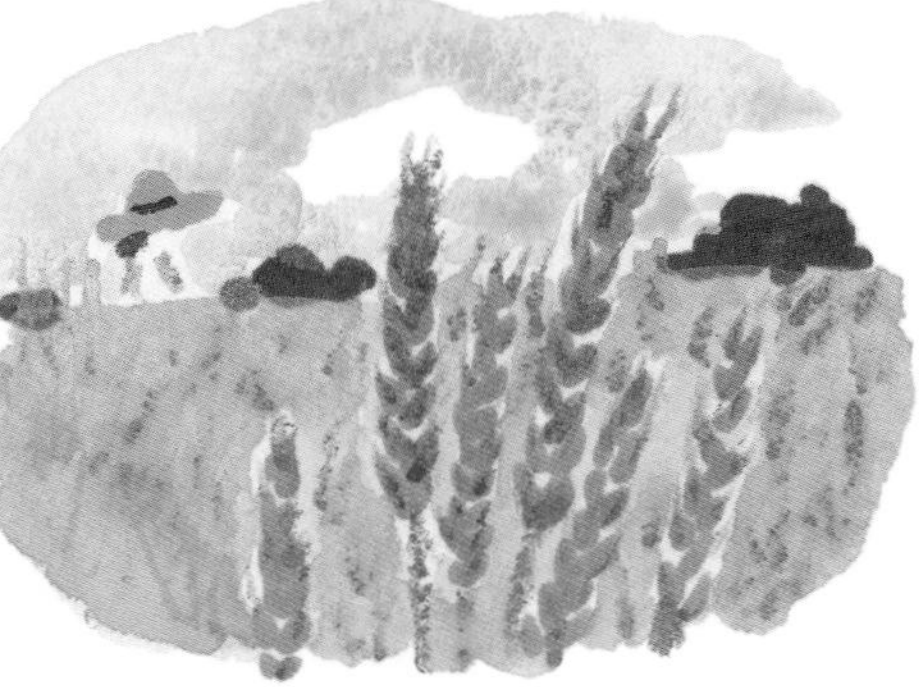

●今日をたのしむ

【蚕起きて桑を食う（かいこおきてくわをくう）】

小満の初候は「卵から孵（かえ）った蚕も食べ盛り」といった意味合い。蚕蛾の幼虫である蚕は桑の葉を食べ成長し、およそ1カ月後、絹糸の原料となる繭（まゆ）をつくります。

【小学校記念日】

1869（明治2）年の今日、日本で最初の小学校が京都府に開校しました。京都市内の跡地には石碑が立っています。

【藻刈神事（もかりしんじ）】

二見興玉（ふたみおきたま）神社（三重県）では、二見浦沖に鎮座する「興玉神石（おきたましんせき）」に生えたアマモを刈り取る藻刈神事を執り行います。アマモは天日に干され、罪穢（けが）れを祓（はら）うお守り「無垢塩草」として授与されます。また、同神社の神事ではお祓いの道具として用います。

●季節をたのしむ

【カッコウ】

5月の中頃、南からやってくるカッコウは名前そのままの鳴き声が特徴。どこか物悲しさを感じさせると「閑古鳥（かんこどり）」の別名がつけられました。客足のまばらな閑散としたお店ではカッコウが鳴いていたのですね。

5月 皐月

22日

元日から……141日
大晦日まで……223日

［二十四節気］
小満

［七十二候］初候
蚕起きて桑を食う

東京スカイツリー

2012（平成24）年5月22日、東京スカイツリーが開業しました。その高さは634m。世界一の高さを誇る自立式電波塔です。

最先端技術によって建築された東京スカイツリーですが、日本古来の伝統も随所に活かされています。たとえば地震対策。五重塔をお手本に、建物の中心部を「心柱（しんばしら）」と呼ばれる一本の柱が貫いています。地震や強風の際にはこの柱がおもりとなり、全体の揺れが軽減されるのだそうです。

また、カラーデザインは藍染めのなかでももっとも薄い「藍白（あいじろ）」がベース。白にわずかな青みを加えた「スカイツリーホワイト」です。爽やかな色と凛とした佇（たたず）まいが調和する東京スカイツリーは、東京の新たなシンボルとして愛されています。

●今日をたのしむ

【東京スカイツリー】
「東京スカイツリー」の名称は公募で寄せられたアイデアのなかから6つの候補を絞った上で、全国投票を行い決めました。634mの高さは、東京・埼玉などの旧国名である「武蔵」の語呂合わせから。日本人になじみ深く、覚えやすい数字です。

【サイクリングの日】
日本サイクリング協会の設立日にちなみ制定されました。気候が安定し、爽やかな風が吹く今の時季は絶好のサイクリング日和がつづきます。

5月　皐月

23日

元日から……………… 142日
大晦日まで…………… 222日

［二十四節気］
小満

［七十二候］初候
蚕起きて桑を食う

ラブレターの日

いつの時代も、心震わせる恋愛は私たちの関心事。好きな人に思いを伝えるラブレターも数多く残っています。古代の人々のラブレターは、和歌。7世紀から8世紀にかけて編纂（へんさん）された日本最古の和歌集『万葉集』は、半数以上が情熱的な恋の歌で占められています。

識字率の上がった江戸時代には、歌や文章をしたためた恋文のやり取りが庶民にも広まりました。この文章で嫌われないかな、気持ちが届くかな、と悩むのは今も昔も同じ。文例集が出版され、恋文を代理で書いてくれる代書屋も繁盛したそうです。

今日をたのしむ

【ラブレターの日】

5（こい）月23（ぶみ）日の語呂合わせと、1998（平成10）年の今日、映画『ラブ・レター』が公開されたことを記念して制定されました。

【キスの日】

こちらも映画発の記念日です。1946（昭和21）年の今日、『はたちの青春』が封切られ、邦画では初となるキスシーンが登場しました。ほんの少し唇を合わせる程度でしたが、当時は大事件。映画館は連日満員となりました。

【桜前線終着】

北海道の釧路や根室でエゾヤマザクラやチシマザクラが見頃を迎えます。3月に桜前線が北上をはじめてから2カ月あまり。日本中を桜色に染める旅路が終着します。

季節をたのしむ

【アゲハ蝶】

アゲハ蝶が優雅に空を舞いはじめます。日本には10種以上が生息していますが、よく見かけるのは、黄色地に黒色模様の翅（はね）が美しいナミアゲハ。ユズをはじめとするミカン科の木に産卵することから、幼虫は「ユズ坊」と呼びます。

5月 皐月

24日

元日から……143日
大晦日まで……221日

［二十四節気］
小満

［七十二候］初候
蚕起きて桑を食う

伊達巻の日

今日はおせち料理でおなじみの「伊達巻」の日です。お正月からだいぶ経ったのに？と不思議に思いますが、戦国武将・伊達政宗の命日に由来しています。

一説によると伊達巻の「伊達」は、洒落た装いや粋を好んだ伊達政宗の「伊達」から来ているとされています。ハレの席で食べられる華やかな卵料理、というわけです。

伊達巻は卵と魚のすり身、砂糖やみりんをまぜ、ふっくらと焼き上げたあと、巻いて成形します。この形が巻き物に通じることから、学問や知性の向上を願う縁起物となりました。

今日をたのしむ

【ゴルフ場記念日】
1903（明治36）年の今日、イギリス人の貿易商アーサー・ヘスケス・グルームが日本ではじめてのゴルフ場を六甲山（兵庫県）に開きました。

【とげぬき地蔵尊例大祭】
「とげぬき地蔵」の名で親しまれる東京都・巣鴨の高岩寺（こうがんじ）では、1、5、9月24日の年3回、例大祭を執り行います。20人の僧侶が次々に唱え上げる『大般若経』の転読は壮観。延命の霊験にあやかろうと祈願する参拝客で賑わいます。

5月　皐月

25日

元日から……144日
大晦日まで……220日

［二十四節気］
小満

［七十二候］初候
蚕起きて桑を食う

広辞苑

私が『広辞苑』とはじめて出会ったのは、第4版が出版された1991（平成3）年。その分厚さ、ひいては日本語の語彙の多さ、奥深さに圧倒されたのをよく覚えています。

時は流れ、今では簡単に言葉の意味を検索できるようになりました。しかし、『広辞苑』への信頼感は別格。コラムや新聞記事でも「広辞苑によると……」という表現をよく目にします。

『広辞苑』は言葉の意味を派生した順に載せている国語辞典です。たとえば「やさしい」は、「身も痩せるように感じる。恥ずかしい」が最初。現代ではピンと来ませんが、『万葉集』や『古今和歌集』で用いられた語義です。いかに言葉が生まれ、使われてきたのかを紐解く（ひもと）醍醐味が詰まった『広辞苑』。えいやっ！と開いたページを読むだけで、なんだか賢くなれる気がします。

今日をたのしむ

【広辞苑記念日】
『広辞苑』の初版発行は1955（昭和30）年5月25日。約20万語を収録し、14年で110万部を売り上げました。10年に一度程度の改訂作業を繰り返し、最新版は2018（平成30）年に発行された第7版。約25万語を収録しています。

【食堂車の日】
1899（明治32）年の今日、私鉄山陽鉄道（現・山陽本線）の急行列車に日本初の食堂車が導入されました。当初、メニューは洋食のみ。和食堂車が登場したのは、それから7年後のことです。

5月　皐月

26日

元日から……………… 145日
大晦日まで…………… 219日

［二十四節気］
小満

［七十二候］次候
紅花栄う

紅花（べにばな）

飛鳥時代以前にシルクロードを経て日本に渡来したとされる紅花は、古くから染料や着色料として親しまれてきました。開花当初は黄色、日が経つにつれ紅色へと変わっていく花びらは深まりゆく恋心にもたとえられ、多くの和歌が残っています。

私の生まれ育った山形県は江戸時代、紅花栽培と貿易が盛んでした。そのため県花も紅花。私にとっては、どこか懐かしさを感じる花でもあります。

きっと、誰しもそういった花はあるのでしょう。あなたの「故郷を呼び起こす花」はなんですか？

●今日をたのしむ

【紅花栄う（べにばなさかう）】

小満（しょうまん）の次候は「紅花が満開になる頃」です。紅花は5～7月が開花時期。染料として花びらだけを摘（つ）んでいたため、「末摘花（すえつむはな）」の別名があります。

【源泉かけ流し温泉の日】

5（ごくじょうな）月26（ふろ）日の語呂合わせから。源泉を浴槽に流しつづけ、循環させない「源泉のかけ流し」は贅沢極まるお風呂です。

【走り梅雨（つゆ）】

今頃の雨は、梅雨の到来に先駆けて降る「走り梅雨」。「前梅雨」「迎え梅雨」とも。

5月　皐月

27日

元日から……146日
大晦日まで……218日

［二十四節気］
小満

［七十二候］次候
紅花栄う

百人一首の日

1235（文暦2）年の今日は、藤原定家（ふじわらのていか）が『小倉百人一首（おぐらひゃくにんいっしゅ）』を完成した日といわれています。百人一首はいわば、和歌のアンソロジー。すぐれた歌人100人とそれぞれの代表作が収められ、受け継がれてきました。

『小倉百人一首』は、古代から鎌倉時代初期までの作品によって彩られています。近世以降はかるたとしても親しまれ、近年では競技かるたを題材とした漫画や映画がヒットしました。

和歌の魅力は、時を超えて古人の思いや志、美しい日本語に触れられること。なかでも『小倉百人一首』は恋の歌が43首を占め、31字に込められた恋心が胸に響きます。

●今日をたのしむ

【百人一首の日】

藤原定家の日記『明月記（めいげつき）』に1235（文暦2）年の今日、親友の頼みに応じて和歌百首を障子に貼りつけたとの記述があることから、百人一首完成の日とされています。

【小松菜の日】

5（こま）月27（つな）日の語呂合わせ。江戸野菜の代表である小松菜は、カルシウムをはじめ栄養が豊富です。

5月　皐月

28日

元日から……147日
大晦日まで……217日

［二十四節気］
小満

［七十二候］次候
紅花栄う

花火の日

江戸時代、夏の涼を求める人々は川辺に集い、川遊びや舟遊びをたのしみました。とくに賑わったのは江戸市中を流れる隅田川（大川）で、納涼期間は旧暦5月28日〜8月28日。初日となる5月28日は「川開き」を大々的に行いました。

1733（享保18）年、飢饉（ききん）や疫病による犠牲者を慰めるため、将軍・徳川吉宗は隅田川の川開きに併せて水神祭を催します。この際に打ち上げられた献上花火を日本初の花火大会とするのが定説で、以降、隅田川の納涼期間を彩る花火は江戸の風物詩となりました。今日、5月28日はこの逸話にちなみ花火の日。昔も今も、花火は人々を照らし出します。

今日をたのしむ

【隅田川の花火】
1733（享保18）年以降、隅田川では納涼期間中、夜ごと花火が打ち上げられるように。一瞬で消えていく花火への散財は「粋」とされ、武士や町衆がこぞって花火のスポンサーとなったそうです。隅田川を彩る花火大会は、「隅田川花火大会（7月開催）」として受け継がれています。

【虎が雨】
時を遡（さかのぼ）ること1193年（建久4）年の今日。曽我十郎祐成（そがじゅうろうすけなり）と五郎時宗（ごろうときむね）という兄弟が父の仇討を決行しました。ふたりは松明（たいまつ）代わりに傘を燃やして仇に近づき、見事討ち果たしますが捕えられ、処刑されてしまいました。兄・十郎祐成の愛人であった虎御前がその死を悼（いた）んで流す涙が「虎が雨」となって、今でも降り注ぐといわれています。

【業平忌（なりひらき）】
平安時代の歌人で、六歌仙のひとりに数えられる在原業平（ありわらのなりひら）の命日。晩年身を寄せたといわれる十輪寺（京都府）は、法要を執り行います。

5月　皐月

29日

元日から……148日
大晦日まで……216日

［二十四節気］
小満

［七十二候］次候
紅花栄う

こんにゃくの日

煮てよし、炒めてよし、刺身用なら生でもよし。四季を通じて食卓に登場するコンニャクは、かつて秋冬限定の高級食材でした。原料となるコンニャク芋が傷みやすく、輸送や保存に向かなかったためです。庶民の口にも入るようになったのは、1776（安永5）年、水戸藩の農民が粉にしたコンニャク芋からコンニャクをつくる方法を発明してから。豊富な水分と食物繊維が腸内の老廃物を排出する働きは、「お腹の砂払い」と呼ばれ頼りにされてきました。ほかにも、糖尿病予防やダイエットにも力を貸してくれます。今日は、健康パワーがぎっしり詰まったコンニャク料理をぜひどうぞ。

今日をたのしむ

【こんにゃくの日】

5（こん）月29（にゃく）日の語呂合わせと、コンニャクの植えつけをこの時季に行うことにちなみ制定されました。コンニャクは約97%が水分、残りは消化されない食物繊維・グルコマンナンであるためエネルギー（kcal）がほぼゼロ。グルコマンナンは悪玉コレステロールや大腸菌を吸着し、体外に排出します。

【エスニックの日】

5月の「5」を「S（エス）」に見立て、29（ニック）日の語呂合わせで制定。東南アジアをはじめとするエスニック文化やその料理を広めるために、キャンペーンや料理グランプリが催されます。

季節をたのしむ

【新ジャガ】

この時季に出回る新ジャガは、おもに鹿児島や長崎などの九州産。貯蔵せずに出荷するため、皮が薄くみずみずしい食感がたのしめます。水分が多いので、さっと炒め煮にするのがオススメ。コンニャクと一緒に甘辛く味つけてもいいですね。

5月　皐月

30日

元日から……………… 149日
大晦日まで…………… 215日
［二十四節気］
小満
［七十二候］次候
紅花栄う

梅雨じたく

5月30日が「ゴ（5）ミ（3）ゼロ（0）」と読めることから、今日はゴミを吸い取ってくれる「掃除機の日」、さらには「お掃除の日」です。

今の時季の掃除といえば、やはり梅雨を見据えてカビ対策をしっかりしておきたいもの。気温が20℃以上、湿度が60％以上になると、カビ菌は汚れやホコリを栄養源にして急激に繁殖します。そのため換気や拭き掃除、除湿グッズを活用してカビを防ぎましょう。押入れやクローゼット、靴箱などは、気づいたらカビが！となる場合も多いため、空気の通り道をつくってあげることも効果的です。

●今日をたのしむ

【ゴミゼロの日】
5月（ゴ）月30（ミゼロ）日の語呂合わせから。今日から1週間は、ゴミ減量化・リサイクル推進週間です。

【女子将棋の日】
2007（平成19）年の今日、日本女子プロ将棋協会が設立されたことに由来。「将棋の日」は11月17日となっています。

5月　皐月

31日

元日から……150日
大晦日まで……214日

［二十四節気］
小満

［七十二候］次候
紅花栄う

いずれアヤメかカキツバタ

ピンと背筋を伸ばしているかのような佇まいと、紫色の気品あふれる花。梅雨の訪れを告げる季節の便りとして愛されてきたアヤメが開きはじめます。外側の花びらの中央にある網目模様が「綾目（文目）」の名の由来となったともいわれる多年草です。

どちらも美しく優劣がつけがたいことを意味する「いずれアヤメかカキツバタ」ということわざがあるように、アヤメとカキツバタはよく似ています。見分け方は咲く場所。アヤメは山野に、カキツバタは水辺に生えます。さらに似ている花にハナショウブがありますが、こちらは花びらの根元が黄色くなっているのが特徴です。

アヤメ

カキツバタ

ハナショウブ

●今日をたのしむ

【水郷潮来あやめまつり】
約500種、100万株が咲く水郷潮来あやめ園（茨城県）にて5月下旬～6月下旬まで開催中。

【菖蒲】
「菖蒲」と書いて「アヤメ」とも「ショウブ」とも読むのは、かつての人々もアヤメとハナショウブを混同していたため。カキツバタもアヤメもハナショウブもアヤメ科に属します。

【世界禁煙デー】
WHO（世界保健機関）が定めた国際デー。世界中で禁煙を推進するキャンペーンを行います。

6月

水無月

みなづき

生命に恵みをもたらす長雨に打たれ、
草木はいっそう色濃く鮮麗に。
雨で沈みがちな気持ちには、
アジサイやクチナシの花が寄り添います。

6月　水無月

1日

元日から……151日
大晦日まで……213日
［二十四節気］
小満
［七十二候］末候
麦秋至る

衣替え

今日から多くの地域で、学校や職場の制服が冬服から夏服へと替わります。私が通った高校の制服は冬は紺、夏は白のセーラー服。6月になると一気に教室内が明るくなり、それだけで気持ちが軽やかになったものです。気温に合わせた服装を自由に選ぶようになった今よりも、あの頃のほうが「6月1日」を迎える高揚感があった気がします。

衣替えは、中国から伝わった宮中行事「更衣（こうい）」を起源としています。「衣更え」とも表記するのは、その名残りです。平安時代の宮中では、旧暦4月1日と10月1日の年二回、夏装束と冬装束を切り替えていました。日々の生活で積もった罪穢（けが）れを祓（はら）う意味合いもあったため、調度品も季節に応じたしつらえに替えていたそうです。

江戸時代になると、幕府は四季に応

●今日をたのしむ

【麦秋至る（ばくしゅういたる）】
小満（しょうまん）の末候に登場する「麦秋」とは、麦を刈り取る今頃を指します。麦にとっては実りの秋となることから生まれた言葉です。

【6月の異称】
6月は梅雨（つゆ）時となるにもかかわらず「水無月（みなづき）」と呼びます。旧暦6月は

じて年四回の衣替えを定めます。武士は春と秋に裏地のついた着物である「袷（あわせ）」、夏に裏地のない「帷子（かたびら）」、冬に表布と裏布との間に綿を入れた「綿入（わたい）れ」を着用し、それぞれの着物に切り替わる初日に衣替えを行いました。このしきたりが庶民にも広がり、日本の年中行事として定着したのです。

年に二回となったのは明治時代。官公庁の制服に洋服が採用されたのを機に、新暦の6月1日と10月1日が衣替えの日となりました。

現在、一般家庭における衣替えは、その家その家のタイミングで行うようになっていますが、涼しげな夏服にあやかって、清々しい月のはじまりとしたいもの。夏用の衣類や調度品を新調したり、不要品を整理したり。住まいと我が身をリフレッシュして過ごしてはいかがでしょうか。

新暦の7月頃。暑さのなかで水が涸（か）れることから、この呼び名が生まれたそうです。また、田植え仕事が終わった「皆仕尽（みなしつき）」、田に水を張る「水張月（みづはりづき）」が転じたという説もあります。

【気象記念日】

1875（明治8）年の今日、気象庁の前身となった東京気象台が設立され、気象と地震の観測がはじまりました。

6月　水無月

2日

元日から……………… 152日
大晦日まで…………… 212日

［二十四節気］
小満

［七十二候］末候
麦秋至る

横浜発祥

長きにわたり、西洋文化の入り口として栄えてきた港町・横浜（神奈川県）には、数多くの「発祥地」があります。ほんの一例を挙げてみると、ガス事業、上下水道、電信業、テニス、日刊新聞、公衆トイレ、ホテル……。その顔ぶれは私たちにとっては当たり前のモノやコトばかり。ここ150年ほどの間に、多くの西洋文化が横浜から全国へと広まり、根づいたのだとわかります。

また、牛鍋やアイスクリーム、ナポリタンスパゲティなど、横浜発祥グルメもさまざまあります。ナポリタンは「ナポリ風」という意味ですが、横浜生まれとは驚きです。

今日をたのしむ

【横浜開港記念日】

1859（安政6）年の6月2日、国際貿易港として横浜港が開港しました。当初の候補地は東海道沿いの宿場町・神奈川でしたが、人口が多く外国人とのトラブルが懸念されたため、のどかな漁村であった横浜が選ばれました。

【裏切りの日】

なんとも不穏な名前の記念日の由来は、1582（天正10）年の今日に起こった戦国時代最大の裏切り、「本能寺の変」。本能寺（京都府）に滞在していた織田信長一行を家臣・明智光秀が襲撃。信長は寺に火を放ち、自害しました。

【ローズの日】

6（ロー）月2（ズ）日の語呂合わせ。色とりどりのバラが各地で咲き誇っています。美しい花や香りはリラックス効果バツグンです。

季節をたのしむ

【キス】

一般的にキスといえば、背は淡い黄色、腹は白銀の鱗（うろこ）に覆われたシロギスのこと。今は産卵期を迎え脂がのっています。

6月 水無月

3日

元日から……………153日
大晦日まで…………211日
［二十四節気］
小満
［七十二候］末候
麦秋至る

ジューンブライド

神社やチャペルなどで花嫁を見かけると、幸せのお裾分けをいただいたようで心があたたかくなります。

今月に結婚する「6月の花嫁」は、英語で「ジューンブライド」。ローマ神話における6月は結婚と女性の守護神・ユノの月とされているため、西洋では古来、ジューンブライドは幸福になれると信じられてきました。

一方、日本の6月は梅雨(つゆ)の影響で結婚式が減る時季でした。そこで1967（昭和42）年頃、ホテルオークラが「ジューンブライド」をPR。以降、日本でも浸透し今に至ります。

今日をたのしむ

【測量の日】

道路建設や都市計画、地図制作などに欠かせない測量への理解・関心を高める日です。日付は1949（昭和24）年の今日に測量法が公布されたことに由来。茨城県つくば市にある国土地理院が一般公開されます。

季節をたのしむ

【ビワ】

初夏に鮮やかな黄橙(おうとう)色(しょく)の実をつけるバラ科の常緑高木。果皮に産毛や白い粉が残っているものが新鮮です。

6月 水無月

4日

元日から……………… 154日
大晦日まで………… 210日
［二十四節気］
小満
［七十二候］末候
麦秋至る

虫送り

各地の水田で、しっかりと根を張った稲がすくすくと成長しています。秋の収穫まで農家の方々の心配は尽きませんが、農薬のない時代、とくに害虫の発生はおそろしいものでした。そのため、昔から行ってきたのが「虫送り」。藁(わら)でつくった大きな人形を川へ流したり、燃やしたりすることで害虫除(よ)けを願う行事です。西日本では、「実盛送り(さねもりおくり)」の名前でも受け継がれています。

●今日をたのしむ

【濁川(にごりがわ)の虫送り】

秋田県鹿角郡小坂町(かづのぐんこさかまち)で行われる虫送り。毎年6月上旬、藁人形の体内に集落の害虫や災いを託し、囃(はや)しながら町を練り歩きます。最後に人形を燃やし、害虫や疫病除けを祈願します。


【実盛送り】

「実盛」とは平安末期の武将・斎藤実盛のこと。稲株につまずき倒れたところを討ち取られたと伝わり、その恨みからイナゴなどの害虫となって稲を食い荒らすと信じられてきました。そのため実盛送りでは、斎藤実盛の霊を弔う法要を行うところも。愛媛県西予市(せいよし)の「実盛送り（毎年6月開催）」が知られています。


【虫歯予防デー】

虫歯をなくそうと、1928（昭和3）年、6（む）月4（し）の語呂合わせで定められました。今日から1週間は、歯や口の健康を保つことで健康増進を図る「歯と口の健康週間」。歯ブラシを新調したり、いつもより丁寧にブラッシングしたりして、虫歯の予防に努めましょう。

6月 水無月

5日

元日から……155日
大晦日まで……209日

［二十四節気］
小満

［七十二候］末候
麦秋至る

梅雨入り

そろそろ九州地方や四国地方から「梅雨入り宣言」が届く頃です。

梅雨は、日本列島の北東にあらわれる「オホーツク海気団」と、南東にあらわれる「小笠原気団」のせめぎ合いによって生まれます。どちらの気団も湿り気が多いのが特徴です。

これから40日間ほどは、それぞれの気団が日本付近に居座ろうと、相撲を取るかのように押し合います。押し合う気団の間に形づくられるのが「梅雨前線」で、ふたつの気団に含まれる湿り気が雨となります。

梅雨入り時は互角の取り組みも、夏が近づくにつれ小笠原気団が優勢に。オホーツク海気団が負けを認めて北方へと上がれば、梅雨明けです。長雨を思うと気が滅入りますが、農作物にとっては恵みの雨。春と夏をつなぐ季節の架け橋、梅雨をたのしみましょう。

今日をたのしむ

【環境の日】

1972（昭和47）年6月5日に行われた「国連人間環境会議」を記念して制定。日本では6月を環境月間に定め、地球環境を守るイベントを各地で行います。

季節をたのしむ

【イワシ】

安くて美味しい大衆魚の代表であるイワシは、梅雨に入る頃に脂がのってくることから、この時季は「入梅（梅雨）イワシ」とも。その名前にかけて、梅肉や梅酢との組み合わせも乙なものです。

6月　水無月

6日

元日から……………156日
大晦日まで…………208日

［二十四節気］
芒種

［七十二候］初候
蟷螂生ず

芒種（ぼうしゅ）

太陽の動きを24等分した「二十四節気」は、中国の黄河流域の気候を基準にしているため、私たちの季節感とはズレが生じる場合があります。今日からはじまる「芒種」もそのひとつです。

「芒」とは稲や麦などの穂先にある硬い毛のこと。「芒種」は文字通り「芒をもつ植物の種をまく時季」という意味合いですが、実際にはまき終えています。今頃の種まきにはなにが最適なのか調べたところ、ツルムラサキや小松菜などが候補に。雨を浴びすくすくと育つ葉物野菜です。梅雨（つゆ）の晴れ間を待ち侘（わ）びつつ、種まきの計画を立てるのもいいですね。

●今日をたのしむ

【蟷螂生ず（かまきりしょうず）】
芒種の初候は、秋に産みつけられた卵から孵化（ふか）した赤ちゃんカマキリが主役。農作物を食い荒らす害虫を捕食するカマキリは、昔から益虫（えきちゅう）として頼りにされてきました。

【おけいこの日】
室町時代に能を大成した世阿弥（ぜあみ）が「稽古をはじめるには、（数え年で）7歳（＝満6歳）がいい」としたことが、いつしか6月6日に習い事をはじめるとよい、という言い伝えに。稽古つながりで「楽器の日」や「いけばなの日」でもあります。

【コックさんの日】
1960年代に流行した絵描き歌『かわいいコックさん』の歌詞に6月6日が登場することにちなんで。

【YOSAKOIソーラン祭り】
高知県のよさこい祭りに感銘を受けた大学生が、1992（平成4）年に北海道札幌市ではじめたお祭り。毎年6月上旬に5日間行い、今では約200万人もの観客を集める大イベントに。ソーラン節に合わせエネルギッシュな踊りを繰り広げます。

6月　水無月

7日

元日から……………… 157日
大晦日まで…………… 207日

［二十四節気］
芒種

［七十二候］初候
蟷螂生ず

もうすぐ父の日

5月の第2日曜日に迎えた「母の日」から1カ月あまり。6月の第3日曜日は、お父さんに「ありがとう」を伝える「父の日」です。

父の日の発祥は1910（明治43）年のアメリカ。ある女性による「母の日があるのなら、父の日もあるべきだ」という提唱がはじまりといわれています。女性は父親の墓前に白いバラをささげ、牧師に礼拝をしてもらいました。

日本では1950年代頃から知られるようになり、今では年中行事として定番に。ネクタイやシャツなどの衣料品や、鰻やお酒などの食料品を贈る方が多いようです。

●今日をたのしむ

【父の日の計画】

「母の日」にくらべて、ないがしろにされがちな「父の日」ですが、やはり感謝の気持ちを伝えたいもの。そろそろ父の日の計画を立ててみては。

【緑内障を考える日】

6（りょく）月7（ない）日の語呂合わせ。緑内障について考えるとともに検診を呼びかける日。

◆季節をたのしむ

【ソラマメ】

空に向かって生長したサヤが下を向きだしたら収穫期です。

6月　水無月

8日

元日から……158日
大晦日まで……206日

［二十四節気］
芒種

［七十二候］初候
蟷螂生ず

世界海洋デー

今日は海のことを世界中で考える日、「世界海洋デー」。2009（平成21）年に国連によって制定された、比較的新しい国際デーです。

海は海産物をもたらしてくれる恵みの宝庫。しかし近年、深刻な汚染が進んでいます。とくに問題となっているのは、大量に漂うプラスチックゴミ。波にもまれ、細かく砕かれたプラスチックは分解されず、魚や海鳥の体内からも見つかっています。そんな状況を少しでも変えていこうと、プラスチック製のストローを廃止する動きも出てきました。

●今日をたのしむ

【世界海洋デー】

別名「ワールドオーシャンズデー」。各地で海の大切さを考えるシンポジウムや、砂浜の清掃活動などを行います。

【信州地酒で乾杯の日】

毎月8日は「信州地酒で乾杯の日」。数字の「8」が、乾杯で重ねた杯やグラスを上から見た様子に似ていることから制定されました。山々に囲まれる長野県は清らかな水に恵まれ、日本酒をはじめビールやワインなどの地酒づくりが盛ん。今日は、長野の気候風土が生み出した恵みである信州地酒を大切な人と酌み交わす日です。

【大鳴門橋開通記念日】

鳴門海峡の両岸、淡路島（兵庫県）と大毛島（おおげじま）（徳島県）をつなぐのが大鳴門橋。全長1629mの巨大な吊り橋が完成したのは、1985（昭和60）年の今日でした。同橋には遊歩道「渦の道」が設置され、海上45mの高さから鳴門海峡名物である渦潮を見られます。

6月 水無月

9日

元日から……159日
大晦日まで……205日
［二十四節気］
芒種
［七十二候］初候
蟷螂生ず

アジサイのおまじない

梅雨（つゆ）時に開くアジサイを用いるおまじないがあります。6月の6がつく日（6・16・26日）にアジサイを一輪、軒下に逆さに吊るすのです。厄除（よ）けや魔除けになるといわれ、さらにはトイレに吊るすと婦人病にかからないといわれています。地方によってはアジサイを半紙で包む、紅白の水引で結ぶ、といったしきたりもあるそうです。

アジサイは有毒植物です。古（いにしえ）の人々は、この毒が病をはねのけてくれると頼みにしたのでしょう。また、花色が移りゆくアジサイを逆さにすることで「病が移らない」よう、縁起を担いでいるともいわれています。

今日をたのしむ

【アジサイ狩り】

アジサイの別名は「七変化」。花色の変化は、花びらの色素が少しずつ分解されていったり、土壌の酸度が変化したりすることで起こります。カラフルなアジサイが各地の風景を彩りだす頃。雨に濡れつつアジサイ狩りもこの時季ならでは。

【ロックの日】

6（ロッ）月9（ク）日の語呂合わせから。音楽だけではなく、ファッションやライフスタイルにまで影響を与えてきたロック・ミュージックをたたえる日です。

6月　水無月

10日

元日から……160日
大晦日まで……204日

［二十四節気］
芒種

［七十二候］初候
蟷螂生ず

時間感覚

日本人は世界一、時間に厳しいといわれています。しかしこれは、ここ100年ほどで培われた感覚です。

1873（明治6）年、新暦とともに一昼夜を24等分する「定時法」が採用されるまで、日本人は季節によって基準となる「一刻（約2時間）」の長さが変わる「不定時法」のもとで暮らしていました。庶民は城や寺院が鳴らす「時の鐘」によって時間を把握していたといいます。そのため、明治時代に来日した外国人の日記には、日本人のおおらかな時間意識に悩む記述が多数見られます。

しかし、鉄道や学校制度が整うにつれ、「時間通り」の大切さが広まっていきます。律儀で真面目な日本人らしい歴史です。とはいえ、時には昔の人々を見習って、のんびりと過ごしたいものですね。

今日をたのしむ

【時の記念日】

1920（大正9）年の今日、時間の尊重・厳守を目的に制定。天智（てんち）天皇が漏刻（ろうこく）（水時計）を用いて時を知らせたという671年4月25日の日付を新暦に換算し、6月10日に決まりました。

季節をたのしむ

【時鮭（ときしらず）】

春から夏にかけ北海道沖で獲れる時鮭は脂がたっぷり。秋の漁獲期を間違えた鮭、といった意味合いでこの名前がついています。味はバッチリ間違いなしです。

6月　水無月

11日

元日から……161日
大晦日まで……203日

［二十四節気］
芒種

［七十二候］次候
腐草蛍と為る

ホタル

清流のほとりでは、ゲンジボタルの乱舞がはじまる頃です。古くから人々の心をとらえてきたホタルの光は、オスがメスに呼びかけ、メスがオスに応える恋の交信です。かつての人々は、この光を死者の霊魂や心残りだと考えました。諸説ありますが、ゲンジボタルの「ゲンジ（源氏）」は、源平合戦の端緒となった戦いで亡くなった武将・源頼政に由来するともいわれています。

成虫となったゲンジボタルの寿命は2週間ほど。エサは食べず、水を飲むだけ。そのため童歌では「こっちの水は甘いぞ」とホタルを誘っているのですね。

今日をたのしむ

【腐草蛍と為る】
芒種の次候は明滅するホタルが主役。古代中国の人々は、腐った竹や草がホタルに生まれ変わると信じていました。ゲンジボタルは6～7月頃、ひと回り小さいヘイケボタルは7月頃から姿をあらわします。

【入梅】
天気予報のなかった時代、梅雨はそのはじまりと長さがあらかじめ定められていました。夏至（P202）の約10日前にあたる「入梅」は雑節のひとつで、梅雨のはじまりを告げる日。暦の上では約30日後、梅雨明けとなります。

6月　水無月

12日

元日から……162日
大晦日まで……202日
［二十四節気］芒種
［七十二候］次候　腐草蛍と為る

恋と革命のインドカリーの日

今日は「恋」「革命」「インドカリー」と、なんともスパイシーな言葉が並ぶ日です。1927（昭和2）年の今日、パンや和洋菓子を販売していた新宿中村屋が喫茶部（レストラン）をオープンし、「純印度式カリー」を売り出したことに由来しています。

スパイスをふんだんに用いるインドカリーを伝えたのは、インド出身の革命家、ラス・ビハリ・ボースです。日本に亡命したボースを中村屋の創業者夫妻が匿（かくま）ったのをきっかけに、彼は夫妻の娘・相馬俊子さんと恋に落ちます。やがてふたりは結婚。故国の味を紹介したいと考えたボースは、レストランのメニューにインドカリーを加えることを提案し、レシピづくりにも協力しました。そうして生まれた「純印度式カリー」は評判となり、現在も新宿中村屋の代名詞となっています。

●今日をたのしむ

【恋と革命のインドカリーの日】
ボースが来日した当時、「カレー」といえば細かく刻んだ野菜や肉、小麦粉、カレー粉を用いる欧風カレーが主流でした。それに対し、ボースのインドカリーは骨つきの鶏肉と多種多様のスパイスが特徴で、「衝撃の味」と報じられました。

【恋人の日】
カトリック教における縁結びの神様・聖アントニオの命日前日を「恋人の日」として祝うブラジルの年中行事に由来。恋人や夫婦でプレゼントを贈り合います。

6月 水無月

13日

元日から……163日

大晦日まで……201日

［二十四節気］芒種

［七十二候］次候 腐草蛍と為る

ミョウガ

これから旬を迎えるミョウガは、食卓の名脇役です。薬味としてはもちろん、味噌汁の具や漬け物などにしていただけば、夏を予感させる芳香が口いっぱいに広がります。

「ミョウガを食べると物忘れをする」という言い伝えがありますが、これは昔話や落語を通して広まった迷信です。ミョウガは消化を助け、体をあたためるαピネンが豊富。梅雨寒(つゆざむ)や冷房で体が冷える時季に重宝する食材です。

●今日をたのしむ

【いいみょうがの日】

ミョウガ生産量の約9割を占める高知県では、6月が出荷最盛期。13(いいみょうが)日の語呂合わせから今日に制定されました。

【はやぶさの日】

2003(平成15)年5月9日、小惑星探査機「はやぶさ」は、小惑星イトカワの表面サンプルをもち帰るという世界でもはじめてのミッションを課せられ、打ち上げられました。7年の時を経た2010(平成22)年の今日、無事地球に帰還。数々のトラブルを乗り越えたはやぶさ自身は大気圏突入の際に燃え尽き、60億kmにも及ぶ長旅を終えました。無事に回収されたサンプルには、太陽系ができたばかりの頃の物質が含まれており、科学をはじめ、さまざまな分野の研究が進むことが期待されます。

【黄金ちまき会式(えしき)】

奈良県の弘仁寺(こうにんじ)では、柏の葉やイグサ、団子でつくった厄除(よ)けの「ちまき」を授与する会式を執り行います。ちまきは家の軒下や大黒柱に飾りお守りとします。

14日

元日から……………… 164日
大晦日まで…………… 200日

［二十四節気］
芒種

［七十二候］次候
腐草蛍と為る

オリンピック・シンボル

今日は、国際オリンピック委員会（ＩＯＣ）が五輪旗を制定した日です。あのマークの正式名称は「オリンピック・シンボル」。白地に向かって左から青・黄・黒・緑・赤のW字型に配された輪は、世界の大陸（アジア・ヨーロッパ・アフリカ・南北アメリカ・オセアニア）をあらわしています。重なり合う輪に、世界中の国々がスポーツのもとに集い、競い合いながら友好を深めるという、オリンピックの理念が込められているそうです。では、なぜこの5色なのか?という疑問の答えは「国旗」。５つの輪の色に白を加えれば、世界のほとんどの国旗が描けるため選ばれたといわれています。

今日をたのしむ

【五輪旗制定記念日】

紀元前から行われていた古代オリンピックの終焉は３９３年。それから１５００年後の19世紀の終わり、フランス人男爵ピエール・ド・クーベルタンの呼びかけによって近代オリンピックが復活・開催されました。五輪旗もまた彼による考案。１９１４（大正３）年今日お目見えしました。

【山王祭】

江戸三大祭としても名高い山王祭が日枝神社（東京都）で行われます。神田明神の神田祭（Ｐ１６５）と交互に開くため、西暦の偶数年の開催。かつては将軍から庶民まで、江戸中を巻き込んで行ったというお祭りです。現在は皇居周辺をはじめ永田町、霞が関、銀座などを、神輿や山車を引き連れた時代行列が練り歩きます。

季節をたのしむ

【ジュンサイ】

ハゴロモモ科の水生の多年草。葉茎が透明なゼリー状の粘液に覆われているのが特徴。若い葉や花の蕾をおひたしや酢の物、椀種にしていただきます。

6月　水無月

15日

元日から……165日
大晦日まで……199日

［二十四節気］
芒種

［七十二候］次候
腐草蛍と為る

はじかみ

日本で唯一、香辛料の神様である波自加彌神を祀る神社があります。石川県金沢市にある波自加彌神社です。社名と神名に冠された「はじかみ」とは生姜や山椒などを意味する古語で、毎年6月15日に「はじかみ大祭」を斎行します。奈良時代、波自加彌神が湧き上がらせた霊水「黄金清水」によって干ばつを乗りきった人々が、自生していた生姜を供え感謝したのがはじまりとされる奇祭です。今はたくさんの根生姜に加え、全国の食品業者が生姜を用いた商品を奉納します。参拝者には黄金清水を使った「生姜湯」が振舞われ、みなで無病息災を願います。

今日をたのしむ

【生姜の日】

日付は「はじかみ大祭」に由来。古くから親しまれてきた生姜には、辛味成分のジンゲロールと、過熱して生まれるショウガオールがたっぷり。いずれも血行を促進し、体をあたためてくれます。

【暑中見舞いの日】

暑中見舞い用のハガキがはじめて発売されたのは、1950（昭和25）年の今日のこと。現代では梅雨明けから立秋までの期間に出すのがマナーとされています。

6月　水無月

16日

元日から……………… 166日
大晦日まで…………… 198日
［二十四節気］
芒種
［七十二候］末候
梅子黄なり

嘉祥の日

今日は甘党、なかでも和菓子派の方にはうれしい嘉祥の日。和菓子やお餅を食べて災厄を祓い、福を招きます。

一説には848（嘉祥元）年6月16日、仁明天皇が16個のお菓子を神前に供え、健康を願ったのが起源とされています。江戸時代には幕府の年中行事となり、庶民にも広まりました。

このならわしを守り伝えていこうと、多くの和菓子屋が嘉祥菓子を販売します。16日にちなみ6種類や16種類、または1と6を足して7種類の和菓子をセットにしたものが多いようです。「嘉祥」は、おめでたいしるしを意味する縁起のよい言葉。今日は、甘い和菓子に除災招福を願いましょう。

●今日をたのしむ

【梅子黄なり】
「梅雨」の語源は「梅が熟す頃の雨」だとも。七十二候でも、徐々に色づきだした梅の実が登場します。

【和菓子の日】
6月16日に嘉祥菓子を食べて、無病息災を願う古来の風習にちなんで制定されました。旬の青梅やビワをかたどった涼しげな練り切りが店頭に並びます。

【麦とろの日】
6（むぎ）月16（とろ）日の語呂合わせから。

6月 水無月

17日

元日から……………… 167日
大晦日まで……………… 197日

［二十四節気］
芒種

［七十二候］末候
梅子黄なり

梅仕事

早春の開花から4カ月あまり。梅がまるまると実り、熟しはじめました。店先でも青梅や黄梅が並び、その周りには梅酒用のビンや氷砂糖、はたまた梅干し用の赤シソなどもお目見えします。

「梅はその日の難逃れ」と伝わるほど、梅の実には健康パワーがたっぷりと詰まっています。疲労回復効果の高いクエン酸、若返りビタミンとも呼ばれるビタミンEも豊富です。青梅には有害物質が含まれますが、焼酎や砂糖に漬けることで分解できます。一方、梅干しには半熟もしくは完熟、ジャムには完熟梅が最適です。

今日をたのしむ

【三枝祭】

大神神社（奈良県）の摂社・率川神社では、三枝祭を開催します。大神神社の神体山である三輪山に咲く三枝（ササユリ）の花で華やかに飾った酒罇を神様にささげることから、別名「ゆりまつり」とも。疫病を祓うとともに、無病息災を祈願します。

【沖縄返還協定調印日】

1971（昭和46）年の今日、「沖縄返還協定」を日米間で結びました。

季節をたのしむ

【キョウチクトウ】

街路樹としても人気の高い花木であるキョウチクトウが白、黄、赤、桃色など、とりどりの花をつけはじめます。可憐な花とはうらはらに、枝葉や花、根などに猛毒を含んでいます。直接肌に触れないようにご注意を。

【エツ】

初夏から梅雨明けまで、有明海から筑後川を遡上するエツが最盛期。福岡県や佐賀県の一部にしか出回らない希少種で、地元では季節を告げる魚として愛されています。全長35㎝ほど、銀色に輝く美しい身には小骨が多いため、姿焼きや唐揚げにする際は「骨切り」を施します。

6月　水無月

18日

元日から……………… 168日
大晦日まで…………… 196日

［二十四節気］
芒種

［七十二候］末候
梅子黄なり

おにぎりとおむすび

今日が「おにぎりの日」と知り、ふと、おむすびとの違いはなんだろうと調べてみました。辞書ではどちらも「握り飯」とあり、あきらかな違いはないようです。一説には、東日本では「おにぎり」、西日本では「おむすび」と呼ぶ地域が多いとか。また、三角形が「おむすび」、円形や俵型などが「おにぎり」という説もあります。最近では海苔の上にご飯と具材を載せて包む「おにぎらず」をはじめ、新しいおにぎり文化が登場しています。具材もチーズや煮玉子などユニークなものが続々と。弥生時代に生まれた日本人のソウルフードは、その時々に合わせてまだまだ進化しつづけています。

今日をたのしむ

【おにぎりの日】

日本最古のおにぎりの化石が発見された、石川県鹿島郡鹿西町(ろくせいまち)（現・中能登町(なかのとまち)）の「鹿（ろく）」と、毎月18日の「米食の日」を組み合わせて制定されました。ちなみに「おむすびの日」は1月17日です。

【考古学出発の日】

1877（明治10）年の今日、アメリカ人動物学者であるモースが来日しました。その後、彼は横浜から新橋へと向かう汽車の窓から大森貝塚を発見。日本の古代文化が証明され、日本考古学の幕開けとなりました。大森貝塚遺跡庭園（東京都品川区）には、大森貝塚碑や貝層の標本などが残されています。

季節をたのしむ

【鮎】

6月は、日本人にもっともなじみのある川魚である鮎釣りの解禁シーズン。秋に河川で孵化(ふか)した稚魚は海へと下り、翌年の春になると成長した姿で遡上(そじょう)します。スイカやキュウリのような香りがするため「香魚(こうぎょ)」とも。独特の香りとふっくらとした身を堪能できる塩焼きが最上の食べ方とされています。

6月 水無月

19日

元日から……………… 169日
大晦日まで……………… 195日

［二十四節気］
芒種

［七十二候］末候
梅子黄なり

サクランボ

ツヤツヤと真っ赤に色づいたサクランボが出回りはじめました。サクランボの主要産地は、私の故郷である山形県。贅沢にも「買うもの」ではなく「もらうもの」と思い育ちました。故郷を離れ、スーパーマーケットでパック売りされているのを見たときは、よそゆきの顔を知った気がして驚いたものです。小さな頃は、友達との種飛ばしが恒例。砲筒をイメージして舌をすぼめ、勢いよく吹き出すのがコツです。

今日をたのしむ

【桜桃忌（おうとうき）】
『人間失格』や『斜陽』で知られる昭和の小説家・太宰治（だざいおさむ）の忌日（きにち）です。禅林寺（東京都三鷹市）では法要を営み、今でも多くのファンが参列します。忌日の名称は代表作のひとつである『桜桃』から。「桜桃」はサクランボの別名です。

【朗読の日】
6（ろう）月19（どく）日の語呂合わせから。いつも黙読しかしないという方も、この日に朗読を試してみては。感情を込めて読み上げることで、より深く文章を味わうことができます。

季節をたのしむ

【春蚕（はるご）の出荷】
小満（しょうまん）の初候「蚕（かいこ）起きて桑を食う」（P168）の時季に孵化（ふか）し、繭（まゆ）をつくった春蚕の出荷が最盛期を迎えます。出荷された繭は加工されて生糸（きいと）に。春蚕のあとは、夏蚕（なつご）、秋蚕（あきご）、晩秋蚕（ばんしゅうご）と10月まで飼育を行います。

6月　水無月

20日

元日から……170日
大晦日まで……194日

［二十四節気］
芒種

［七十二候］末候
梅子黄なり

ミントとハッカ

頭をスッキリさせたいとき、ペパーミントティーをよく飲みます。そしてそのたびに「いつの間にか大人になったなぁ」と感じます。幼い頃は「ミント」ではなく「ハッカ」の名前が一般的だったというノスタルジーと、苦手だった清涼感に助けられているという嗜好の変化がそうさせるのでしょう。

「ミント（mint）」は英語、「ハッカ（薄荷）」は日本語。どちらもシソ科ハッカ属の多年草を指します。スーッとするのはこれらに含まれるメントール成分のおかげで、頭痛や疲れ目、ストレス軽減にも効果を発揮します。生命力が強いため、庭先やプランターで育てるのもオススメです。

●今日をたのしむ

【ペパーミントの日】

20（ハッカ）日の語呂合わせと、特産地である北海道北見市の気候がハッカのように爽やかな6月を組み合わせて制定されました。

【ペパーミント水】

（2人前）

①密閉容器に氷水（500㎖）とペパーミントの葉（3gほど）を入れる。

②①の蓋（ふた）を閉めて振る。

③ペパーミントの香りが出てきたら完成。お好みでレモンを絞っても。

【竹伐り会式（たけきりえしき）】

鞍馬寺（くらまでら）（京都府）で行う「竹伐り会式」は、平安時代に僧が法力で大蛇を倒した、という伝説にもとづく行事です。

大蛇に見立てた長さ4m以上・太さ10㎝の青竹を、僧兵姿に扮した男性たちが山刀でたたき切り、五穀豊穣を願います。竹の欠片（かけら）は魔除（まよ）けになり、参拝者はこぞってこれをもち帰ります。

6月　水無月

21日

元日から……………… 171日
大晦日まで……………… 193日
［二十四節気］
芒種
［七十二候］末候
梅子黄なり

夏の健康

四季のある日本には、その季節ならではの風物詩もあれば病もあります。これから本番を迎える夏ならではの不調といえば、熱中症や夏バテでしょう。「鬼の霍乱（かくらん）」ということわざ通り、普段は強くて丈夫な人も夏の暑さには敵いません。「霍乱」とは東洋医学の病名で、暑気あたりや熱中症のような症状が出るそうです。

「猛暑」や「酷暑」といった言葉がひっきりなしに聞かれるのが近年の夏。今時分から充分な水分と栄養、睡眠を取り、疲れを翌日にもち越さないよう意識していきたいものですね。

●今日をたのしむ

【食育月間】
毎年6月は食育月間。健康は食べ物で決まります。汗をかくと失われるビタミンやミネラルを摂るには、夏野菜＋豚肉の組み合わせがオススメ。

【えびフライの日】
「6」がエビに見えることと、21（ふらい）日と読む語呂合わせが由来。エビフライが食卓に並ぶと特別な気分になるのは、どの世代も同じではないでしょうか。折しもクルマエビが旬を迎えています。

水無月

6月22日

元日から……………172日
大晦日まで……………192日

［二十四節気］
夏至

［七十二候］初候
乃東枯る

夏至（げし）

一年でもっとも高く太陽が昇り、もっとも昼が長くなる日、夏至を迎えました。冬から春、そして夏へと次第に伸びていく日脚をたのしんできた方にとって今日はクライマックス。私は夏至を迎えるたびに、てっぺんに達した観覧車のゴンドラを思い浮かべます。とはいえ夏至を終えても、まだまだ日照時間の長い日々はつづきます。夜の訪れが遅く、朝の訪れが早いこの時季ならではの過ごし方で季節をたのしみましょう。今日の夜は世界中で電気照明を消し、ろうそくの灯りでのんびり過ごす「キャンドルナイト」も実施されます。

今日をたのしむ

【乃東枯る（なつかれくさかれる）】

一年でもっとも日照時間が長いこの時季に、ひっそりと枯れていくウツボグサの別名は「乃東」または「夏枯草（かこそう）」。ほかの草木が生い茂るなか枯れていくさまは、昔から人々の興味を引くようです。


【キャンドルナイトの日】

夏至の20～22時に電気を消し、キャンドルの光でゆったりとした時間を過ごしながら節電する運動「キャンドルナイト」を実施する日。2001（平成13）年にカナダではじまり、世界中に広まっています。


【姫路ゆかたまつり】

長壁（おさかべ）神社と城南公園周辺（兵庫県）にて開催。江戸時代、転封（てんぽう）により姫路を去ることになった城主が催した祭事に、礼服の準備が間に合わなかった人々が浴衣で参加したことがルーツとされています。

季節をたのしむ

【アンズ】

橙色（だいだいいろ）の美味しそうな実をつけるアンズは、バラ科サクラ属の落葉高木。旬は6～7月のたった1カ月間だけ。乾燥させた種は「杏仁豆腐」の原料となります。

6月　水無月

23日

元日から……173日
大晦日まで……191日
［二十四節気］
夏至
［七十二候］初候
乃東枯る

ほおずき市

今日と明日は、東京都港区に鎮座する愛宕神社の「千日詣りほおづき縁日」。お参りすれば、千日参拝したのと同じご利益が得られるというありがたい日です。境内には厄除けの縁起物であるほおずきが並び、参拝者に授与されます。この縁日が、これから夏本番にかけて各地で立つほおずき市の元祖。境内に自生するほおずきを煎じて飲めば、婦人病や子供の癇癪が治ると評判になり、配ったのがはじまりだとか。

古来、日本人は赤い色には災厄を祓う力があると信じてきました。緑から赤へと熟していくほおずきには、人を元気にしてくれるパワーがあるのかもしれません。

今日をたのしむ

【千日詣りほおづき縁日】
江戸時代に出版された『東都歳時記』にも登場する由緒ある縁日。社殿前にしつらえられた茅の輪をくぐり参拝すれば、千日分のご利益を得られると信仰されています。

【オリンピックデー】
1894（明治27）年の今日、国際オリンピック委員会（IOC）が発足したのを記念して制定。

6月　水無月

24日

元日から……174日
大晦日まで……190日
［二十四節気］夏至
［七十二候］初候　乃東枯る

そうはちぼん

UFO（Unidentified Flying Object）＝未確認飛行物体は、アメリカ空軍がつけた名前です。では日本ではどうかというと、石川県羽咋市に怪しい火が夜な夜な飛び、人々はそれを「そうはちぼん」と呼んだという民話が伝わっています。そうはちぼんとは、仏教の法会に用いるシンバルのような打楽器のこと。平たい形の光は、たしかにUFOのイメージに重なります。

じつは私も一度だけ、そうはちぼんのようなオレンジの光を見たことがあります。今日は「UFOの日」。空を見上げれば、そうはちぼんが飛んでいるかもしれません。

今日をたのしむ

【UFOの日】
1947（昭和22）年の今日、アメリカ人の実業家ケネス・アーノルドがきらめく空飛ぶ円盤を目撃したことに由来。UFOの街・羽咋市では、企画展や記念イベントを催します。

季節をたのしむ

【クチナシ】
5〜10cmの真っ白な花からは、濃厚な甘い香り。そのかぐわしさから、ジンチョウゲ、キンモクセイとともに「三大香木」と称されます。

6月 水無月

25日

元日から……………… 175 日
大晦日まで…………… 189 日

［二十四節気］
夏至

［七十二候］初候
乃東枯る

生酒（なまざけ）

米と麹（こうじ）、水を発酵させてできる日本酒の多くは、長期間にわたり美味しさを保つため、貯蔵前と瓶詰め前に2回火入れ（加熱処理）を行います。一方「生酒」とは、一度も火入れをせずに熟成・出荷する日本酒のこと。酵素や酵母が醸し出す華やかな香りや軽い口当たり、フレッシュで爽やかな味わいが身上で、「本生」や「生生」とも呼ばれます。

味わいが変化しやすいデリケートな性質をもっているため、保管は冷蔵庫がベスト。キリリと冷やした生酒をクイッといただけば、蒸し暑さも遠のく清涼感が駆け抜けます。

●今日をたのしむ

【生酒の日】

日本ではじめて常温流通が可能な生酒が発売されたのは、1984（昭和59）年の今日。貯蔵や流通、梱包技術が発達したことで、夏場には味わえなかった生酒がたのしめるようになりました。

【天覧試合の日】

1959（昭和34）年の今日、史上はじめて天皇陛下と皇后陛下がプロ野球を観戦されました。対戦カードは巨人対阪神。4―4の同点で迎えた9回裏、先頭打者の長嶋茂雄さんがサヨナラホームランを放ち、歴史に残る一戦を締め括りました。

◆季節をたのしむ

【オクラ】

オクラのネバネバのもとは食物繊維のペクチンとタンパク質のムチン。これらの成分が血糖値を下げ、腸の調子を整えてくれます。茹でたオクラをクリームチーズと和（あ）えれば、生酒にぴったりのアテにもなります。

6月　水無月

26日

元日から……………… 176日
大晦日まで…………… 188日

［二十四節気］
夏至

［七十二候］初候
乃東枯る

露天風呂の日

6・26を「ろ・てん・ぶろ」と読んで、今日は「露天風呂の日」です。景色を眺めながら入浴できる露天風呂は、老若男女を問わず大人気。頭に載せる編み笠を用意している施設が多いのは、どんな天気でもお風呂をたのしみたいという方へのおもてなしなのでしょう。私も旅の宿に露天風呂があれば、天候にかかわらず長い時間浸かっているタイプです。

露天風呂の醍醐味は開放感と、自然のうつろいを目で、耳で、肌で実感できること。昔から日本には、温泉に入って怪我や病気を癒す「湯治（とうじ）」がありますが、心に働きかける部分も大きいのだろうと実感せずにはいられません。

今日をたのしむ

【露天風呂の日】
「露天風呂の日」発祥の地である湯原温泉郷（岡山県）では、日頃の感謝を込めてさまざまなイベントを開催。旅館やホテルの優待利用や観光客も参加できる露天風呂大掃除、朝市などがあり、多くの人が訪れます。

【河口湖ハーブフェスティバル】
6月下旬〜7月上旬にかけて富士山麓に広がる河口湖湖畔（山梨県）で催されるハーブフェスティバル。ラベンダーをはじめ、さまざまなハーブや花々が咲き誇り、一帯を色鮮やかに染め上げます。中心会場となる大石公園では、ハーブの苗やハーブを使った商品が販売されます。

【東京タワー天の川イルミネーション】
七夕も近づく頃、東京タワーのメインデッキの天井をLED電球で埋め尽くす幻想的なイベント。星々のなかを散歩しているような雰囲気が人々を魅了します。

6月　水無月

27日

元日から……177日
大晦日まで……187日
［二十四節気］
夏至
［七十二候］次候
菖蒲華さく

備前ばら寿司

昔から受け継がれてきたハレの日の料理のひとつに、岡山県の「備前ばら寿司」があります。酢飯の上に錦糸玉子やシイタケ、レンコン、ママカリ、エビなどを彩りよく載せたごちそうで、家庭や地域によって具材が変わります。

この料理が誕生したきっかけは、江戸時代のお殿様が出した「食事は一汁一菜とする」というお触れだとか。せめてハレの日ぐらいはごちそうをと考えた人々が、寿司の具を酢飯の下に隠して盛りつけたのがルーツとされ、「隠し寿司」とも呼ばれているそうです。岡山の海の幸や山の幸とともに、明るくたくましい庶民の知恵もいただける郷土料理です。

今日をたのしむ

【菖蒲華（あやめはな）さく】
東北や北海道では、夏至の次候に登場するアヤメが見頃。宮城県の「多賀城跡あやめまつり」や北海道の「あっけしあやめまつり」は多くの人で賑わいます。

【ちらし寿司の日】
備前ばら寿司が誕生するきっかけとなった「一汁一菜のお触れ」を出したとされる備前岡山初代藩主・池田光政（みつまさ）の命日が6月27日であることにちなんで制定。お触れを出したのは6代・池田斉政（なりまさ）とする説もあります。

6月 水無月

28日

元日から……………… 178日
大晦日まで…………… 186日

［二十四節気］
夏至

［七十二候］次候
菖蒲華さく

パフェ

アイスクリームや生クリーム、フルーツやソースが重なる魅惑のデザート、パフェ。その語源はフランス語で「完璧」を意味する「parfait（パルフェ）」です。フランス料理のパルフェは、卵黄と生クリームを使った氷菓子。アイスクリームは攪拌（かくはん）しながら凍（こお）らせますが、パルフェはそうせずともできあがる完璧なアイス、ということから名づけられたといわれ、明治時代、外国人との社交場となった鹿鳴館（ろくめいかん）でも供（きょう）されたそうです。

しかしこのパルフェ、かつては平皿に盛りつけていたと考えられています。背の高いグラスにいくつもの材料を彩りよく重ねる「パフェ」が生まれたのは、フルーツパーラーが人気を博した昭和初期以降。果物を用いるさまざまなデザートが考案されるなかで誕生し、広まっていきました。

●今日をたのしむ

【パフェの日】
日付は1950（昭和25）年の今日、日本プロ野球史上初のパーフェクトゲームが達成されたことにちなんで。

【貿易記念日】
1859（安政6）年、徳川幕府が自由貿易を布告した日付を新暦に換算し制定されました。

【すもも荒神さん】
三宝大荒神（さんぼうだいこうじん）（奈良県）では火災除け、交通安全を願う夏祭りを行（よ）います。スモモの旬と重なるため、「すももの荒神さん」とも。

6月　水無月

29日

元日から……………… 179日
大晦日まで…………… 185日

［二十四節気］
夏至

［七十二候］次候
菖蒲華さく

ロックの殿堂

日本武道館（東京都）は、1964（昭和39）年の東京オリンピックを機に建てられた総合武道施設です。柔道や剣道、空手などの大会を開く「武道の聖地」である一方、「ロックの殿堂」としても有名です。

その出発点となったのは、1966（昭和41）年に来日公演を行ったビートルズ。武道の聖地でのロック・コンサートに反対運動も起きましたが、無事に計5公演を終え、彼らは日本をあとにしました。これ以降、日本武道館はミュージシャンもファンも憧れるコンサート会場として、世界的に知られるようになりました。

今日をたのしむ

【ビートルズ記念日】

1966（昭和41）年の今日、世界中に旋風を巻き起こしていたビートルズがコンサートのために初来日したのを記念して制定。

【佃煮の日】

29日を「ツク」と読む語呂合わせと、佃煮ゆかりの地・佃島（つくだじま）（東京都）の住吉神社の創建日が1646（正保3）年の6月29日であることに由来します。

季節をたのしむ

【万願寺トウガラシ】

大正時代に京都府舞鶴市の万願寺地域で誕生した京野菜。大きさ15㎝にもなるため「トウガラシの王様」と称されます。

6月　水無月

30日

元日から……………… 180 日
大晦日まで…………… 184 日
［二十四節気］
夏至
［七十二候］次候
菖蒲華さく

夏越の祓

新年が明けて半年。今日は、一年の折り返し地点となる節目の日です。明日から下半期がスタート、と考えると気持ちも引き締まりますね。

昔の人々は、私たち以上にその思いを大切にしていました。そのあらわれとして、明日からの半年を気持ちよく迎えるための行事、「夏越の祓」が受け継がれています。

夏越の祓は、新年から積み重なった罪穢れや降りかかる災厄を祓い清め、無病息災を願うために行う神事。各地の神社はイネ科の多年草である茅を束ねた「茅の輪」をしつらえ、私たちはこれをくぐり心身を清めます。神様が、「茅でできた輪を腰につけていれば、病気になることはない」と教えてくれたという神話に由来するならわしです。

また、神社からいただく紙製の人形

●今日をたのしむ

【夏越ごはんの日】

災厄を祓い、無病息災を願う「夏越の祓」の行事食として生まれた「夏越ごはん」を食べて、下半期を乗りきる英気を養います。茅の輪に見立てられるかき揚げの具材には、旬を迎えるミョウガやゴーヤー、オクラなどの夏野菜を使います。

（形代）を用いる祓いもあります。人形で自分の体を撫で、息を吹きかけて罪穢れを移すのです。この人形を神社に納め、清めていただくことで、私たちの罪穢れも祓われると考えられています。

最近、夏越の祓にまつわる新たな行事食が登場しました。その名も「夏越ごはん」。粟や豆などが入ったご飯の上に、茅の輪をイメージした夏野菜入りのかき揚げを載せ、生姜を効かせたおろしだれをかけていただきます。まだ知名度は低いものの、各地の飲食店やスーパーマーケットでも取り扱いが増え、自宅でたのしむためのレシピも続々お目見えしています。

夏越の祓や夏越ごはんは、気持ちも新たに一年の後半を迎えるためのスイッチです。今日はこの半年を振り返りつつ、心身を整える一日としてみてはいかがでしょうか。

【水無月】

古来、夏越の祓に食べられてきたのは「水無月」。砂糖や餅粉でできた白いういろうの上に、魔を祓う力をもつとされる小豆を載せた和菓子です。暑気を払う氷のかけらを模し、三角の形に切られています。6月になると季節の和菓子として店頭に。夏の暑さに負けぬよう、願いを込めていただきます。

7月

文月

ふみづき

梅雨はまだ残るものの、
本格的な夏が到来。
山開きや海開き、夏祭りと、
暑さを吹き飛ばす行事がつづきます。

7月　文月

1日

元日から……181日
大晦日まで……183日

［二十四節気］
夏至

［七十二候］次候
菖蒲華さく

山開き・海開き

今日から7月、本格的なレジャーシーズンの到来です。各地では山開きを行い、登山客の無事を祈願します。

かつて神仏を祀る霊峰に入山できるのは、山伏や修行僧だけでした。しかし、神様や仏様にお参りしたいという庶民の願いから、江戸時代には夏の一定期間だけ「山を開く＝登山を許す」ようになります。やがて「山開き」は、そのはじまりを告げる日や行事を意味する言葉となり、今に受け継がれています。これにならい、海水浴の解禁日は「海開き」に。山の神様、海の神様に安全を願いつつ、夏の予定を立てるにはもってこいの一日です。

●今日をたのしむ

【山開き】
北口本宮冨士浅間神社（山梨県）では、富士山の山開き神事である開山祭を斎行。月山（山形県）、白山（石川・岐阜県）、石鎚山（愛媛県）など各地の霊峰でも山開きを行います。

【海開き】
地域によって違いはあるものの、本州の海水浴場の多くは今日、海開き。安全祈願祭を斎行します。

【文月】
旧暦7月の異称は「文月」。七夕（P220）に笹飾りの短冊に詩歌を書き、文字の上達を願う風習が由来だとか。

【祇園祭】
夏から秋のお祭りシーズンの幕開けは、疫病を除け、邪気を祓う祇園祭。八坂神社（京都）の祇園祭は今日から7月31日、櫛田神社（福岡県）の博多祇園山笠は今日から7月15日まで。

7月 2日

文月

元日から……………… 182日

大晦日まで…………… 182日

［二十四節気］
夏至

［七十二候］末候
半夏生ず

半夏生（はんげしょう）

夏至（げし）（P202）から数えて11日目にあたる雑節（P420）「半夏生」を迎えました。七十二候も、今日から「半夏生ず」に。半夏とは、薬草ともなるカラスビシャクの漢名で、今頃に花をつけることから「半夏生」の言葉が生まれたといわれています。

半夏生は、米づくりにおける大切な節目です。昔から、今日まで田植えを済ませていなければ秋の実りが減るといわれており、「半夏半毛（はんげはんけ）」「半夏半作（はんげはんさく）」といった言葉も残っています。

各地に伝わる半夏生の行事食のなかでも有名なのは、関西発祥のタコ。稲の根がタコの足のようにたくさん張ることを願い、食べるようになりました。

●今日をたのしむ

【半夏生ず】

半夏生に降る雨は「半夏雨」。かつては毒気も含むと考えられ、井戸に蓋（ふた）をして備えたのだそうです。

【うどんの日】

かつての香川県には、田植えや麦刈りの労をねぎらうため、半夏生にうどんを打って振る舞う風習が。これにちなみ今日は「うどんの日」です。

【真ん中の日】

新年が明けて182日が過ぎ、大晦日まであと182日。一年の真ん中である今日を記念して制定されました。

7月　文月

3日

元日から……………183日
大晦日まで……………181日

［二十四節気］
夏至

［七十二候］末候
半夏生ず

青海波（せいがいは）

寄せては返す波をモチーフとしたおめでたい文様（もんよう）があります。同心円の弧を規則的に重ね並べた「青海波」です。打ち寄せつづける波に永遠の幸せや繁栄を願い、奈良時代から今日まで多くの日本人が愛してきました。雅楽の「青海波」を舞う際に舞人（まいびと）がこの文様をあしらった装束を身につけることから名前を取ったそうです。青海波を形づくるひとつひとつの文様は、スマートフォンを使う方なら見覚えのあるＷｉ‐Ｆｉマークによく似ています。岐阜県高山市は、観光客に向けたＷｉ‐Ｆｉサービスのシンボルマークに青海波を採用。伝統とテクノロジーを結びつけるアレンジが素敵です。

●今日をたのしむ

【七味の日】

こちらも7（しち）月3（み）日の語呂合わせから。香辛料である七味唐辛子の発祥は江戸時代。当時は「七色唐辛子（なないろとうがらし）」の名前で売り出され、瞬く間に広まっていきました。

【波の日（サーファーデー）】

7（な）月3（み）日の語呂合わせ。海と波に感謝しながら、自然環境に対する理解と意識を高める一日です。

【戸出（といで）七夕まつり】

富山県高岡市戸出地区にて今日から7日まで開催。大小1500本もの七夕飾りが通りを彩り「七夕のトンネル」をつくり出します。その幻想的な様子は「日本一美しい七夕」と称されるほど。

【ソフトクリームの日】

1951（昭和26）年の今日、明治神宮外苑（東京都）でのアメリカ進駐軍のカーニバルにて、日本ではじめてソフトクリームが販売されました。明治時代から日本にアイスクリームはあったものの、カップアイスやアイスキャンデーが主流。コーンにアイスが載ったスタイルは斬新でした。

7月 文月

4日

元日から……………… 184日
大晦日まで…………… 180日

［二十四節気］
夏至

［七十二候］末候
半夏生ず

お中元

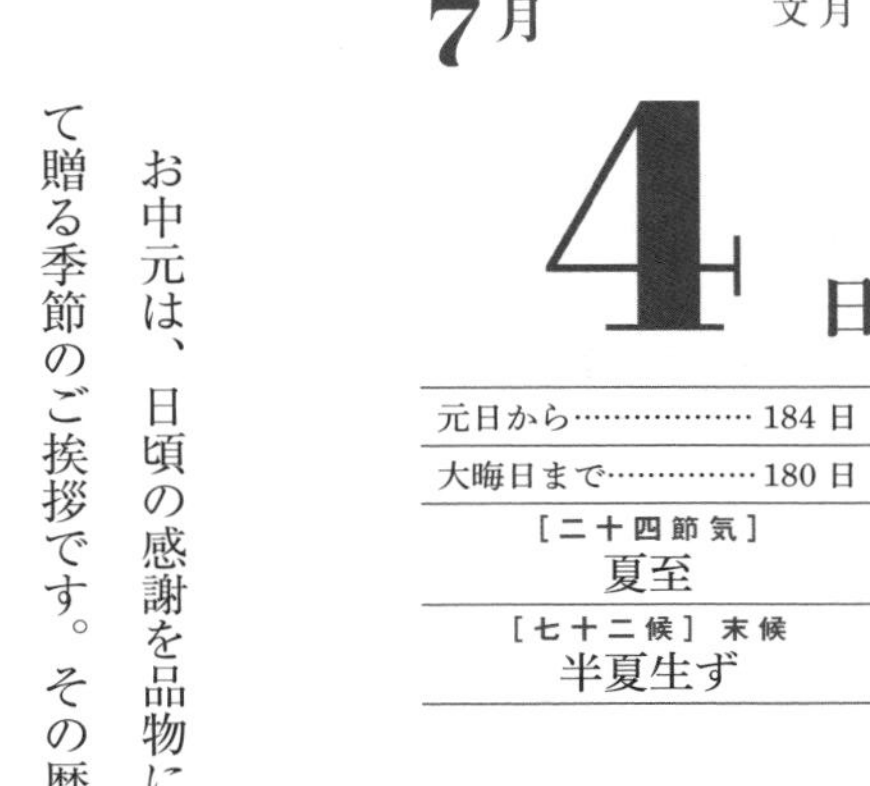

お中元は、日頃の感謝を品物に託して贈る季節のご挨拶です。その歴史は古く、1月15日の「上元」、7月15日の「中元」、10月15日の「下元」に神様への供物と感謝をささげた古代中国の風習を起源としています。なかでも中元は日本古来のお盆と結びつき、親戚や知人、仕事でお世話になっている方へ感謝の品を贈る「お中元」へと変化しました。そのためお中元の時期は、お盆と同じく地域差があります。東京など、7月にお盆を行う地方では7月上旬~15日まで、月遅れで行う地方では7月下旬~8月15日までに贈るのが一般的です。

●今日をたのしむ

【ファッションお直しの日】

07（おな）月04（おし）日と読んで「ファッションお直しの日」。お気に入りの一着を修理したり、リメイクしたり。思い出も資源も大切に。

◆季節をたのしむ

【スイートコーン】

その名の通り、甘味が身上の品種。収穫後、急激に糖度が落ちてしまうので、手に入れたら手早く調理を。水から茹でるとジューシーに、お湯に入れて茹でるとシャキッと仕上がります。

7月　文月

5日

元日から……185日

大晦日まで……179日

［二十四節気］夏至

［七十二候］末候　半夏生ず

東のアナゴ、西のハモ

アナゴとハモは今が旬の真っただ中。ニョロニョロと細長い見た目もさることながら、夏の風物詩として愛されてきた点もよく似ています。どちらも「梅雨(つゆ)の水を飲んで美味しくなる」といわれ、アナゴは関東、ハモは関西で人気が高いことから「東のアナゴ、西のハモ」とも。アナゴは寿司や天ぷらに、ハモは椀種(わんだね)や鍋物、和(あ)え物にするのが定番です。

栄養面で見ると、アナゴは目や皮膚を健康に保つビタミンAが豊富。骨や歯をつくり、骨粗しょう症予防にも欠かせないカルシウムもふんだんに含んでいます。

ハモも骨切りを施して骨ごと食べるため、カルシウムたっぷり。ハモの皮は関節痛をやわらげ、肌のかさつきやシワを防ぐ効果のあるコンドロイチンが多いのも特徴です。

●今日をたのしむ

【穴子の日】

7（あな）月5（ご）日の語呂合わせ。夜行性のアナゴは、昼間は海底の砂泥や岩穴に潜って休息しています。その「あなごもり」の姿が転じて、「穴子」の名がついたとか。

【江戸切子の日】

江戸時代末期につくられはじめたガラス工芸である「江戸切子」をPRする一日として制定。日付は魚の卵をモチーフにした「魚子(ななこ)」文様(もんよう)にちなんでいます。

7月 文月

6日

元日から……………… 186日
大晦日まで…………… 178日

［二十四節気］
夏至

［七十二候］末候
半夏生ず

朝顔

夏の訪れを教えてくれる朝顔が日本に伝来したのは奈良時代。当時は「牽牛子(けんごし)」と呼び、種を薬として珍重していました。江戸時代後期には花の色や形を改良した品種が次々と生み出されるようになり、一躍「愛(め)でる花」として大人気に。さらに牽牛子の名前が彦星の漢名である「牽牛(けんぎゅう)」に通じ、開花時期も七夕と重なることから、花が開いた朝顔は、彦星と織姫が会えたしるしとして縁起物になりました。

明日は七夕。朝露に濡れてしっとりと咲く朝顔に彦星と織姫の逢瀬を願いつつ、幸運を授けてもらいましょう。

●今日をたのしむ

【入谷朝顔まつり】
今日から7月8日まで東京都台東区の鬼子母神(きしもじん)（真源寺(しんげんじ)）周辺で開催。約80軒の露店が並ぶ日本最大の朝顔市です。

【硯(すずり)洗い】
七夕の前夜は字や学問の上達を願い、硯や机を手入れするならわしがあります。文房具の整理整頓をしてみては。

【ピアノの日】
1823（文政6）年の今日、ドイツ人医師・シーボルトがはじめて日本にピアノをもち込みました。

7月　文月

7日

元日から……………… 187日
大晦日まで…………… 177日

［二十四節気］
小暑

［七十二候］初候
温風至る

今日は七夕。天の川を隔てて暮らす彦星と織姫が、1年に一度の再会を果たすと伝わるロマンチックな日です。五節句（P422）のひとつであり、私たち日本人は数々のならわしでふたりの逢瀬をお祝いしてきました。

「彦星」と「織姫」は日本名で、七夕伝説発祥の地である中国での名前は「牽牛」と「織女」です。

牽牛は牛飼い、織女は機織りを生業としていました。ふたりは結婚したものの、お互いに夢中になりすぎて仕事を怠けるように。それに怒った天帝はふたりを引き離し、天の川の両岸に住まわせます。しかし嘆き悲しむふたりを不憫に思い、年に一度、7月7日に会うことを許したのでした。

この伝説と織女にあやかるべく裁縫や手芸の上達を願う行事「乞巧奠」、さらに、機を織る女性を「棚機つ女」

●今日をたのしむ

【小暑】

二十四節気のひとつである小暑を迎えると、いよいよ夏本番。本格的に気温が高くなります。

【温風至る】

小暑の初候に吹くのはじんわり熱を帯びた風。南から吹くおだやかな夏の風は「南風」と呼びます。

と呼んでいた古来の文化がまざり合い、「たなばた」の名前と風習が生まれたと考えられています。

一方で七夕は、祖先を祀るお盆とも深く関わってきました。七夕をお盆の準備期間と考え、お墓の周りを掃除したり、水浴びをして身を清めたりする風習が残る地域もあります。

我が家では毎年、笹飾りをしつらえます。飾るのは折り紙でつくった長寿を願う鶴、豊作豊漁の象徴である網飾り、乞巧奠で供えられた五色の糸を起源とする吹き流しなど。やはり主役は願い事を書いた短冊、なにを書こうか悩む時間もたのしいものです。

夕飯はそうめんをいただくのが定番。細く長い麺を糸、あるいは天の川に見立てて、彦星と織姫が無事に会えるよう願います。

【夏の大三角】

彦星の化身であるわし座のアルタイルと織姫の化身であること座のベガ、はくちょう座のデネブを結ぶとできる夏の大三角は、東の空で輝きます。

【そうめんの日】

そうめんが七夕の行事食であることにちなみ制定。行事食となったのは、そうめんのルーツである「索餅」が、病除けのおまじないとして7月7日に食べられていたことに由来するという説もあります。

7月　文月

8日

元日から……………………188日
大晦日まで…………………176日

［二十四節気］
小暑

［七十二候］初候
温風至る

島野菜

かつて琉球王国として独立していた沖縄県には、独自の食文化が色濃く残っています。一年を通じてあたたかいため、栽培される野菜も独特。沖縄県では「戦前から導入され、伝統的に食されてきた地域固有の野菜」を「伝統的農産物（島野菜）」と定義し、守り伝えています。代表的なものはゴーヤー（ニガウリ）やナーベラー（ヘチマ）、モーウィ（アカゲウリ）、シブイ（トウガン）といったウリ科の野菜です。これらは不足すると夏バテの原因となるカリウムや、強い日差しから体を守るビタミンCが豊富。南の島で愛されてきた野菜たちには、暑さを乗りきる栄養がギュッと詰まっています。

●今日をたのしむ

【なはの日】

沖縄県の県庁所在地である7（な）月8（は）日の語呂合わせ。那覇市を盛り上げるためさまざまなイベントを開催し、文化財や博物館の無料開放を行います。

【七夕送り】

七夕の笹飾りは今日中に地域のルールに従って片づけを。かつては川や海に流し、願い事が天の川まで届くよう祈る「七夕送り」を行いました。

【七転八起の日】

「七転八起」は何度転んでも立ち上がろうと奮起することを意味する四字熟語。2016（平成28）年に起きた熊本地震から復興する心意気と決意を込めて制定されました。

【都城六月灯おかげ祭り】

毎年7月8～9日、宮崎県都城市の神柱宮の祭事「献燈祭（六月灯）」に合わせ催すのがおかげ祭り。今夜の「宵祭り」では4mもの大灯篭山車が市街を練り歩き、明日の「本祭り」ではお神輿が市内を巡幸します。

7月　文月

9日

元日から……………… 189日
大晦日まで…………… 175日
［二十四節気］
小暑
［七十二候］初候
温風至る

四万六千日（しまんろくせんにち）

今日と明日は浅草寺（東京都）の功徳（くどく）日、四万六千日。お参りすれば、4万6千日間参拝したのと同じだけのご利益（りやく）が得られるとされています。年数に換算すると126年分。まさに一生分ですが、4万6千という数の由来は「一生」と「一升」のかけ言葉なのだとか。米1升は、4万6千粒の米にあたるのだそうです。

四万六千日が庶民の暮らしに根づいたのは、江戸時代のこと。当時は7月10日のみでしたが、一生分の功徳を得ようとした人々が前日から押しかけたため、7月9日も四万六千日となり今に至ります。

◆今日をたのしむ

【浅草寺ほおずき市】

四万六千日の2日間、浅草寺境内にはほおずき市が立ちます。ほおずきは厄除（よ）けの縁起物です。


【鴎外忌（おうがいき）】

1922（大正11）年の今日、森鴎外（もりおうがい）が没しました。代表作は『舞姫』『高瀬舟』『山椒大夫』など。

◆季節をたのしむ

【ユリ】

ところざわのゆり園（埼玉県）や、とっとり花回廊（鳥取県）ではユリが見頃を迎えています。

7月　文月

10日

元日から……………… 190日
大晦日まで…………… 174日

［二十四節気］
小暑

［七十二候］初候
温風至る

納豆のはじまり

健康食品としても知られる納豆の起源は定かではありません。一説には平安時代の武将・源義家が奥州を平定する際、馬の飼料を農民から集めたことから誕生したといわれています。本来は煮て乾燥させた大豆を飼料としていましたが、急ぎのあまり、農民たちは煮上がった大豆をそのまま当時の保存容器である俵に詰めて差し出したそうです。数日後、豆は匂いを発し、糸を引くように。そう、おなじみの糸引き納豆です。これが兵士たちの食料となり、奥州の農民たちも日常的につくるようになったと伝わっています。

東日本で納豆を好む方が多いのは、発祥の地に近いからかもしれません。最近では西日本でも人気が高まっているのだとか。「百肴（ひゃっこう）の王」ともいわれる納豆は粘り強く、ネバネバ、じわじわとファンを増やしています。

●今日をたのしむ

【納豆の日】

「なっ（7）とう（10）」の語呂合わせから制定。納豆は煮た大豆に納豆菌を加え、発酵させてできあがります。源義家を巡る発祥伝説の真偽は定かではありませんが、納豆菌は枯れ草に生息するため、煮た大豆と稲藁（わら）が触れたことで生まれたと考えられています。

【ウルトラマンの日】

1966（昭和41）年の今日、現在も愛されつづける変身ヒーロー「ウルトラマン」がはじめてテレビで放送されました。

7月　文月

11日

元日から……191日
大晦日まで……173日

［二十四節気］
小暑

［七十二候］初候
温風至る

祇園の神様とお祭り

医療が発達していなかった時代、衛生状態が悪化する夏場にはたびたび疫病が流行しました。当時の人々は、この世に恨みをもつ怨霊が疫病をもたらすと考え、おおいにおそれました。そこで頼りにしたのが、疫病を除ける祇園の神（牛頭天王＝スサノオノミコト）でした。神様の力で怨霊を慰め、疫病を鎮めようとはじめられた「祇園御霊会」は、今も「祇園祭り」や「天王祭り」として受け継がれています。京都の祇園祭や博多祇園山笠が代表的ですが、これからの時季は祇園の神様のお祭りが続々と。お住まいの近くではどんなものがあるのか、調べてみるのも面白そうです。

●今日をたのしむ

【祇園祭り・天王祭り】

富山県の氷見祇園祭り、兵庫県の神戸祇園祭、愛知県の尾張津島天王祭など、牛頭天王（スサノオノミコト）に無病息災を祈願するお祭りを各地で行います。


【世界人口デー】

１９８７（昭和62）年の今日、世界人口が50億人を突破したことを記念して国連が制定。ちなみに現在の世界人口は70億人を超えており、２１００年には１１０億人を上回るという予想もあるそう。

7月　文月

12日

元日から……………… 192日
大晦日まで…………… 172日

［二十四節気］
小暑

［七十二候］初候
温風至る

ピカピカ大作戦

スプーンやフォーク、ナイフなどは使っているうちにくすんでいくもの。今日は、712（ナイフ）の語呂合わせで「洋食器の日」です。日頃の感謝を込めて、カトラリーをピカピカに磨いてみましょう。

ステンレスの場合は歯磨き粉や重曹などをやわらかな布につけ、優しくこすります。銀の場合は鍋の底にアルミホイルを敷き、適量の水を入れ、大さじ1～2杯の塩を投入。沸騰したらカトラリーを入れ5分ほど加熱し、頃合いを見て引き上げます。中性洗剤でよく洗い、水分を拭き上げればピカピカに。気持ちも晴れ晴れしてきます。

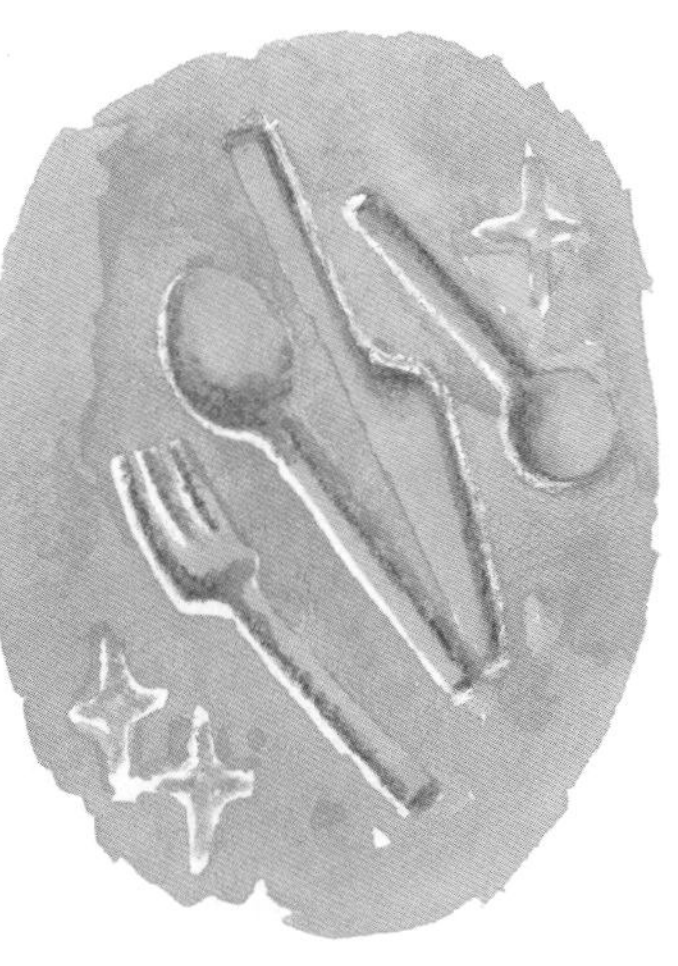

●今日をたのしむ

【洋食器の日】

7（ナ）月12（イフ）日の語呂合わせ。国産カトラリーの90％は新潟県燕市でつくっています。


【人間ドックの日】

1954（昭和29）年の今日、日本初の人間ドックが実施されました。

◆季節をたのしむ

【高原レタス】

レタスの生産量第1位は、高原地帯が多い長野県。昼夜の寒暖差の大きい環境がレタスの甘味をグッと引き出します。

7月　文月

13日

元日から……………… 193日
大晦日まで…………… 171日

［二十四節気］
小暑

［七十二候］次候
蓮始めて開く

蓮（はす）

小暑（しょうしょ）の次候「蓮始めて開く」を迎え、各地の池や沼で蓮の花が見頃を迎えています。「早起きは三文の徳」のことわざ通り、可憐な花が開いていく様子は早朝にしか見ることができません。泥から生じながらも美しい花を咲かせる蓮は、仏教においては清らかさの象徴。根はおなじみの野菜、レンコン（蓮根）となります。蓮の花は夜明けとともに開き、昼過ぎには窄（つぼ）み、また翌日の夜明けに咲く、というサイクルを3日繰り返します。儚くも開花後4日で花は散りますが、生命力は旺盛。2千年以上地中に眠っていた種から発芽した「古代蓮」が、大きく花開いています。

● 今日をたのしむ

【蓮始めて開く】

埼玉県行田市の地中に2千年以上眠っていた蓮の種子は、造成工事によって水に触れたことを機に、1973（昭和48）年、発芽・開花しました。「古代蓮（行田蓮）」と名づけられた蓮は大切に育て増やされ、同地の公園・古代蓮の里のシンボルとなっています。

【迎え火】

東京など、7月にお盆を迎える地域では今日がお盆入り。門前や玄関先で麻幹（おがら）を燃やす「迎え火」で、ご先祖様の霊をお迎えします。

【日本標準時刻制定記念日】

1886（明治19）年の今日、兵庫県明石市を通る子午線（しごせん）（東経135度）を日本標準時の基準とする法令を公布し、全国の時間を統一しました。

◆ 季節をたのしむ

【水羊羹（みずようかん）】

ツルッとした口当たりで夏の暑さをやわらげてくれる水羊羹。練羊羹にくらべて水の配合が多く、甘味が控えめなのがみずみずしい喉ごしの秘密です。

7月　文月

14日

元日から……………… 194 日
大晦日まで……………… 170 日

［二十四節気］
小暑

［七十二候］次候
蓮始めて開く

宇宙のひまわり

夏の花の代名詞であるヒマワリは、地上だけではなく宇宙でも咲いていています。日本の天気予報の屋台骨、気象衛星「ひまわり」です。ひまわりの名前には「宇宙で花開く」という願いや、天気と関わりの深い太陽のイメージを託しているそうです。ひまわりがいるのは、地上から約3万6千㎞の赤道上空。地球の自転と同じ速度で飛んでいるため、地上からは常に静止しているように見えます。ひまわりが雲の様子を撮影してくれるおかげで、私たちは雨や晴れといった天気はもちろん、台風やゲリラ豪雨といった気象災害にも備えられるようになりました。

●今日をたのしむ

【ひまわりの日】

1977（昭和52）年の今日、気象衛星の初号機となった「ひまわり」を打ち上げたことを記念して制定。現在は「ひまわり8号」と「ひまわり9号」を運用しています。


【ゼラチンの日・ゼリーの日】

ゼラチンは古代エジプトが起源とされますが、ゼリー菓子がつくられはじめたのは18世紀末のフランス。日付はフランス革命の日に由来します。

7月 文月

15日

元日から……………… 195日
大晦日まで…………… 169日
［二十四節気］
小暑
［七十二候］次候
蓮始めて開く

盂蘭盆会（うらぼんえ）

家に戻ってくるご先祖様の魂を迎え、もてなす年中行事であるお盆の正式な名前は「盂蘭盆会」です。東京を含む一部の地域では、今日を中心にお盆を行います。

盂蘭盆会は、7月15日にお釈迦様の弟子が僧侶を招き、自分の母を供養したのがはじまりとされる仏事です。日本には7世紀に伝わり、祖先の霊を祀（まつ）る古来の風習とまざり合い、現在のお盆が形づくられてきました。

かつては全国的に旧暦7月に行っていましたが、明治時代に採用された新暦によって変化が訪れます。新暦での7月、つまり現在の7月は農繁期。農業を生業（なりわい）とする人々の多かった地方では、ご先祖様を丁寧にお迎えするのが難しく、次第に月遅れで行うようになったといわれています。

●今日をたのしむ

【ファミコンの日】

1983（昭和58）年の今日、家庭用ゲーム機の先駆けとなったファミリーコンピュータ（通称・ファミコン）が発売されました。

【追い山笠】

7月1日からつづいてきた博多祇園山笠（福岡県）は今日が最終日。7つの舁山（かきやま）が早朝の博多の街を駆け抜ける神事、「追い山笠」が熱狂の2週間を締め括ります。

7月　文月

16日

元日から……………196日
大晦日まで…………168日

［二十四節気］
小暑

［七十二候］次候
蓮始めて開く

海水浴

海から突き出た鉄の棒に掴まった人々が、静かに海水に浸かっている。じつはこれ、つい130年ほど前の「海水浴」の光景です。「海水浴」という言葉は明治時代、当時の西洋諸国に広まっていた、健康増進のための海水療法を紹介するにあたりつくられました。

もともと日本には、心身の調子を整えるために海水を浴びる「潮湯治」や「潮浴」といった風習があったため、医療としての海水浴が浸透するのに多くの時間はかからなかったようです。大正時代になると次第に泳ぎ遊ぶ人々が増え、日本の夏に欠かせない一大レジャーとなりました。

●今日をたのしむ

【海開き】

北海道や東北地方の多くの海水浴場ではそろそろ海開きです。泳ぐのはもちろん、海の家での食事も海水浴のたのしみのひとつ。


【送り火】

7月13日に迎え火でお迎えしたご先祖様の霊は、今日お戻りに。門前で送り火を焚いて送ります。


【のちの藪入り】

1月16日の「藪入り」に対して、今日は「のちの藪入り」。江戸時代、奉公人が実家に戻ることを許された骨休めの日です。


【虹の日】

7（ナナ）月16（イロ）日の語呂合わせから。空気中の湿度が高い今時分は、空に架かる虹を見るチャンスが増えます。

◆季節をたのしむ

【タチアオイ】

草丈2mを超えるアオイ科の花。梅雨入りから花が咲きはじめ、すべての蕾が開く頃に梅雨明けを迎えるといいます。紅色や白、紫色など多彩な花色も魅力です。

7月　文月

17日

元日から……………… 197日
大晦日まで…………… 167日

［二十四節気］
小暑

［七十二候］次候
蓮始めて開く

山鉾巡行

日本三大祭りに数えられる八坂神社（京都府）の祭礼・祇園祭は、7月1～31日の期間中、さまざまな行事を執り行います。今日行われるのは、祭り最大の山場となる山鉾巡行。人形や織り物などで彩った絢爛豪華な山鉾が、京都市内を巡ります。

祇園祭は、日本各地に息づく山車や鉾、屋台を曳くお祭りの元祖です。869（貞観11）年、疫病と天変地異をおそれた人々が、宮中の庭園に、当時の日本の国の数と同じ66本の鉾を立て、安寧を願ったのがはじまり。平安時代中期には都の人々が年中行事として親しむようになり、全国に広まっていきました。

●今日をたのしむ

【山鉾巡行】

今日の前祭では鉾7基、傘鉾2基、曳山1基、舁山13基の計23基の山鉾を四条烏丸交差点に集め、参加者が次々と曳き回します。また、夕方には八坂神社からお旅所にお神輿が渡御する「神幸祭」を行います。

【東京の日】

1868（慶応4）年7月17日、江戸を「東京府」と改称したことを記念して制定。「東京都」となったのは1943（昭和18）年です。

7月　文月

18日

元日から……198日
大晦日まで……166日

［二十四節気］
小暑

［七十二候］末候
鷹乃学を習う

夏の幼鳥たち

七十二候の「鷹乃学を習う」は、「鷹が羽ばたきや狩りを覚える頃」という意味合いになります。その候名通り、山あいでは鷹の幼鳥が巣立ちに備え練習を繰り返しています。では、街なかの鳥はどうかと目を向ければ、空っぽになったツバメの巣がちらほらと。賑やかにエサをねだっていた雛鳥も、甲斐甲斐しく世話をしていた親鳥も姿が見えません。今年も無事に巣立ったのだという安心とともに、寂しさを感じます。とはいえ、ツバメたちはいまだ日本に滞在中。秋に日本を去るまでの間、河川敷のヨシ原などに集団でねぐらをつくり、エサをたくさん食べて渡りの準備をしています。

●今日をたのしむ

【鷹乃学を習う】

鋭い眼差しに鉤型のくちばしがトレードマークの「鷹」は、タカ目とハヤブサ目の鳥の総称。トビやハヤブサ、オオタカなど、日本には十数種類が生息しています。

【防犯の日】

毎月18日は防犯の日。18の1を「棒＝防」、8を「犯」と読む語呂合わせです。7月5、6日には、日本初の警備保障会社・セコムの創業を記念した「セコム（756）の日」があり、防犯や防災の啓発運動を行います。

◆季節をたのしむ

【夏トビ】

春から夏にかけて旬を迎えるトビウオのなかでも、夏に獲れたものは「夏トビ」と呼びます。「飛魚」と書くように、水面から飛び出して滑空するのが特徴で、その距離は400mにも及びます。長崎県では「アゴ」の名で知られ、最近では炭火で焼いてから干したトビウオでお出汁を取る、「アゴだし」の人気が高まっています。

7月　文月

19日

元日から……………… 199日
大晦日まで…………… 165日

［二十四節気］
小暑

［七十二候］末候
鷹乃学を習う

梅雨（つゆ）明け

例年通りであれば、沖縄、九州、四国地方はすでに梅雨明け。中国、近畿、東海、関東甲信といった地域も梅雨明け間近です。これまで雨と雲に隠れていた太陽が顔を出し、暑さも本格的に。一日の最高気温が30℃を超える「真夏日」、35℃を超える「猛暑日」、夜の気温が25℃を下回らない「熱帯夜」といった言葉が聞かれるようになります。

年によっては梅雨が明けたにもかかわらず、数日にわたり天気がぐずつくことも。「戻り梅雨」や「返り梅雨」と表現します。

●今日をたのしむ

【梅雨明け平年値】
沖縄6月23日、奄美6月29日、九州南部7月14日、九州北部7月19日、四国7月18日、中国・近畿・東海・関東甲信7月21日、北陸7月24日、東北南部7月25日、東北北部7月28日。

【愛知のいちじくの日】
イチジクが旬を迎える7～10月のそれぞれ19日を語呂合わせで制定。イチジクの生産量第1位は愛知県です。

7月　文月

20日

元日から……200日
大晦日まで……164日

［二十四節気］
小暑

［七十二候］末候
鷹乃学を習う

土用の入り

今日から2週間あまりは「土用」。初日となる今日は「土用の入り」です。土用は、立春・立夏・立秋・立冬前の18日間を指します。春夏秋冬、それぞれの季節の変わり目ですね。「春は木、夏は火、秋は金、冬は水、そして季節の変わり目となる18日間は土が支配する」という中国の陰陽五行説に由来する雑節（Ｐ４２２）です。

土用は年に四回訪れますが、現在は夏の土用だけが年中行事として親しまれています。暑さで体調を崩しやすい時季だからこそ大切にされてきたのでしょう。

そろそろスーパーマーケットの店先では、「土用の丑の日」や「鰻」の文字が躍りだします。「丑の日」は日にちに十二支を割り振ったなかの「丑」にあたる日のこと。毎年日付が変わり、年に二回巡ってくる年もあります。

●今日をたのしむ

【土用波】

夏の土用の頃、おだやかな天気がつづいているにもかかわらず打ち寄せる高波が「土用波」。遠く離れた太平洋南方にある台風から伝わる大きなうねりです。

【土用シジミ】

昔から「土用シジミは腹薬」といわれ、その効

土用の丑の日に鰻を食べて精をつける食習慣が生まれたのは江戸時代。蘭学者・平賀源内(ひらがげんない)が、「『う』のつく物を丑の日に食べると夏負けしない」という伝承から着想を得て、夏場の客不足に悩む鰻屋に、「本日土用の丑の日」という看板を掲げさせたのがはじまりだといわれています。この作戦は縁起担ぎの大好きな江戸っ子たちの心を掴(つか)み、瞬く間に広まりました。

　発明家としても知られる平賀源内のアイデアは流石(さすが)ですが、現代の鰻はなかなかの高級食材。ほかの「う」のつく食べ物から、夏を乗りきるパワーをもらうのもひとつの手です。疲労回復に効果のある梅干しや、消化のよいうどん、ほてった体を冷やしてくれるウリなどが心身をいたわってくれます。また、丑の日にきちんとお風呂に浸かる「丑湯(うしゆ)」は、病気をしないおまじないとも。古来のならわしから、暑さに負けない力を授かりましょう。

能は江戸時代の健康書に紹介されるほど。タウリンを豊富に含むシジミは、夏バテで低下しがちな肝臓機能を回復させるにはうってつけの食材です。水から煮出せば旨味たっぷりのお出汁(だし)が取れます。

【海の日】

　毎年7月の第3月曜日は国民の祝日である「海の日」です。もとは1876（明治9）年7月20日に明治天皇が船による東北巡幸(じゅんこう)を終え横浜港に帰着したことを記念する「海の記念日」が起源。1996（平成8）年に「海の日」へと変わりました。

7月　文月

21日

元日から……201日
大晦日まで……163日

［二十四節気］
小暑

［七十二候］末候
鷹乃学を習う

全部言える？日本三景

江戸時代の旅行は、眩い景色を愛(め)でることと有名な社寺への参拝がセットになっていました。なかでも人気を集めたのが、松島（宮城県）・天橋立(あまのはしだて)（京都府）・厳島(いつくしま)（広島県）。そう、日本三景です。松島は瑞巌寺(ずいがんじ)、天橋立は成相寺(なりあいじ)、厳島は厳島神社と対になり人気を集め、今も多くの人で賑わいます。

四方を海に囲まれた日本らしく、いずれも海岸沿いの景勝地。松島は文字通り松に覆われた大小の島々、天橋立は宮津湾に突き出る白砂青松(はくしゃせいしょう)の砂州(さす)、厳島は原始林の広がる霊峰・弥山(みせん)と麓に建立された厳島神社の美しさで訪れる人々の胸を打ちます。

●今日をたのしむ

【日本三景の日】

著書『日本国事跡考』のなかで松島・天橋立・厳島を絶賛したことから、「日本三景の生みの親」ともいわれる江戸時代の儒学者・林春斎(はやししゅんさい)の誕生日にちなみ制定されました。


【夏休みスタート】

北海道や東北を除く多くの地域の小・中・高校ではそろそろ夏休み。


【自然に親しむ運動】

今日から8月20日までの1カ月は「自然に親しむ運動」期間。全国の自然公園などで自然観察会や体験教室、ハイキングなど、自然を身近に感じるさまざまな行事が催されます。

◆季節をたのしむ

【ニッコウキスゲ】

各地の高原や山地ではニッコウキスゲが見頃。ユリに似た山吹色が大群生するさまは見る者を圧倒します。霧ヶ峰（長野県）や尾瀬（群馬・福島・新潟県）、霧降高原（栃木県）などが名所です。

7月 文月

22日

元日から……202日
大晦日まで……162日

［二十四節気］
小暑

［七十二候］末候
鷹乃学を習う

浴衣をたのしむ

夏祭りや花火大会での浴衣姿は粋なもの。カラン、コロンと響く下駄の音と色とりどりの浴衣に気分も盛り上がります。

着物には季節に合わせたしきたりが存在しますが、遊び着にあたる浴衣にはいかめしい決まり事はありません。しかしながら、夏場の着用が一般的。年に数度しかたのしめない装いだからこそ、きちんと手入れをして長持ちさせましょう。浴衣は洗濯表示がついていれば自宅でも洗えますが、色落ちに注意。のりづけをすれば、パリッと仕上がります。下駄は固く絞った雑巾で汚れを拭き取り、陰干しにします。

●今日をたのしむ

【げたの日】
「七寸七分」など、下駄の寸法に数字の「7」がよく使用され、下駄の足跡が漢字の「二」に似ていることから。

【土用三郎（どようさぶろう）】
夏の土用の初日は「土用太郎」、2日目は「土用次郎」、3日目の今日は「土用三郎」。かつては今日が晴れなら豊作、雨なら凶作とされました。

【熊谷うちわ祭】
毎年7月20～22日の3日間、埼玉県熊谷市で斎行（さいこう）。同地に鎮座する八坂神社の祭礼です。

7月　文月

23日

元日から……………… 203日
大晦日まで…………… 161日

［二十四節気］
大暑

［七十二候］初候
桐始めて花を結ぶ

大暑と暑中見舞い

「大いに暑い」の名前通り、一年でもっとも気温が高く、暑さも厳しくなる節気を迎えました。道路には陽炎がゆらめき、空を見上げれば入道雲。うだるような暑さがつづきます。

こんなときにうれしいのが、知人から届く暑中見舞いです。こちらの体調を気づかう思いやりと、相手の近況報告に心も和みます。暑中見舞いは梅雨明けから立秋（P255）まで、もしくは土用中（立秋前の18日間）に送るのがマナーとされています。折しも今日は、手紙やハガキに親しむ「ふみの日」。花火やスイカなど、夏の風物詩をあしらった暑中見舞いを親しい方にしたためてはいかがでしょうか。

●今日をたのしむ

【桐始めて花を結ぶ】

家具材としても知られる桐に、卵型の実がなりはじめました。同時に来年の4～5月にほころぶ蕾もすでに枝先に。実と蕾が連なる桐は、子孫繁栄を象徴する縁起物です。

【文月ふみの日】

7月の旧称である文月の「文」と、毎月23日のふ（2）み（3）のふたつの「ふみ」がつく日。毎年、記念切手が発売されます。

【天ぷらの日】

鰻、焼き肉と並ぶ夏バテ防止三大食べ物とされる天ぷらを、「大暑」に食べて元気に過ごそうという一日です。野菜や魚介類の天ぷらでビタミンやタンパク質を効率よく摂取し、夏バテを撃退しましょう。

【うわじま牛鬼まつり】

愛媛県宇和島市で7月22～24日にかけて開催。鬼の頭に牛の胴体をもつ巨大な霊獣・牛鬼が市内を練り歩き、災厄を祓います。

7月　文月

24日

元日から……………… 204日
大晦日まで…………… 160日

［二十四節気］
大暑

［七十二候］初候
桐始めて花を結ぶ

蝉の鳴き声

「ジージージージー」

「ミーンミンミンミン」

「ニーーーチーーー」


今年も蝉が高らかに鳴きはじめました。公園の植え込みや樹木の幹に目をやれば、ぽつんぽつんと脱殻が。何個集められるか競ったり、服にくっつけたり、この時季ならではの遊び道具です。ちなみに冒頭の鳴き声は順にアブラゼミ、ミンミンゼミ、ニイニイゼミ。後ろのふたつは鳴き声由来の名前だとわかりますが、アブラゼミは?と調べたところ、「ジージー」が揚げ物をしている音に似ているからだとか。なんだか納得できるような、できないような……。

●今日をたのしむ

【アブラゼミの初鳴き】

アブラゼミの初鳴きは季節のうつろいを教える自然のサインとして、各地で観測されています。東京では例年、今日あたりに聞こえはじめます。


【河童忌】

1927（昭和2）年の今日、文豪・芥川龍之介が逝去しました。忌名は代表作の『河童』から。


【天神祭】

日本三大祭りのひとつである大阪天満宮の天神祭は今日と明日の開催。お神輿の陸渡御と船渡御を行い、災厄を祓います。

7月　文月

25日

元日から……205日

大晦日まで……159日

［二十四節気］
大暑

［七十二候］初候
桐始めて花を結ぶ

お氷様

暑い夏に食べるかき氷は最高です。イチゴ、メロン、抹茶にミルクとさまざまな味があるのも魅力ですよね。

誰でも夏場に氷を手に入れられるようになったのは、明治時代のこと。それまでは権力者や貴族のみがたのしむ贅沢品でした。雪や氷を貯蔵する氷室の設置や管理、運搬の手間暇を考えればしかたありません。『枕草子』には、削った氷に樹液を煮詰めたシロップをかける「削り氷」が登場します。江戸時代に入ると雪の塊や氷が将軍家への献上品となり、庶民は「お氷様」と呼んでうらやみました。当時の人々が現代のかき氷専門店の存在を知ったら、びっくりするでしょうね。

●今日をたのしむ

【かき氷の日】

かき氷は「夏氷」の名前でも親しまれることから7(な)月25(つごおり)日の語呂合わせで制定。最近人気の「天然氷」は、真冬の厳しい寒さと美味しい天然水、池や湖を利用してつくります。2週間以上の時間をかけゆっくりと凍(こお)ることで、不純物を含まないキメの細かい氷ができあがります。

【うま味調味料の日】

甘味、酸味、塩味、苦味に次ぐ第5の味覚「うま味」が発見されたのは、明治時代末期。東京帝国大学（現・東京大学）の池田菊苗(きくなえ)教授が昆布から抽出しました。日付は1908（明治41）年の今日、その製造方法が特許を取得したことから。

◆季節をたのしむ

【かんぴょう】

栃木県の特産品であるかんぴょうは、収穫と仕込みの最盛期。ユウガオの果肉を細長くむき、さんさんと降り注ぐ真夏の太陽で乾燥させてできあがります。

7月 文月

26日

元日から……………… 206日
大晦日まで…………… 158日
［二十四節気］
大暑
［七十二候］初候
桐始めて花を結ぶ

夏の怪談

日本の夏に怪談はつきもの。テレビや雑誌で心霊特集が組まれ、映画では怪奇的な作品が封切りされます。鳥肌の立つほど怖い話を見聞きすると、暑さもどこかへ行ってしまいますよね。

夏と怪談が結びついたのは、江戸時代になってから。怨霊や報われない死者の魂を慰める民俗芸能「盆狂言」の影響を受けた歌舞伎が、幽霊の登場する「怪談」を夏に上演するようになり、定番となりました。代表的なものは「うらめしや……」でおなじみの『東海道四谷怪談』。夫への怨みから幽霊となり、復讐を遂げるお岩を描いた物語です。

●今日をたのしむ

【幽霊の日】
鶴屋南北（つるやなんぼく）による『東海道四谷怪談』が江戸中村座で初演されたのが1825（文政8）年の今日でした。

【夏風呂の日】
7（なつ）月26（ぶろ）日の語呂合わせ。暑い日は入浴をシャワーで済ませがちですが、湯船に浸かることで夏バテのもととなる自律神経の乱れが整います。

7月　文月

27日

元日から……………… 207日

大晦日まで…………… 157日

［二十四節気］
大暑

［七十二候］初候
桐始めて花を結ぶ

スイカ前線

季節のうつろいを告げる花に開花前線があるように、野菜や果物にも前線があります。なかでも「スイカ前線」は、南から北へと収穫地が移りゆく様子がとてもわかりやすいのだそうです。

スイカ前線のスタートは3月の沖縄から。ついで九州、中国、近畿、東海と進み、5～6月には関東地方で実りの時を迎えます。現在は東北地方を北上中。8月には北海道に上陸し、9月初旬に収穫が終わります。スイカは夏のイメージが強いものの、じつは半年にわたり私たちをたのしませてくれるお利口な作物なのですね。

●今日をたのしむ

【スイカの日】

7（なつの）日27（つな）日は、皮の縞模様を綱に見立てた語呂合わせ。とはいえ、縞模様のスイカが出回るようになったのは昭和初期から。それまでは北海道の特産種である「でんすけすいか」のように黒一色の皮のものが一般的だったそう。

【上越まつり】

新潟県上越市に鎮座する八坂神社の祇園祭を中心に、7月23～29日までさまざまなイベントや花火大会を行います。

7月　文月

28日

元日から……208日
大晦日まで……156日

［二十四節気］
大暑

［七十二候］次候
土潤いて溽し暑し

夏の知恵「暑気払い」

七十二候が大暑の次候「土潤いて溽し暑し」となりました。「溽」の字には湿気が多くて暑い、といった意味があり、日本の夏独特の絡みつくような暑さは「溽暑」とも表現します。先外に出ただけでも汗が吹き出す暑さを払いのけようと、先人は「暑気払い」としてさまざまなアイデアを実践してきました。冷たい食べ物や飲み物で暑さをしのいだり、打ち水や行水で涼を得たり。現代では、キンキンに冷えた生ビールなどを酌み交わし英気を養う宴会そのものを指す場合も。40℃を超える酷暑も珍しくない今だからこそ、夏を乗りきる知恵の結晶である「暑気払い」をたのしみたいものです。

●今日をたのしむ

【土潤いて溽し暑し】

夏の暑さを加速させるのは、この時季ならではの夕立。雨で湿った地面からは熱気が立ち上ります。一日のほとんどが蒸し暑さで覆われるからこそ、夜明け前のわずかな時間の涼しさに安らぎを覚えるものです。

【菜っ葉の日】

7（な）月28（つぱ）日の語呂合わせ。ビタミンたっぷりの葉物野菜はカルシウムや鉄分も豊富。食欲が落ちる夏には、さっぱり食べられるサラダやおひたしで重宝します。今は高原キャベツやモロヘイヤなどが最盛期。

【乱歩忌】

1965（昭和40）年の今日、ミステリー小説の巨匠・江戸川乱歩が亡くなりました。代表作『石榴』から石榴忌とも。

◆季節をたのしむ

【甘酒】

江戸時代には夏バテ防止の栄養補給飲料として売り歩かれた甘酒は、夏の季語。エネルギーに変換されやすいブドウ糖や腸内環境を整えるオリゴ糖のほか、必須アミノ酸とビタミンB群を含み、その栄養から「飲む点滴」とも。

7月　文月

29日

元日から……209日
大晦日まで……155日

［二十四節気］
大暑

［七十二候］次候
土潤いて溽し暑し

福神漬け

今日は、7（しち）月29（ふく）日の語呂合わせで「福神漬の日」です。「福神」というなんともおめでたい名前は、七福神から取ったもの。明治時代に東京・上野の漬け物店で売り出された際、原料である大根やナス、ウリなど7種類の野菜を七福神に見立てて命名したそうです。また「福神漬けがあれば、おかずいらずでお金が貯まる。福の神も一緒に漬けてあるのでは?」との噂がこの名前を生んだという面白い説もあります。

福神漬けといえばカレーとの黄金タッグがおなじみですが、こちらの発祥は海の上。豪華客船のレストランで、インド料理の薬味であるチャツネの代わりとしてカレーに添えられたのが定番化したといわれています。

今日をたのしむ

【福神漬の日】

生産者によって原料は多少異なりますが、一般的には七福神にちなんで大根、ナス、ナタマメ、レンコン、キュウリ、シソ、シイタケの7種を漬けます。今日の夕飯はカレーと福神漬けでいかがでしょう?

【七福神の日】

こちらも7月（しち）29（ふく）日から。今日七福神巡りをすれば、いつも以上のご利益が得られるかもしれませんね。

7月　文月

30日

元日から……………210日
大晦日まで…………154日

［二十四節気］
大暑

［七十二候］次候
土潤いて溽し暑し

土用干し（どようぼし）

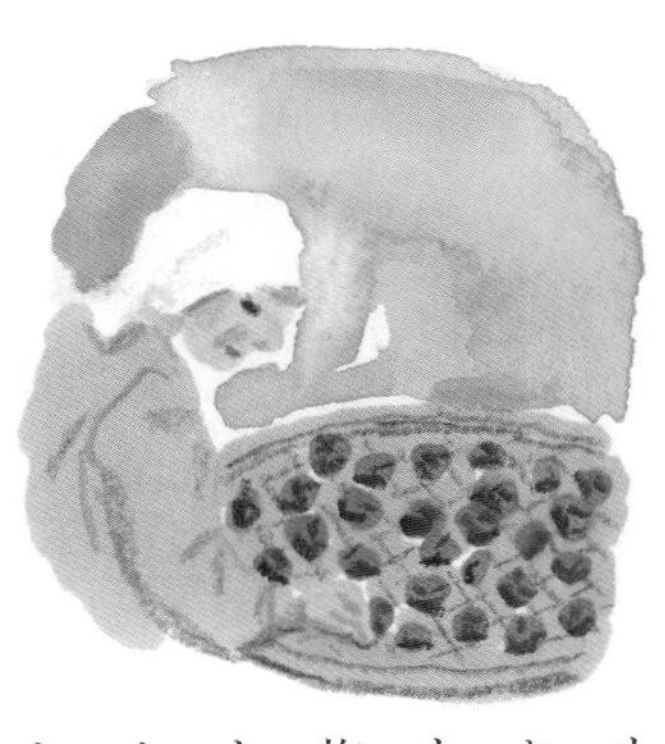

夏の土用（P234）に晴天がつづいたら、「土用干し」のチャンスです。衣類や蔵書に風を通し、陰干しをして、虫やカビによるダメージを防ぎます。暑さが厳しく、太陽の光も強い今だからこそできるお手入れです。6月に漬け込んだ梅干しも、土用干しを経て完成します。梅の実に日光を当て、殺菌することで保存性を高めるとともに、種から離れやすい、色鮮やかな梅干しに仕上げます。

●今日をたのしむ

【梅干しの日】

7（なんが）月30（さる）日の語呂合わせ。疲れを取るクエン酸を多く含み、その酸味が食欲を刺激してくれることから、古くから梅干しを食べると「難が去る」といわれてきました。昔懐かしの「日の丸弁当」は、梅干しのもつ殺菌・防腐作用を利用した先人の知恵なのです。

【土用の三ツ星】

夏の土用の夜明け前、東の空から3つに並ぶ星々が姿をあらわします。オリオン座の中央に位置する三連星です。和名では「三ツ星」や「三光」と呼んでいます。夜と朝の狭間に昇り、夜明けとともに見えなくなる土用の三ツ星は今だけたのしめる天体ショーです。

【プロレス記念日】

日本のプロレス界を牽引した力道山が1953（昭和28）年の今日、日本初の業界団体となる「日本プロレス」を旗揚げしました。プロレスはすぐに人気となり、当時の人々は街頭テレビでの中継に熱狂しました。

7月　文月

31日

元日から……211日
大晦日まで……153日

［二十四節気］
大暑

［七十二候］次候
土潤いて溽し暑し

暑さと災厄を祓う風鈴

夏の盛りになると、実家には真鍮製の風鈴が登場します。なんともやわらかく、透き通った音色を聞くと、暑さもスッと引いていくから不思議です。それは誰しも同じようで、風鈴に耳を傾けながら夕涼みをたのしむお祭りは、多くの人で賑わいます。

風鈴のルーツは、仏堂や塔の軒下に吊り下げる鐘型の鈴である「風鐸」だといわれています。風鐸は魔を祓う道具で、その音が届く範囲は清浄であるとされました。

室町時代以降には、我が身に訪れる災いをはねのけるため、貴族たちが自宅に風鐸を吊るすようになったとか。江戸時代には「風鈴売り」が出現し、庶民にも夏の風物詩として親しまれるようになりました。

●今日をたのしむ

【風鈴祭り】
川越氷川神社（埼玉県）、西新井大師（東京都）、おふさ観音（奈良県）、如意輪寺（福岡県）など、各地の神社仏閣で風鈴祭りを行います。数多の風鈴が風にそよぎ、訪れる人々の災厄を祓います。

【パラグライダー記念日】
1989（平成元）年の今日、福岡県北九州市の皿倉山を会場に、第1回パラグライダー日本選手権を開催したことを記念して制定。

8月

葉月

はづき

賑やかな夏のイベントが行われる一方、お盆や終戦記念日がやってきます。生命を巡る静と動のコントラストが際立つ一カ月です。

8月　葉月

1日

元日から……………… 212日
大晦日まで…………… 152日

［二十四節気］
大暑

［七十二候］次候
土潤いて溽し暑し

八朔（はっさく）

今日は「八朔」。言葉の響きから柑橘類（かんきつるい）をイメージしてしまいますが、「八月朔日（さくじつ）」の略。「朔日」は「ついたち」とも読む、月のはじめの日のことです。

旧暦の八朔は新暦の9月頃にあたるため、かつては田畑にお供えをし、豊かな作物の実りを神様に願っていました。やがて鎌倉時代頃から「稲の実＝田の実＝頼み」と変化し、頼みにしている人に感謝を込めて贈り物をする習慣も生まれます。徳川家康がはじめて江戸城に入った日が八朔であったため、江戸時代には祝日ともなりました。今でも各地で「八朔祭り」や「八朔相撲」を行い、五穀豊穣を祈願します。

今日をたのしむ

【八朔相撲祭】
大國魂神社（おおくにたま）（東京都）では子供たちが相撲を奉納します。豊作と天下泰平を願い行っている、江戸時代からつづくお祭りです。

【ハッサク】
柑橘類のハッサクは、1860（万延元）年に因島（いんのしま）（広島県）のお寺の境内で原木が発見されました。その名前はお寺の住職が「八朔の頃から食べられるだろう」といったことからついたとか。そのため漢字表記も「八朔」ですが、実際の食べ頃は3月頃です。

【挨拶回り】
京都の花街では、黒紋付（くろもんつき）をまとった舞妓衆と芸妓衆が八朔の挨拶回り。日頃お世話になっている芸事の師匠やお茶屋を巡ります。

【8月の異称】
旧暦8月、転じて新暦8月の異称は「葉月（はづき）」。葉が生い茂るという意味ではなく、散りはじめとなる「葉落月（はおちづき）」が由来。また、稲がふくらむ（＝張る）ようになる頃という「張る月」が「葉月」に転じたとも。

8月　葉月

2日

元日から……………… 213日
大晦日まで…………… 151日

［二十四節気］
大暑

［七十二候］末候
大雨時行る

眠り流しとねぶたとねぷた

青森県各地でねぶた祭りが開催されています。ねぶた祭りの見所といえば、やはり極彩色の大灯籠。内部の灯りによって浮かび上がる武者絵や美人画は、息を飲むほどの迫力に満ちています。

ねぶた祭りは、七夕に行っていた悪霊祓いの灯籠流しと、夏の農作業の邪魔をする眠気を祓う「眠り流し」がひとつになって生まれました。北国の短い夏を惜しむかのように、青森県内の20カ所以上で行います。「ラッセラー」のかけ声とともに「跳人」が跳ね回る「青森ねぶた祭」や、扇型の灯籠を曳き回す「弘前ねぷたまつり」が代表的です。

今日をたのしむ

【大雨時行る】
七十二候の上では、夏も最後。夕立に代表される突然の大雨が時に激しく降る頃です。

【ねぶた・ねぷた】
「ねぶた」も「ねぷた」も「眠た」が訛りお祭り名となったもの。青森ねぶた祭は今日から8月7日まで、弘前ねぷたまつりは8月1〜7日までの開催です。

【ハーブの日】
8（ハー）月2（ブ）日の語呂合わせ。

8月　葉月

3日

元日から……………… 214日
大晦日まで…………… 150日

［二十四節気］
大暑

［七十二候］末候
大雨時行る

喉をいたわるハチミツ

エアコンにあたりすぎて、ちょっと喉がイガイガするかな？となったら、我が家ではハチミツの出番。さいの目に切った大根を保存容器に入れ、ひたひたになる程度にハチミツを加えます。しばらくすると大根から水分が浸み出してくるのですが、これが喉をいたわる特効薬。そのまま飲んだり、お湯で割ったり、ちょこちょこと喉を潤していると、いつの間にかイガイガが消えているのです。ハチミツのもつ殺菌作用と大根のもつ消炎作用の合わせ技で喉をいたわる民間療法で、「大根飴」の名前でも知られています。

今日をたのしむ

【ハチミツの日】

8（ハチ）月3（ミツ）日の語呂合わせ。ハチミツの殺菌作用は古くから知られ、古代エジプトのミイラづくりにも利用されたほど。日本人もヤケドや虫刺されなどの症状をやわらげる塗り薬として珍重してきました。


【ビーチサンダルの日】

ビーチサンダルの発祥は日本。戦後、「雪駄（せった）をゴムでつくってほしい」という外国人の要望に応えて誕生しました。BeachのBを8に見立て、3をサンダルの「サン」と読む今日が記念日になりました。

8月　葉月

4日

元日から……215日
大晦日まで……149日

［二十四節気］
大暑

［七十二候］末候
大雨時行る

箸の替えどき

日々の食事で使う箸をよく見てみると、塗りがはげていたり、先端が傷ついていたり、意外に傷んでいるものです。「新しくしようかな」と思いつつ「いや、でもまだ使えるし……」と迷っている方は、今日の「箸の日」をきっかけに新調してみてはいかがでしょうか。毎日お世話になる品だからこそ、新しいものになると背筋がシャンとし、気持ちも晴れやかになります。

今は食洗機対応の箸も登場していますが、やはり長持ちさせるためには手洗いが大切だそうですよ。

●今日をたのしむ

【箸の日】

8（は）月4（し）日にちなみ制定。日枝神社（東京都）では「箸感謝祭」、福寿院（神奈川県）や箸蔵寺（徳島県）では「箸供養」を行い、全国から納められた箸をお焚き上げします。自宅で箸を処分する際も、「ありがとう」の気持ちは忘れずにいたいものです。

【ビヤホールの日】

1899（明治32）年の今日、日本で最初のビヤホールとなる「恵比寿ビヤホール」が東京・銀座に開店しました。工場直送の生ビールは評判を呼び、一日平均800名以上のお客さんが訪れるほど大繁盛したそうです。

◆季節をたのしむ

【ブルーベリー】

以前はジャム専門のフルーツといったイメージでしたが、抗酸化作用にすぐれ、眼精疲労をやわらげるとされるアントシアニンを多く含むことから生果も多く出回るように。果皮に浮き出る「ブルーム」と呼ばれる白い粉は、雨や乾燥から身を守るため果実が分泌したもので、食べても無害。ブルームがあるものほど新鮮です。

葉月

5日

元日から……216日
大晦日まで……148日

［二十四節気］
大暑

［七十二候］末候
大雨時行る

冷奴（ひややっこ）

ひんやりとした口当たりがうれしい冷奴は、夏の食卓に欠かせないひと品です。手軽で経済的、薬味や調味料でアレンジがしやすいところもありがたい限り。豆腐が庶民の食べ物となった江戸時代中期から、長きにわたり親しまれているのも頷けます。

我が家の薬味はもっぱら「だし」。キュウリやナス、ミョウガなどの夏野菜と納豆昆布（がごめ昆布）を漬け込んだ山形の郷土料理です。長野には「だし」との共通点も多い「やたら」があり、こちらも冷奴のお供としておなじみなのだとか。新潟ではかんずり、大分ではユズ胡椒といったご当地調味料を添えたり、沖縄では塩辛の一種であるスクガラスが定番だったり。気取らないおかずだからこそ、その土地ならではのアレンジが生まれ、根づいているのでしょうね。

●今日をたのしむ

【奴の日】
「やっ（8）こ（5）」と読ませて、今日は奴の日。美味しい冷奴に親しむ日です。「冷奴」の「奴」は、江戸時代の奉公人である「奴（やっこ）」から。四角く切った豆腐を、彼らの着る半纏（はんてん）に染め抜かれた、正方形の紋に見立てたのだそうです。そのため、湯豆腐には「湯奴」という別名も。

【タクシーの日】
1912（大正元）年の今日、日本初となるタクシー会社が営業を開始しました。

8月　葉月

6日

元日から……………… 217日
大晦日まで…………… 147日

［二十四節気］
大暑

［七十二候］末候
大雨時行る

東北の夏祭り

東北が熱く燃える夏祭りシーズンがやってきました。青森県ではねぶた祭り（P249）が、秋田県では五穀豊穣を願う「秋田竿燈(かんとう)まつり」が開催中です。秋田竿燈まつりはねぶた祭り同様、夏の悪霊と睡魔を追い払う「眠り流し」が起源。差し手が稲穂に見立てた竿燈をもち上げ、額や肩、腰へと移していく妙技を繰り広げます。

山形県に目を移せば、「山形花笠まつり」が2日目を迎えています。陽気でリズミカルな「花笠音頭」に合わせ、踊り手たちが花笠を用いた一糸乱れぬ群舞を披露し、観客を魅了します。

●今日をたのしむ

【秋田竿燈まつり】
8月3～6日、秋田市にて開催。「竿燈」とは多くの提灯(ちょうちん)を吊り下げた長い竹竿のことです。

【山形花笠まつり】
8月5～7日の3日間、山形市内で行います。山形県では花笠音頭に合わせて踊りを披露する「花笠まつり」を県内各地で続々と開催します。

【広島忌（広島原爆の日）】
1945（昭和20）年の今日、広島に原爆が投下され多くの人が犠牲になりました。

8月　葉月

7日

元日から……218日
大晦日まで……146日

［二十四節気］
大暑

［七十二候］末候
大雨時行る

月遅れの七夕

7月7日から1カ月。今日は月遅れの七夕です。数千本の吹き流しが杜（もり）の都（みやこ）を彩る「仙台七夕まつり」（宮城県）をはじめ、各地で七夕行事が行われます。「月遅れ」は、旧暦と新暦との間にある季節感のズレと、その年によって日付が変わる旧暦の不便さを解消するために生まれました。7月には梅雨（つゆ）の影響で見えづらかった天の川も、今夜が晴れならば南の空から天頂に向かって揺らめいているはず。天の川を挟んで向かい合う、わし座のアルタイル（彦星）と、こと座のベガ（織姫）、そしてはくちょう座のデネブを結ぶ「夏の大三角」も光り輝きます。

●今日をたのしむ

【七夕行事】

「青森ねぶた祭」「秋田竿燈（かんとう）まつり」とともに東北三大祭りと称される「仙台七夕まつり」は、8月6～8日まで。ほかにも「おびひろ広小路七夕まつり（北海道）」「山口七夕ちょうちんまつり（山口県）」なども開催されます。


【花やしきの日】

8（は）月7（な）日の語呂合わせ。日本最古の遊園地とされる花やしきは1853（嘉永6）年に浅草で開園しました。

8月　葉月

8日

元日から……………219日
大晦日まで……………145日

［二十四節気］
立秋

［七十二候］初候
涼風至る

立秋

二十四節気のひとつ、立秋を迎えました。「立つ（＝来る）秋」の文字通り、今日から立冬（P359）前日までが暦の上では秋となります。うだるような暑さに実感は少ないものの、季節の挨拶状も「暑中見舞い」から「残暑見舞い」へ。残暑見舞いは、処暑（しょしょ）（P271）までに出すようにしましょう。

隣り合った季節が交差する頃を「行合い（ゆきあい）」、そしてとくに夏から秋へと向かう空は「行合いの空」と表現します。雲の形や空の色、吹いてくる風に漂う秋の気配をキャッチするのは、まるで宝探しのよう。今年初の「秋が来た！」と感じる瞬間はいつなのだろうと、なんだかワクワクしてきます。

● 今日をたのしむ

【涼風至る（りょうふういたる）】

立秋の初候は秋の到来を予感させる「涼風」が主役。夕暮れ時に吹く風のなかに、確かな季節のうつろいを感じます。


【そろばんの日】

「ぱちぱち」と珠をはじく音に「8・8」をかけて、今日は「そろばんの日」。室町時代末期に中国から伝来したそろばんは、子供の暗算力向上だけでなく、大人の脳トレにも役立つと近年見直されています。

◆ 季節をたのしむ

【岩牡蠣】

大きな殻が特徴の岩牡蠣は夏に旬を迎えるため「夏牡蠣」とも。鉄分やタウリンを豊富に含み、その栄養価から「海のミルク」とも呼ばれる牡蠣は、夏バテを吹き飛ばすスタミナ源にうってつけです。冬に旬を迎えるマガキよりも大粒でプルプルとした身は、やはりツルンと生でいただくのが醍醐味。

8月　葉月

9日

元日から……………… 220日
大晦日まで…………… 144日

［二十四節気］
立秋

［七十二候］初候
涼風至る

夏の甲子園

今年も夏の甲子園が開幕しました。兵庫県西宮市にある阪神甲子園球場を舞台に、球児たちが熱戦を繰り広げています。

甲子園がはじまると、郷土愛が呼び覚まされますよね。ふるさと代表の試合は欠かさずチェックし、勝ったとなれば一日ご機嫌。たとえ負けたとしても心からの拍手で健闘をたたえる、という方も多いことでしょう。生まれ故郷と離れた場所で暮らしていますが、甲子園がはじまると郷里が少し近くなるような……。各代表校の地元も熱く盛り上がり、しばらくは日本中が高校球児に夢中になる日々がつづきます。

●今日をたのしむ

【野球の日】

8（や）月9（きゅう）日の語呂合わせから制定。夏の甲子園の正式名称は「全国高等学校野球選手権大会」。1915（大正4）年にはじまり、米騒動や戦争による中断を挟みつつ開催数は100回を超えました。

【長崎忌（長崎原爆の日）】

1945（昭和20）年8月9日、長崎市に原子爆弾が投下されました。長崎市では世界平和を祈る「ながさき平和の日」としても定めています。

8月 葉月

10日

元日から……221日
大晦日まで……143日

［二十四節気］
立秋

［七十二候］初候
涼風至る

「未知」と出会える「道」の駅

「道の駅」を見つけると、つい立ち寄ってしまいます。お目当ては新鮮な産直野菜やご当地グルメ。どんな美味しい出会いがあるか、はじめて訪れる場所ではとくに胸が躍ります。

一般道に設けられた道の駅は、高速道路のサービスエリアやパーキングエリアにあたる施設です。休憩を取りつつ観光情報を手に入れ、その土地ならではの特産品や郷土料理を味わうことができます。1993（平成5）年から国土交通省の主導によりつくられはじめ、その数は今や1100カ所以上。温泉や足湯があったり、大型遊具で子供たちが遊べたりと、個性豊かな道の駅が続々とオープンしています。宿泊施設やキャンプ場が併設され、もはや旅の目的地となっている所も。道の駅を巡る旅行を計画しても面白そうです。

●今日をたのしむ

【道の日】
1920（大正9）年の今日に近代的な道路整備計画がはじめて実施されたことにちなみ制定されました。

【よさこい祭りの日】
全国各地で開催される「よさこい祭り」の発祥は高知県。第1回は1954（昭和29）年の今日行われました。現在は、8月9～12日の開催です。

【焼き鳥の日】
日付の8と10を「やきとり」と読んで。

8月　葉月

11日

元日から……………222日
大晦日まで……………142日

［二十四節気］
立秋

［七十二候］初候
涼風至る

線香花火の一生

線香花火は日本独自の手持ち花火です。江戸時代の寛文年間（1661〜1673年）以降、女性や子供も遊べる安全な花火として生まれ、親しまれるようになりました。

線香花火の魅力は、なんといっても変化していく火花の様子でしょう。じつは点火してから燃え尽きるまでの段階に、それぞれ名前がついています。火をともしたあとできあがる火の玉から短い火花が出はじめるまでが「牡丹(ぼたん)」、勢いよく火花が四散する頃が「松葉」、次第に火花が弱まり火の玉が大きくなる「柳」、最期の力を振り絞るように一瞬だけ光と火花が強まる「散り菊」です。

少々値は張りますが、抒情的(じょじょう)な線香花火の一生をたのしむには、職人による手づくりの品が適しています。美しく、繊細な火花が長持ちしますよ。

●今日をたのしむ

【線香花火ナイト】
東日本大震災の復興と鎮魂を祈り線香花火をともすイベント。今夜、線香花火をともすことでどこでも、誰でも参加できます。

【山の日】
2016（平成28）年から施行された国民の祝日。山に親しみ、山の恩恵に感謝する日です。

【めんの日】
並ぶ「1」を麺に見立て、毎月11日は「めんの日」。そうめん、冷やし中華、うどん、冷たいラーメン。暑い夏は麺料理に助けられますね。

8月　葉月

12日

元日から……223日
大晦日まで……141日

［二十四節気］
立秋

［七十二候］初候
涼風至る

阿波おどり

今日から徳島県徳島市では「阿波おどり」がはじまります。「踊る阿呆に見る阿呆、同じ阿呆なら踊らにゃ損損」という囃子詞があるように、阿波おどりの醍醐味はそのノリのよさ。威勢のいい2拍子のお囃子に合わせて軽やかに舞う踊り子を見ていると、こちらもついつい体が動き、気持ちも明るく元気になります。

一説には約400年前、徳島城の築城を祝い、庶民たちが踊ったのが起源とされる阿波おどり。時を越え、10万人の踊り子と100万人以上の見物客が集う、夏の一大イベントとなっています。

今日をたのしむ

【阿波おどり】

毎年8月12～15日まで。全国各地で「阿波おどり」が開催されているだけあり、踊り手は県内のみならず日本中から集結します。見る側にも踊る側にもやはり徳島は聖地であり特別です。

【太平洋横断記念日】

1962（昭和37）年、堀江謙一さんが太平洋単独横断航海に成功し、ゴールとなるサンフランシスコに到着しました。

季節をたのしむ

【サルスベリ】

小さな花がまとまって花穂を成すサルスベリが見頃です。くしゅくしゅっとした花びらが集まる様子は可憐で華麗。「猿も滑ってしまう」ほど幹がつるつるしていることからついた名前です。

8月　葉月

13日

元日から……………… 224日
大晦日まで…………… 140日
［二十四節気］
立秋
［七十二候］次候
寒蝉鳴く

盆の入り

今日は、ご先祖様の霊が自宅へと帰ってくるお盆の初日、盆の入りです。ご先祖様だけでなく、現世に生きる私たちも、家族や親戚としばしの休暇をたのしもうと大移動を開始します。お盆の帰省ラッシュを報じる「180％を超える新幹線の乗車率」「高速道路の渋滞は○○を先頭に30㎞」といったフレーズは、この時季の定番ですね。

お盆は、日本独自の年中行事です。中国伝来の父母を供養する仏事・盂蘭盆会（うらぼんえ）（P229）と、日本古来の先祖を敬い、感謝する祖霊信仰がまざり合い形づくられてきました。かつては貴族や武家など限られた人々だけが営むものでしたが、江戸時代から庶民にも広まり、現在に受け継がれています。

今日は、仏壇の前や部屋の一角に「盆棚（精霊棚（しょうりょうだな））」をしつらえます。盆棚は霊をお迎えし、供物をささげるもて

●今日をたのしむ

【寒蝉鳴く（ひぐらしなく）】

お盆の訪れとともに、七十二候も次の候へ。夕暮れ時になるとヒグラシが「カナカナカナ」と鳴き声を響かせる頃です。

【お盆】

全国的には今日から4日間がお盆となりますが、7月に一部の地域で行われたお盆と区別するため

なしの場です。地域による違いはありますが、真菰(まこも)で編んだゴザを敷き、季節の果物や野菜、食事、お菓子、盆花などを供えます。ご先祖様の乗り物である「精霊馬(しょうりょうま)」も忘れずに。キュウリとナスに割り箸(ばし)や麻幹(おがら)を挿し、それぞれ馬と牛に見立てます。この世にはキュウリの馬で少しでも早く戻ってきてもらい、あの世へはナスの牛に乗ってゆっくり帰ってもらうのです。また、お盆の間にともしておく提灯(ちょうちん)や行灯(あんどん)は、自宅を示す目印となります。

夕方になったら、玄関先や門口で「迎え火」を焚(た)きましょう。麻幹や松の割り木、稲藁(わら)などを燃やし、ご先祖様の霊を迎えます。我が家では燃え殻を数回またぎながら「お迎え、お迎え」と唱えるのですが、これは姑(しゅうとめ)が教えてくれたならわしです。

お盆の風習は、地方によってさまざま。しかしその根っこには、故人を偲(しの)び、我が身につながるご先祖様に感謝する気持ちがあります。形にこだわらずとも、そっと手を合わせる静かなひとときを大切にしたいですね。

「月遅れの盆」とも呼びます。

【函館・夜景の日】

8（や）月13（K・トランプの13から）日の語呂合わせ。函館の夜景の美しさをPRしようと制定されました。

◆季節をたのしむ

【モモ】

今の時季に出回るモモは、甘味も風味も濃くしっかりとした食感が特徴です。サイズも大きく食べごたえ充分。枝と反対側に位置する「おしり」の部分がもっとも甘い箇所です。

8月 葉月

14日

元日から……225日
大晦日まで……139日

［二十四節気］
立秋

［七十二候］次候
寒蝉鳴く

ご先祖様もご一緒に

盆踊りは、お盆に戻ってきたご先祖様の霊を慰め、送り出すためのならわしです。鎌倉時代に広まった厄祓い(ばら)と死者の鎮魂を願う念仏踊りが、祖先を祀(まつ)るお盆の風習と結びつき定着しました。三味線や太鼓、笛などに合わせて踊るのが一般的で、公園やお寺の境内などに組んだ櫓(やぐら)を中心に輪になって踊る様式と、阿波おどりのように列を組んで踊り歩く様式が全国各地で受け継がれています。盆踊りは、我が身に降りかかる災厄を祓い、ご先祖様への感謝や生きる喜びを共有する踊りでもあります。老若男女もご先祖様も、みな一緒になって踊る束の間をたのしみましょう。

◉今日をたのしむ

【専売特許の日】
1885（明治18）年の今日、堀田瑞松(ほったずいしょう)の出願した「堀田式さび止め塗料とその塗法」が特許第1号を取得しました。

【郡上(ぐじょう)おどり】
岐阜県郡上市八幡町(はちまんちょう)に伝わる「郡上おどり」は日本一長い盆踊り。7月中旬～9月初旬まで、33夜にわたり輪踊りを開催します。8月13～16日までは「徹夜おどり」。浴衣姿の人々が夜通し踊りつづけます。

【いわき回転やぐら盆踊り大会】
国宝・白水(しらみず)阿弥陀堂を模した巨大な櫓を中心に大勢の人々が踊る福島県いわき市のお祭り。8月13～15日まで開催。

◉季節をたのしむ

【カマス】
夏に旬を迎えるのは「アオカマス」とも呼ばれるヤマトカマス。脂身の少ない、さっぱりとした味わいが特徴。塩焼きや干物でいただきます。

8月　葉月

15日

元日から……………… 226日
大晦日まで……………… 138日

［二十四節気］
立秋

［七十二候］次候
寒蝉鳴く

送り火・灯籠流し

一般的にお盆は明日までとされていますが、今日の夕暮れ時に「送り火」を焚き、ご先祖様の霊を送り出す地域や家も珍しくありません。「迎え火」同様、玄関先や門口で麻幹や稲藁を燃やし、お盆をともに過ごした霊が無事に戻れるよう願います。

海や川に面する地方で行う「灯籠流し（精霊流し）」も、お盆を締め括る行事のひとつです。水面に浮かぶ灯籠を流し、故人の魂を弔い送り出します。宵闇のなか無数の灯籠が流れゆくさまは妖しくも儚く、幻想的。ご先祖様があの世へと戻るのを見届けながら、私たちも日常へと戻ります。

●今日をたのしむ

【灯籠・精霊流し】
「鴨々川灯籠流し（北海道）」、「真岡の灯ろう流し（栃木県）」など各地で行いますが、なかでも長崎県長崎市の「精霊流し」は大きな精霊船をつくり、賑やかに故人の魂を送り出すことで有名です。

【終戦記念日】
1945（昭和20）年の今日、第二次世界大戦が終戦しました。戦没者のための灯籠流しも行います。

8月 葉月

16日

元日から……………… 227日

大晦日まで…………… 137日

［二十四節気］
立秋

［七十二候］次候
寒蝉鳴く

京都五山送り火

今夜8時から、京都の空には日本最大級の送り火が次々と浮かび上がります。京都市街を囲む5つの山に「大」「妙法」の文字と船、鳥居をかたどった火をともし、お盆に帰ってきていたご先祖様の霊を送り出す「京都五山送り火」です。

神聖な浄火であるため、杯に汲んだ水やお酒に送り火を映してから飲み干すと病気にならないといわれています。

また、送り火で燃やした松の割木の消し炭は、厄除け(よ)や疫病除けのお守りに。深夜から朝にかけ、たくさんの人々が消し炭を求めて五山に向かいます。

●今日をたのしむ

【五山送り火】
平安時代に弘法大師がはじめたとする説や、室町時代に足利義政が我が子を弔うために行ったとする説などがありますが、起源は定かではありません。東山如意ヶ嶽(ひがしやまにょいがたけ)で焚(た)かれる「大」の文字は1画目が80m、2画目が160m、3画目が120mに及びます。

【箱根大文字焼き】
箱根（神奈川県）でも「大」の送り火が夜空に浮かび上がります。京都五山送り火を模して1921（大正10）年にはじまった行事です。

8月 葉月

17日

元日から……228 日
大晦日まで……136 日

［二十四節気］
立秋

［七十二候］次候
寒蝉鳴く

ヒマワリ

ピンと伸びた茎先に太陽のような花をつけるヒマワリは、見ているだけで元気をもらえる気がします。ヒマワリの原産地は北アメリカで、江戸時代に中国を経由して日本にやってきました。

漢字では「向日葵（日回り）」つまり「日を向く葵」と書くことから私はすっかり勘違いしていたのですが、ヒマワリの花は常に太陽に向かっているわけではありません。太陽を追いかける動きは成長ホルモンの影響によるもので、蕾（つぼみ）や若い花のとき限定のもの。完全に開いた花は、ずっと東を向きながらじっくりと種子を育みます。

●今日をたのしむ

【ヒマワリ畑】

北海道網走郡大空町（あばしりぐんおおぞらちょう）や山梨県北杜市明野町（ほくとしあけのちょう）、大分県豊後高田市（ぶんごたかだし）のヒマワリ畑は今が見頃。ヒマワリの背の高さを活かし、巨大迷路も各地でつくられます。

【パイナップルの日】

8（パ）月17（イナップル）日の語呂合わせ。

◆季節をたのしむ

【デラウェア】

これからはじまるブドウシーズンのトップバッターでもあるデラウェアは、面倒な皮むきも種取りも必要なしの手軽さが魅力。小さい粒には甘味がたっぷり詰まっています。

【プロ野球ナイター記念日】

1948（昭和23）年、日本プロ野球史上初の夜間試合が開催されました。「ナイター」は昭和20年代に誕生した和製英語。英語では〝night game（ナイトゲーム）〟が一般的です。

8月 18日

葉月

元日から……………… 229日
大晦日まで…………… 135日

［二十四節気］
立秋

［七十二候］末候
蒙霧升降す

田んぼアート

田植えの頃は頼りなかった稲の苗たちがたくましく生長し、青々と茂っています。そろそろ茎からは穂があらわれ、花が咲く時季。各地の「田んぼアート」も見頃を迎えています。

色の異なる稲によって絵や文字を水田に描き出す田んぼアート発祥の地は、青森県南津軽郡田舎館村（いなかだてむら）。1993（平成5）年、村おこしの一環としてはじまりました。水田をキャンバスに見立てるユニークさと壮大なスケールが話題を呼び、今では年間20万人が訪れる観光名所に。その人気にあやかるべく、全国の米どころに田んぼアートが広がり、訪れる人をたのしませています。

今日をたのしむ

【蒙霧升降す（のうむしょうこうす）】
立秋の末候となりました。秋の訪れの早い高原や北国では、冷え込んだ朝夕に霧が出るようになります。

【米食の日】
「米」の字を分解すると「八」「十」「八」となることから毎月18日は米食の日。田んぼアートとして目をたのしませた稲が実り、食べられるまではもう少し。

【ビーフンの日】
やはり米が「八」「十」「八」となるところから制定。ビーフンは米粉からできています。

8月　葉月

19日

元日から……………… 230日
大晦日まで…………… 134日

［二十四節気］
立秋

［七十二候］末候
蒙霧升降す

世界でいちばん短い詩

5・7・5の17音を定型とする俳句は、世界でもっとも短い詩です。季節を示す「季語」を詠み込むよう定められているところも大きな特徴でしょう。季語は、季節の息吹を愛おしみ、慈しんできた先人からの贈り物。手紙やメールで用いても、ぐっと彩りが豊かになります。季語を集めた『歳時記』はめくるたびに発見があり、四季の輪郭をいっそう身近に引き寄せてくれる一冊としてオススメです。

今日は8（は）月19（いく）日の語呂合わせで「俳句の日」。あまり難しく考えず、まずは一句詠んでみてはいかがでしょう。家族や友達と発表し合ってもたのしそうです。

◆今日をたのしむ

【俳句の日】

正岡子規や高浜虚子など、偉大なる俳人の出身地である〝俳都〟・愛媛県松山市では、毎年俳句の日近辺に「俳句甲子園（全国高等学校俳句選手権大会）」を開催。地方予選を突破した高校生たちが俳句の創作力と鑑賞力を競い合います。

【バイクの日】

こちらも語呂合わせで制定されました。オートバイに乗るたのしさや安全運転を呼びかける講習会を各地で行います。

◆季節をたのしむ

【エダマメ】

充分に熟す前の大豆をサヤごと茹でていただくエダマメは、やはり「枝」つきのほうが新鮮で甘味が保たれています。味が落ちやすいので、手に入れたらすぐに塩茹でにしましょう。アルコールから肝臓を守るサポニンやメチオニンが含まれるため、この季節ならではの「ビールにエダマメ」は理に適ったベストコンビです。ちなみに暦の上では秋となる今頃が旬であるため、「枝豆」は秋の季語となっています。

8月 葉月

20日

元日から……………… 231日
大晦日まで……………133日

［二十四節気］
立秋

［七十二候］末候
蒙霧升降す

台風の名前

北太平洋上で台風の卵（熱帯低気圧）が多く生まれ、発達しながら日本に近づく8～9月は台風シーズンです。台風は「台風17号」のように、毎年1月1日以降に発生した順に番号で呼ぶのがおなじみですが、国際的には別の名前がつけられます。日本を含む14カ国が加盟する「台風委員会」が定めるもので、各国が10個ずつ提案した計140個のなかから順に名づけます。

ちなみに1番はカンボジアの「ダムレイ」。象を意味する言葉です。

日本は「テンビン」「ヤギ」「ウサギ」「カンムリ」など、星座の名前を提案しました。これは、台風のイメージと関連がある天空に星座があり、かつ、多くの人が親しんでいることからのアイデア。さらに他国の言葉で感情を害さない響きでかつ発音しやすい、という条件も満たしているそうです。

今日をたのしむ

【おわら風の盆前夜祭】

台風の風が鎮(しず)まるよう願い踊る「おわら風の盆」の前夜祭は、8月30日まで。富山県富山市八尾町(やつおまち)に哀調を帯びた「越中おわら節」が響き渡ります。

【世界モスキートデー】

1897（明治30）年の今日、イギリス人医師がマラリアの感染源は蚊であると解明。蚊のもたらす病気を知るイベントを世界中で開催します。

8月 葉月

21日

元日から……232日
大晦日まで……132日
［二十四節気］立秋
［七十二候］末候 蒙霧升降す

漬け物と香の物

塩や醤油、糠などを用いて野菜や果実を漬ける漬け物は日本古来のおかずです。春の山菜、夏の梅、秋の根菜、冬の菜っ葉と、私たち日本人は各地で四季折々の漬け物に親しんできました。

漬け物には「香の物」という、ちょっとよそいきの別名があります。この名前が生まれたのは室町時代。香木の香りを聞き分ける「聞香」において、嗅覚の疲れを癒すために大根の塩漬けを嗅いでいたことに由来するといわれます。伽羅や白檀といった高貴な香りで鋭敏になりすぎた鼻を、漬け物でリセットするわけです。漬け物の素朴な香りはホッとするもの。しみじみ、語源に納得してしまいます。

今日をたのしむ

【香の物祭】

漬け物業の繁栄を願い、日本で唯一、漬け物の神様を祀る萱津神社（愛知県あま市）で執り行います。一般参拝者も参加できる「漬け込み神事」のあとには、万病の妙薬とされる香の物が振る舞われます。

【献血の日】

1964（昭和39）年の今日、輸血用血液を無償提供による献血で確保するよう、閣議決定がなされたことに由来。当時は民間血液銀行による血液売買が主流でした。

8月　葉月

22日

元日から……………… 233 日
大晦日まで…………… 131 日

［二十四節気］
立秋

［七十二候］末候
蒙霧升降す

夏のイチゴ

イチゴは一般的に12～5月頃が出回り期。それ以外の時季はなかなかお目にかかれません。しかし、ケーキ屋さんのショーウィンドウには、一年中イチゴのショートケーキが並んでいますよね。

これは「夏イチゴ」とも呼ばれる、夏に収穫されるイチゴを使っています。北海道や東北地方、長野県など標高の高い冷涼な地域が栽培している貴重種で、一般のスーパーマーケットや青果店には出回りません。しっかりとした果肉と爽やかな酸味が特徴で、スイーツとの相性がよいのだとか。夏イチゴの載ったショートケーキは、今だけたのしめる味わいです。

●今日をたのしむ

【ショートケーキの日】

月曜日（もしくは日曜日）はじまりなど、7日を横1列に配置したカレンダーでは、毎月22日の上は15日。「15（イチゴ）日が上に載っている」とシャレを利かせて、毎月22日は「ショートケーキの日」。

【チンチン電車の日】

1903（明治36）年の今日、東京で初となるチンチン電車（路面電車）が運行しました。ちなみに日本初は京都。1895（明治28）年2月1日のことでした。「チンチン電車」の愛称は出発の際に「チーン、チーン」と鐘を鳴らしたことに由来しています。

【藤村忌】

明治から昭和時代に活躍した詩人であり小説家・島崎藤村の忌日。代表作は『破戒』『若菜集』『新生』など。藤村が眠る地福寺（神奈川県中郡大磯町）では法要を営みます。

8月　葉月

23日

元日から……………… 234日
大晦日まで…………… 130日

［二十四節気］
処暑

［七十二候］初候
綿柎開く

処暑（しょしょ）

二十四節気のひとつ、「処暑」は「暑さがおさまる」という意味をもっています。日中はまだまだ厳しい暑さがつづきますが、朝夕には夏の終わりを予感させる涼しい風が。夏至（げし）（P202）の頃にくらべると日の入りは40分ほど早くなっているため、「日が短くなったな」と感じるようにもなります。ゆく夏を惜しむかのように各地で行う花火大会は、多くの人で賑わいます。水族館やプール、ビアガーデンも大盛況。この夏最後の思い出づくりはどこに行くか、計画するだけでも心がときめきます。

●今日をたのしむ

【綿柎開く（わたのはなしべひらく）】

7月下旬頃に開いた綿（めん）の花が散ったあとに生長したガクがはじけ、なかからフワフワのコットンボールが顔を出す頃です。


【江迎千灯籠まつり（えむかえせんとうろうまつり）】

長崎県佐世保市で今日と明日開催。3千個を超える灯籠で飾られた高さ約25ｍの灯籠タワーや、夕刻になると街中にともされる1万個近くの灯籠、打ち上げられる花火など、音と光の競演がなんとも幻想的。

8月　葉月

24日

元日から……………… 235 日
大晦日まで…………… 129 日

［二十四節気］
処暑

［七十二候］初候
綿柎開く

地蔵盆

毎月24日はお地蔵様の縁日です。なかでも今日はお盆と結びついた「地蔵盆」。お地蔵様にお供えをし、華やかに飾りつけをする特別な日です。

京都では、町内会ごとに地蔵盆を行います。主役はお地蔵様と子供たち。新しいよだれかけを着けたお地蔵様を拝み、車座になり大きな数珠を回す「数珠回し」やゲーム、福引きなどに興じます。大人も加わり、お地蔵様とたのしいひとときを過ごしながら、地域の繁栄や子供たちの健やかな成長を願います。お地蔵様はあらゆる人々を救うと誓いを立てたありがたい仏様です。今日、お地蔵様を見かけたら、そっと手を合わせてみては。

●今日をたのしむ

【地蔵盆】
「地蔵盆」はおもに近畿地方で行う年中行事。8月24日近辺の土日に行う地域もあります。

【歯ブラシの日】
8（歯）月24（ブラシ）日の語呂合わせ。

【ドレッシングの日】
サラダに欠かせないドレッシングは野菜にかける調味料。「8×3×1（やさいにかける）＝24」となるシャレや、1週間後の8月31日が「野菜の日」であることから月が決まりました。

8月　葉月

25日

元日から……………………236日
大晦日まで……………………128日
［二十四節気］
処暑
［七十二候］初候
綿柎開く

聞こえてくるのは、どの虫の音？

昼間は蝉時雨(せみしぐれ)が降っても、日が暮れてから耳を澄ますと秋虫のオーケストラが聞こえるようになってきました。夏の蝉から秋のコオロギやスズムシへ。風情をもたらす虫の声も季節とともに主役交代です。

童謡『虫の声』では、5種類の虫が鳴き声とともに登場しますが、すべて覚えていますか？　正解は「チンチロチンチロ」のマツムシ、「リンリンリンリン」とスズムシ、「キリキリキリキリキリ」はコオロギ、「ガチャガチャ」とクツワムシ、最後は「チョンチョンチョンチョンスイッチョン」とウマオイ。今夜聞こえてくるのはどの虫の鳴き声か注目です。

【即席ラーメン記念日】

今や世界的な食べ物となったインスタントラーメンが世界ではじめて発売されたのは、1958（昭和33）年の今日のことでした。

●今日をたのしむ

【向島百花園(むこうじまひゃっかえん)「虫ききの会」】

平安時代から行われてきた「虫きき」は、野山や庭先で秋の虫の音を聞きながら秋の訪れを感じる風雅なならわしです。東京都の向島百花園では毎年8月末に「虫ききの会」を開催。行灯(あんどん)や雪洞(ぼんぼり)が照らす庭園を眺めながら虫の音を鑑賞します。

●季節をたのしむ

【オミナエシ】

秋の七草のひとつでもあるオミナエシは、日当たりのよい山野でよく見られます。スラリと細長い茎先に黄色い小花をたくさんつけて佇(たたず)む姿が、「をみな（女性）」を「へし（圧倒する）」ほど美しいことから「オミナエシ」の名がついたとか。

8月　葉月

26日

元日から……………… 237日
大晦日まで…………… 127日

［二十四節気］
処暑

［七十二候］初候
綿柎開く

山じまい

富士山の山じまいは、幾度も噴火を繰り返してきた霊峰らしく火祭りによって告げられます。日本三大奇祭にも数えられる「吉田の火祭り」です。80本ほど立ち並ぶ高さ3m・太さ90cmにも及ぶ大松明（おおたいまつ）に次々と火をともし、夜の山梨県富士吉田市を照らし出します。かつてはこのお祭りをもって富士山は閉山し、立ち入りを禁じました。

松明の起源は、富士山の神様であるコノハナサクヤヒメが炎のなかで出産した神話にあるのだとか。燃えさかる松明の火に富士山が噴火しないように願うとともに、富士山の恵みや富士登山の無事を感謝します。

●今日をたのしむ

【富士山閉山】

かつては吉田の火祭りによって山じまいとなっていた富士山ですが、現在は9月10日が閉山日。今年の富士登山シーズンもあとわずか。

【レインボーブリッジ開通記念日】

東京都港区芝浦地区と台場地区を結ぶ吊り橋、レインボーブリッジが開通したのは1993（平成5）年の今日。海面からの高さは約52m、吊り橋部分の長さは798mに及びます。「レインボーブリッジ（＝虹の橋）」という名前は、一般公募で決定しました。じつは遊歩道があり、歩いて渡ることもできます。

【吉田の火祭り】

毎年8月26～27日に行う北口本宮冨士浅間神社（きたぐちほんぐうふじせんげんじんじゃ）（山梨県）と境内社・諏訪神社の祭礼。富士山が噴火しないように願うため「鎮火祭」とも。大松明の燃え残りである炭は火災除（よ）けの縁起物として大切にされます。

8月　葉月

27日

元日から……238日
大晦日まで……126日

［二十四節気］
処暑

［七十二候］初候
綿柎開く

男はつらいよ

渥美清さんが主演する映画『男はつらいよ』は、「ひとりの俳優が演じたもっとも長い映画シリーズ」としてギネスブックに認定されています。1969（昭和44）年の第1作にはじまり、2019（令和元）年までに特別編を含む50作品が公開されました。

まさに国民的人気を誇る映画シリーズですが、じつは今でもファンが拡大中。その多くはインターネット動画やBS放送で作品を知った20～30代です。たしかに主人公・寅さんの自由さや人情味あふれる人柄は、今の時代には新鮮で魅力的。聖地・東京都葛飾区柴又の「寅さん記念館」は、今日も多くの人で賑わいます。

今日をたのしむ

【男はつらいよの日】

『男はつらいよ』の第1作が公開されたのは、1969（昭和44）年の今日でした。第1作では寅さんこと車寅次郎が葛飾柴又や奈良、京都を舞台に人情喜劇を巻き起こします。

【ジェラートの日】

こちらも映画由来の記念日。イタリアの氷菓子であるジェラートを世界に知らしめた名画『ローマの休日』がアメリカで封切られた1953（昭和28）年の今日にちなんで制定されました。

8月　葉月

28日

元日から……………………239日
大晦日まで……………………125日

［二十四節気］
処暑

［七十二候］次候
天地始めて粛し

空を見上げる

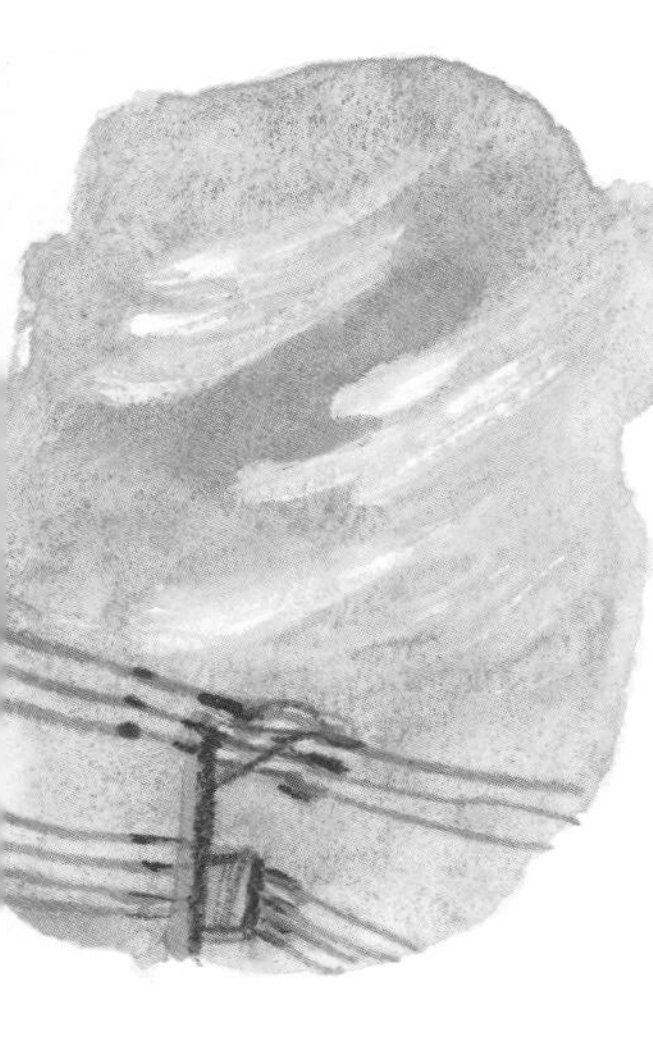

今日から七十二候は「天地始めて粛し」。夏の暑さが徐々にやわらぎ、秋の気配が色濃くなってくる頃です。空の透明度が増し、箒で掃いた跡のような巻雲が見られるように。天気予報では「秋晴れ」や「秋雨前線」といった言葉も登場するようになります。

折しも今日は、毎日の天気予報で私たちがお世話になっている「気象予報士の日」です。1994（平成6）年の今日、はじめて国家試験が行われました。天気を読む達人である気象予報士を見習って、時には空を見上げてみましょう。空の色、雲の形に思いがけない発見があるかもしれません。

今日をたのしむ

【天地始めて粛し】
「粛」はふりがな通り「寒い」という意味です。秋の空気が草木を枯らすことを意味する「粛殺」という言葉もありますが、字面がなんだかおぞましいですね。

【気象予報士の日】
年に二回開催される気象予報士試験は合格率5％前後という難関です。

【民放テレビスタートの日】
1953（昭和28）年の今日、日本の民放テレビとしてはじめて日本テレビ放送網が開局、放送を開始しました。

8月　葉月

29日

元日から……………… 240日
大晦日まで…………… 124日

［二十四節気］
処暑

［七十二候］次候
天地始めて粛し

お肉で幸せ

お肉を口いっぱいに頬張ると、心の底から「幸せ！」という気持ちが湧いてきますよね。とくにこんがりと網焼きにする焼き肉は、香ばしさも相まってさらに満足感が加速します。この「幸せ！」には美味しさのほかに、牛肉や豚肉の脂肪に含まれるアラキドン酸という物質が関係しています。アラキドン酸は別名「至福物質」と呼ばれるアナンダマイドに変化し、幸福感や高揚感をもたらします。ほかにも体そのものをつくる動物性タンパク質や、細胞の生まれ変わりを促すアミノ酸が豊富に含まれています。気力と体力が不足しがちな夏の終わりこそ、お肉から精気をいただきましょう。

今日をたのしむ

【焼き肉の日】
8（やき）月29（にく）日の語呂合わせ。スタミナ食として人気の高い焼き肉のルーツは朝鮮半島の焼き肉料理。1955（昭和30）年頃から全国に広まりました。

【秋田県の記念日】
「秋田県」の名称がはじめて使われた1871（明治4）年の廃藩置県の日付を新暦に換算すると8月29日になることから制定。

【ベルばらの日】
池田理代子さんによる大人気少女漫画『ベルサイユのばら』を宝塚歌劇団が舞台化し、はじめて演じたのが1974（昭和49）年の今日でした。

季節をたのしむ

【和梨（幸水）】
日本で流通する和梨の約40％は幸水。強い甘味とみずみずしいシャリシャリの果肉が特徴です。表面がある程度ツルッとしていれば食べ頃。乾燥に弱いため、新聞紙やラップで包んでから冷蔵庫で保存します。

8月　葉月

30日

元日から……………………241日
大晦日まで……………123日

［二十四節気］
処暑

［七十二候］次候
天地始めて粛し

小さな冒険

今日は「冒険家の日」です。日本人冒険家たちの数々の偉業が、年は違えど多く達成されたことにちなんでいます。

私たちの日常と冒険は縁遠いものです。でも見方を変えてみれば、なにも危険を伴う行為だけが冒険ではありませんよね。たとえばいつもとは違うファッションに挑戦したり、普段は通らない道を歩いてみたり。ちょっとした変化も暮らしのなかの冒険です。

前人未踏ならぬ、前私未踏。はじめてのお店、はじめての料理、はじめての場所など「初」をキーワードに一日を過ごしても面白そうです。

●今日をたのしむ

【冒険家の日】

1965（昭和40）年には同志社大学山岳部の南米遠征隊がゴムボートによってアマゾン川の支流を1300㎞下ることに成功し、1971（昭和46）年には植村直己さんが日本列島3千㎞を徒歩で横断するために北海道稚内を出発（のちに成功）、1989（平成元）年には堀江謙一さんが小型ヨットでの太平洋単独往復に成功しています。

【富士山測候所記念日】

1895（明治28）年の今日、野中到さんが富士山頂に測候所を開設しました。彼は日本の気象学の発展のために私財を投げ打ち、みずから真冬の富士山頂にとどまり天候を記録しました。

【ハッピーサンシャインデー】

8をハッピー、30をサンシャインと読む語呂合わせ。太陽のように明るい笑顔で、ハッピーな一日を過ごしましょう。

8月 葉月

31日

元日から……242日
大晦日まで……122日
［二十四節気］
処暑
［七十二候］次候
天地始めて粛し

八月尽（はちがつじん）

8月も最終日を迎えました。八月尽です。夏祭りやお盆休み、帰省など大きな年中行事がつづいたせいでしょうか。8月の末日はほかの月よりも「終わっていく」という感慨が大きいように思います。

多くの地域では夏休みの最終日。海水浴場も海じまい。遊泳期間は今日まで、というところが多いようです。かつては夏が終わるという感傷に浸る余裕もなく、夏休みの宿題を片づけるのに大わらわだった、という方も多いかもしれません。悩ましい宿題もない今こそ、存分にゆく夏を惜しみましょう。

今日をたのしむ

【八月尽】

かつて月の最終日は「尽日（じんじつ）」とも表現しました。「八月尽」はそこから生まれた言葉で、8月が終わることを意味しています。

【野菜の日】

8（や）月31（さい）日の語呂合わせ。店先に並ぶ野菜も次第に根菜を中心とする秋野菜へと移り変わってゆきます。残りわずかな夏野菜の旬をたのしんで。

9月

長月

ながつき

生命の興隆は一段落し、
作物が実りの時を迎えはじめます。
晴れ渡った高い空と
過ごしやすい陽気に心も弾みます。

9月　長月

1日

元日から……243日
大晦日まで……121日

［二十四節気］
処暑

［七十二候］次候
天地始めて粛し

二百十日と防災の日

立春（P48）から数えて210日目にあたる今日は「二百十日」。季節の移り変わりを知らせる雑節（P422）のひとつで、昔から農家の人々は厄日として警戒してきました。稲の実りを迎える大切な時季にもかかわらず、台風の暴風や大雨によって米が不作になることが多々あったためです。この話を聞いた江戸時代の暦学者・渋川春海が貞享暦に「二百十日」を記載したことから多くの人が知るようになりました。

今でも二百十日の風を鎮め、豊作を願う行事やお祭りが日本各地で受け継がれています。「風鎮祭」や「風祭」「風日待ち」「とうせんぼう」などその名前はさまざま。今日は新潟県の彌彦神社で風神祭を行うほか、富山県富山市八尾町では「おわら風の盆」の優雅な踊りによって風の神様を鎮め、作物

●今日をたのしむ

【9月の異称】
9月の異称である「長月」は、夜がだんだんと長くなる「夜長月」が語源とされています。そのほか「紅葉月」や「菊月」、「稲刈月」といった名前も。

【防災の日】
防災意識を高め、災害への備えを再確認する避難訓練を全国で行います。

の無事を祈ります。

二百十日の強風は、1923（大正12）年の今日も吹き荒れていました。

そして正午近く、相模湾海底を震源とする大地震が関東全域を襲います。地震によって発生した火災は風にあおられ、すさまじい勢いで燃え広がりました。未曾有（みぞう）の被害をもたらした、関東大震災です。死者・行方不明者10万人以上。火災によって亡くなった方がその9割に上ると考えられています。

先人の犠牲を風化させず、今を生きる私たちの教訓にしようと制定されたのが「防災の日」です。

ご自宅の災害対策はきちんと整っていますか？　非常食や非常用水の賞味期限は？　避難場所やハザードマップの確認も忘れずに行っておきたいところです。「もしも」における心構えを再確認し、備える一日としましょう。

【野分（のわき）】
「台風」という言葉が生まれる明治時代以前、二百十日前後に吹く暴風を「野分」と呼びました。「野の草木を吹き分けるほど強い風」という意味合いです。「台風」は明治時代末、気象学者・岡田武松（たけまつ）が命名しました（当時は「颱風」と表記）。

【おわら風の盆】
9月1〜3日の開催。哀愁漂う「越中おわら節」に合わせ、踊り手が優雅な舞を奉納します。

9月　長月

2日

元日から……………… 244日
大晦日まで…………… 120日

［二十四節気］
処暑

［七十二候］次候
天地始めて粛し

秋の牛乳

普段何気なく口にしている牛乳は、じつは季節によって味が変わります。夏場の牛乳は脂肪分が少なめでさっぱりとした口当たり。暑さにめっぽう弱い乳牛の食欲が落ちるとともに、水をたくさん飲むようになるためです。

暑さが一段落した今頃からは、牛たちの食欲も復活。エサをもりもり食べ、来たる冬の寒さに耐えられるよう脂肪を蓄えだします。牛乳にも脂肪分が増え、コクと飲みごたえが強まります。

ただし、こういった味の変化を感じられるのは「成分無調整」の表示がある牛乳のみ。秋から冬にかけ、これからどんどん美味しくなっていきます。

●今日をたのしむ

【那須塩原市牛乳の日】

酪農が盛んな栃木県那須塩原市が牛乳を活用して地域を活性化しようと、9（ぎゅう）月2（にゅう）日の語呂合わせで制定。ちなみに6月1日は国連食糧農業機関が提唱する「世界牛乳の日」です。

【宝くじの日】

こちらも「9（く）2（じ）」の語呂合わせ。過去1年間（前年の9月1日からその年の8月31日まで）のハズレくじを対象とする「宝くじの日お楽しみ抽せん」が行われます。

9月　長月

3日

元日から……………………245日
大晦日まで……………119日

［二十四節気］
処暑

［七十二候］末候
禾乃登る

初収穫

処暑の末候である「禾乃登る」の「禾」は、稲などの穀物のこと。実りの時を迎え、穂を垂れる様子をかたどった象形文字です。大切に育んだ稲の収穫までもう少し。農家の方々は気の抜けない日々がつづきます。とはいえ、すでに「新米」の文字を背負ったお米が出回ってもいます。これは西日本を中心に生産される「早期米」です。台風被害を避けるため、一般的なお米よりも2カ月ほど前倒しで田植えから稲刈りまでを行い、出荷します。稲刈りは真夏の炎天下。想像しただけで汗が吹き出しそうですね。農家の方々の丹精があってこそ、ひと足早い実りが私たちのもとに届きます。

今日をたのしむ

【禾乃登る】

「禾」は米のほかにも穀物全般を意味します。お米はもとより、キビやアワ、ヒエといった雑穀ももうすぐ収穫期です。


【グミの日】

9（グ）月3（ミ）日の語呂合わせ。歯ごたえがたのしいグミにもっと親しんでもらおうと、お菓子会社がさまざまなキャンペーンを行います。ちなみに「グミ」はドイツ語です。


【ドラえもんの誕生日】

いわずと知れた国民的キャラクター・ドラえもんの誕生日は2112年9月3日。1969（昭和44）年の連載開始以来、多くの子供たちに愛されつづけています。

季節をたのしむ

【スダチ】

ユズの近縁種であるスダチは漢字であらわすと「酢橘」。まろやかな酸味と爽やかな風味が特徴で、焼き魚に添えるだけで季節感がグンとアップします。薄切りにして、冷やしたそうめんやうどんに浮かべても。表面がなめらかで美しい緑色をしているものが上等品です。

9月　長月

4日

元日から……………………246日
大晦日まで……………………118日

［二十四節気］
処暑

［七十二候］末候
禾乃登る

十五夜

昔から一年でもっとも明るく美しいお月様は、旧暦8月15日に昇るとされてきました。その月を愛で、お供えをささげて秋の実りに感謝するのが「十五夜」です。「お月見」や「中秋の名月」といった言葉でもおなじみですね。

街灯もネオンサインもなかった時代の人々にとって、夜を照らす月の満ち欠けは大きな関心事でした。そのため旧暦も月の満ち欠けをものさしにつくられており、旧暦1日は新月、15日前後が満月となります。

旧暦8月15日の月を鑑賞する風習は中国から伝わりました。平安時代には宮中行事となり、残された詩歌や日記、物語が雅やかな月見の宴の様子を伝えています。月見の風習は次第に武士や庶民にも広まり、やがてこの時季に収穫された作物を月にお供えし、実りに感謝する古来の収穫祭と結びついてい

●今日をたのしむ

【中秋の名月】
「中秋」とは旧暦8月15日のこと。旧暦の秋（7月・8月・9月）のちょうど真ん中にあたることから、こう呼ばれるように。一方「仲秋」は旧暦8月の異称です。

【片月見】
十五夜のお月見と約1カ月後に訪れる旧暦9月

きました。

十五夜に欠かせないしつらえといえば、ススキに団子、そしてサトイモやサツマイモ。実りの時を迎えたイモ類をお供えすることから、十五夜は「芋名月」とも呼ばれます。

ススキは神様が宿る依り代（よりしろ）であり、魔除（まよ）けの縁起物です。月に供えたススキを軒下に吊るしておくと、病気にかからないとされています。自生しているススキが手に入らない場合は、花屋さんやスーパーマーケットの生花コーナーが頼りになります。

まあるい満月を模した団子はお月様への感謝のしるしです。その数は「十五夜にちなんで15個」や「一年は12カ月だから12個」といった説がありますが、お下がりとして夜のうちに美味しくいただける程度の数でもいいと思います。

新暦では十五夜の日付が年ごとに変わるため、つい忘れがちです。けれども、月を愛でる時間はなかなか日常ではつくれません。風流なひとときをもたらす年中行事として、大切にしたいものですね。

13日の「十三夜」のお月見は、ふたつでひとつ。どちらか一方だけの「片月見」は縁起が悪いとされてきました。

【くしの日】

9（く）月4（し）日の語呂合わせ。「串の日」でもあり、「櫛の日」でもあります。

9月　長月

5日

元日から……………… 247日
大晦日まで………… 117日

［二十四節気］
処暑

［七十二候］末候
禾乃登る

国民栄誉賞

「広く国民に敬愛され、社会に明るい希望を与えることに顕著な業績があったもの」（国民栄誉賞表彰規程より）に授与される国民栄誉賞の第1号は、世界の通算ホームラン記録を塗り替えた王貞治さん。1977（昭和52）年の9月5日、授賞式が行われました。以来、これまで個人26名・1団体（なでしこジャパン）が受賞しています。

受賞者の職種は歌手（美空ひばりさん、藤山一郎さん）や役者（渥美清（あつみきよし）さん、森光子さん、森繁久彌（もりしげひさや）さん）、漫画家（長谷川町子さん）など多岐にわたりますが、スポーツ選手が多いのが特徴です。山下泰裕さん、高橋尚子さん、吉田沙保里さん、羽生結弦（はにゅうゆづる）さんなど、お名前を見ただけで当時の熱気が蘇（よみがえ）ります。

次なる受賞者はどんな偉業で私たちを勇気づけてくれるのか、たのしみに待ちたいですね。

●今日をたのしむ

【国民栄誉賞の日】
王貞治さんの受賞を記念し、9月5日に制定されました。ちなみに王さんが世界記録を塗り替えた9月3日は、「ホームラン記念日」となっています。

【石炭の日】
石炭への理解・関心を深め、エネルギー源としての石炭を広く知ってもらうために制定されました。日付は「クリーン（9）・コール（5）」の語呂合わせから。

9月　長月

6日

元日から……248日
大晦日まで……116日

［二十四節気］
処暑

［七十二候］末候
禾乃登る

四つ葉のクローバーを求めて

四つ葉のクローバーが幸運を招くという言い伝えは、ヨーロッパからやってきました。本来は3枚ひと組の葉が四つ葉となるのが珍しい上、四つ葉の形がマルタ十字に似ているために幸運や幸福のしるしとしたようです。それを日本流にアレンジし、4枚の葉は「希望・信仰・愛情・幸福」をあらわすともいわれています。

何度も挑戦しているのですが、私は四つ葉を見つけた経験がありません。調べてみると葉の成長点が傷ついたり、栄養過多だったりすると四つ葉になる確率が高くなるのだとか。なるべく人の出入りがありそうな場所で探すのがコツといえそうです。

今日をたのしむ

【クローバーの日】

今日から9月8日までの3日間。9（ク）月6～8（ローバー）日の語呂合わせ。クローバーはシロツメクサの別名です。日本には江戸時代、オランダから輸入したガラス製品の緩衝材として伝来し、そこから種を採り広まりました。「詰め草」の名前はここから来ています。

【「黒」にまつわる日】

9（ク）月6（ロ）日と読める今日は、「黒豆の日」「黒酢の日」「黒あめの日」「黒にんにくの日」など、「黒」にまつわるさまざまな日です。

9月　長月

7日

元日から……249日
大晦日まで……115日
［二十四節気］処暑
［七十二候］末候　禾乃登る

秋の七草

春の七草（P15）があるように、秋の七草もあります。奈良時代の歌人・山上憶良による2首の和歌が由来です。

秋の野に　咲きたる花を　指折り
かき数ふれば　七種の花

萩の花　尾花葛花　なでしこが花
女郎花　また藤袴　朝貌が花

尾花はススキ、朝貌はキキョウというのが定説です。春の七草は食べて味わい、秋の七草は目で味わいます。今秋はハギ、ススキ、クズ、ナデシコ、オミナエシ、フジバカマ、キキョウのうち、いくつと出会えるでしょうか。

●今日をたのしむ

【秋の七草の覚え方】　それぞれの頭文字を並べた「おすきなふくは？」で覚えられます。

【鏡花忌】　明治から昭和にかけて活躍した小説家・泉鏡花の忌日。代表作は『高野聖』『歌行灯』『婦系図』など。

【英治忌】　歴史小説の大家・吉川英治も今日が忌日。『宮本武蔵』『新書太閤記』『三国志』など多くの作品が今も読み継がれています。

9月 長月

8日

元日から……………250日
大晦日まで……………114日
［二十四節気］
白露
［七十二候］初候
草露白し

白露（はくろ）

今日から新たにはじまる二十四節気は「白露」。朝日に照らされて光る露が草木に宿りはじめる頃です。空気中の水蒸気が冷えた草木に触れてしずくとなる露を、私たちは秋の深まりを知らせる自然の便りとして愛（め）でてきました。陽の光を受けてキラキラと輝く露を「玉（宝石）」に見立てた和歌が多く詠（よ）まれています。気温が高くなると消えてしまうことから、「露の命」「露の世」など、儚いもののたとえとしても用います。

露が降りやすいのは風と雲のない夜から朝早くにかけて。早起きをした朝は、露を観察しながら秋の訪れを感じてみるのもいいですね。

●今日をたのしむ

【草露白し（くさのつゆしろし）】

朝日に照らされて光る草木に降りた露が、白く輝いて見えることから名づけられた候名です。

【ハヤシの日】

秋の気配が強まってくると煮込み料理が恋しくなるもの。今日は、薄切りにした牛肉とタマネギ、デミグラスソースなどを煮込んだ「ハヤシライス」の生みの親とされる早矢（はや）仕有的（しゆうてき）の誕生日です。

●季節をたのしむ

【巨峰・シャインマスカット】

「ブドウの王様」とも呼ばれる巨峰は甘味たっぷり、大粒で食べごたえバツグン。皮ごと食べられるシャインマスカットは、噛んだ瞬間にはじける酸味とじわじわと広がる甘さのバランスが魅力です。ブドウに含まれる糖分は体に吸収されやすく、素早くエネルギーとなるため、疲れたときに食べればシャキッと元気が回復します。

9月 長月

9日

元日から……………… 251日
大晦日まで…………… 113日

［二十四節気］
白露

［七十二候］初候
草露白し

重陽の節句

今日は五節句（P422）のひとつである「重陽の節句」です。「重陽」は古くから中国で縁起のよい数字とされた陽数（奇数）のうち、もっとも大きい「9」が重なる、とてもおめでたい日。古代中国の人々は、邪気を祓うグミの実を入れた袋を身につけ野山に出かけ、菊の花を浮かべたお酒を酌み交わしてお互いの長寿と無病息災を祈りました。延命長寿の霊草と信じられていた菊に、長生きを願ったのです。

この風習と菊は、奈良時代頃に伝来しました。平安時代には「重陽の節句」として宮中行事となり、やはり菊花を浮かべた「菊酒」を飲むように。また、節句の前夜に菊の花に綿をかぶせておき、露や香気を移した綿で体を拭き清める「被綿」も生まれました。こちらも菊の長寿パワーを心身に取り入れるためのならわしです。このように菊の

●今日をたのしむ

【五節句】

江戸幕府が公式の行事と定めた5つの節句。
・人日の節句（1月7日）
・上巳の節句（3月3日）
・端午の節句（5月5日）
・七夕の節句（7月7日）
・重陽の節句（9月9日）

【救急の日】

救急医療の大切さを理解してもらうために定め

花が主役となることから、重陽の節句は「菊の節句」とも呼びます。

江戸時代には幕府によって祝日となり、庶民の間にも菊酒が広まりました。栗ご飯を炊いてお祝いしたり、菊の品評会を行ったりもしたそうです。

お酒が苦手な方やお子さんがいらっしゃるお家では、菊の花をお風呂に浮かべてたのしんでもいいですね。食用菊をいただいてもお節句気分が盛り上がります。シンプルに香りを堪能できるおひたしがオススメ。花びらを湯がく際にお湯にお酢をひとたらししておくと、色鮮やかに仕上がります。

重陽の節句は、農村部では秋の収穫祭と結びつきました。多くは「おくにち」、もしくは「おくんち」と呼びますが、これは「御九日」から来ている名前です。また、9月9日・19日・29日の3回の「9日」を「三九日（みくにち）」として大切にしている地域もあります。茨城県や埼玉県には、三九日にナスを食べると風邪除（よ）けや病除けになるという言い伝えがあるそうです。

ました。日付は語呂合わせ。地方自治体や病院が救急救命措置の講習会などを開催します。

季節をたのしむ

【菊の和菓子】

店頭には菊をモチーフとした和菓子が並びます。菊の花に綿をかぶせる「被綿」を再現したものも。今の時季には満月になぞらえたお菓子である最中（もなか）、さらには最中の皮に菊花の紋様をあしらった「菊最中」もぴったりです。

9月　長月

10日

元日から……………… 252日
大晦日まで…………… 112日

［二十四節気］
白露

［七十二候］初候
草露白し

待ってました！ひやおろし

9月に入ると、日本酒好きの呑兵衛（のんべえ）はソワソワ。この時季だけたのしめる「ひやおろし」が出回りはじめるためです。

冬に仕込み、春先にできあがる新酒は、その味が落ちないよう火入れ（加熱処理）して貯蔵します。ひんやりとした蔵でひと夏を過ごす間に熟成が進み、秋にはカドの取れたまろやかな飲み口に。旨味もたっぷりです。

こうして仕上がったお酒は通常、もう一度火入れを行い出荷しますが、ひやおろしは行いません。蔵出しの味や香りそのままを堪能できる、それがひやおろしの魅力です。

●今日をたのしむ

【ひやおろし】
蔵元によっては「秋あがり」の名前を冠して出荷することも。近年では重陽（ちょうよう）の節句を解禁日とする傾向があります。スッキリとした口当たりを味わうならば冷やして、コクをたのしむならばぬる燗（かん）でいただきます。

【カラーテレビ放送記念日】
1960（昭和35）年の今日、NHKをはじめとするテレビ各局でカラーテレビの本放送を開始しました。

9月 長月

11日

元日から……253日
大晦日まで……111日

［二十四節気］
白露

［七十二候］初候
草露白し

二百二十日(にひゃくはつか)と秋の雨

立春（P48）から数えて２２０日目にあたる今日は、「二百二十日」です。二百十日(にひゃくとおか)（Ｐ２８２）と同様、日本人は昔から台風による被害を受けやすい厄日として警戒してきました。今頃からは秋の長雨をもたらす秋雨前線があらわれるため、大雨への備えも見直しておきましょう。長雨というと梅雨(つゆ)時の６月や７月をイメージしますが、じつは９月の降雨量のほうが多い地域も珍しくありません。

秋の長雨は「秋霖(しゅうりん)」や「秋入梅(あきついり)」「蕭雨(しょうう)」とも呼びます。「霖」は「長雨」、「蕭」は「もの寂しい」といった意味。たしかにしとしとと降る秋雨は、人々に寂しさを募らせます。

●今日をたのしむ

【二百二十日】

二百十日とともに江戸時代から知られるようになった雑節です。近年では二百二十日の1～2週間後に大型台風が上陸することが多いようです。


【警察相談の日】

生活の安全に関する不安や悩み事を相談できる警察相談専用電話のナンバーは「＃９１１０」。この電話番号と警察相談をPRするために制定。日付は「＃９１１０」に由来。

●季節をたのしむ

【サンマ】

8月末～9月にかけて、サンマの体脂肪率は20％を超えます。とくに北海道東沖や三陸沖で獲れるサンマは、豊富なエサを食べて脂たっぷり。皮はパリパリ、身はふっくらと仕上がるため、今頃に出回るサンマは塩焼きがオススメです。下アゴの先端が黄色いものを選びましょう。

9月 長月

12日

元日から……………… 254日
大晦日まで…………… 110日

［二十四節気］
白露

［七十二候］初候
草露白し

放生会（ほうじょうえ）

福岡県福岡市に鎮座する筥崎宮（はこざきぐう）では、今日から「筥崎放生会」を行います。放生会は、仏教の「生き物を殺してはならない」という戒めにもとづく行事です。生きている鳥や魚、虫などを山野や池に放つことで、あらゆる生命を慈（いつく）しみます。

『日本書紀』にも登場し、寺社で行った最古の記録は奈良時代。宇佐八幡宮（大分県）で行い、やがて全国の八幡宮を中心に広まりました。かつては旧暦8月15日に催していましたが、今は9月15日近辺に行うところが多いようです。

●今日をたのしむ

【筥崎放生会】
9月12～18日まで。7日7夜にわたりさまざまな神事を行い、参道には500軒を超える露店が立ち並びます。

【放生池】
放生会は多くの寺院が行ってきました。境内にフナや鯉、カメなどが暮らす「放生池」がある神社仏閣が多いのはその名残りです。

【宇宙の日】
1992（平成4）年の今日、毛利衛（もうりまもる）さんが日本人宇宙飛行士としてはじめて宇宙に飛び立ったことを記念して制定。

9月 長月

13日

元日から……………… 255日
大晦日まで…………… 109日
［二十四節気］
白露
［七十二候］次候
鶺鴒鳴く

シロとクロの陣取り合戦

今日から七十二候は「鶺鴒(せきれい)鳴く」となりました。とはいえ、「セキレイは一年中鳴いているのでは？」となんだか不思議です。

じつは私たちがよく見かけるセキレイには、セグロセキレイとハクセキレイの2種がいます。セグロセキレイは、四季を同じ場所で暮らす留鳥(りゅうちょう)。かたやハクセキレイは春夏を北海道や東北で過ごし、秋頃から関東以南にやってくる渡り鳥（漂鳥(ひょうちょう)）です。そのため、季節のうつろいを知らせる使者として七十二候に登場します。

しかし1970年代以降、ハクセキレイは一年を通して関東以南で暮らしつづけるようになり、その範囲を拡大しています。その一方でセグロセキレイの数が減少しているのだとか。私たちの知らないところで、シロとクロの陣取り合戦が行われているようです。

●今日をたのしむ

【鶺鴒鳴く】
セキレイは川や湖などの水辺で見られます。ピョコピョコと尾を上下に振りながら歩く様子から「石叩き」とも。

【上総十二社祭り(かずさじゅうにしゃまつり)】
9月8～13日まで玉前(たまさき)神社（千葉県）を中心に行うお祭りです。今日は神々が上陸したと伝わる九十九里浜で男衆がお神輿(みこし)を担ぎ疾走する「神幸祭(しんこうさい)」を斎行(さいこう)。千人を超える男衆が砂浜を駆ける様子は大迫力です。

9月　長月

14日

元日から……………… 256日
大晦日まで…………… 108日
［二十四節気］
白露
［七十二候］次候
鶺鴒鳴く

コスモスが結んだ恋

秋空のもと、風にたなびくコスモスはとても絵になります。「秋桜」と書くことから、古来の花なのかと思いきや原産はメキシコ。日本に伝わった背景には、ひとつの恋物語がありました。

時は1876（明治9）年、日本初の官立美術学校として工部（こうぶ）美術学校が開校します。教授としてやってきたのは、イタリア人彫刻家・ラグーザでした。ラグーザはある日、絵を描くひとりの女性と出会います。彼女の才能を見抜いたラグーザは、以降も親交を深め西洋画を教えました。彼女の実家はたくさんの草花を育てていたため、折々に西洋の植物を持参したそうで、そのなかにコスモスの種があったといわれています。やがてふたりは結婚。彼女はラグーザとともにイタリアに渡り、日本初の女性西洋画家・ラグーザ玉（たま）として活躍しました。

●今日をたのしむ

【コスモスの日】

プレゼントにコスモスを添えて愛を確かめ合う日です。ラグーザ夫婦にあやかって、愛する人にコスモスをささげてみては。

◆季節をたのしむ

【栗】

秋の味覚の代表格である栗の主成分はデンプン。ホクホクとした食感はここから生まれます。渋皮は強い抗酸化作用をもつポリフェノールを多く含むため、渋皮煮などでいただいたほうが栄養価が高くなります。

9月 長月

15日

元日から……………… 257日
大晦日まで…………… 107日

［二十四節気］
白露

［七十二候］次候
鶺鴒鳴く

人生の大先輩

長年にわたり社会や家庭のために働いてきたお年寄りは宝です。そのため日本人は昔から特定の年齢、とくに長生きをみんなで祝う「年祝い」を受け継いできました。「敬老の日」は人生の先輩を敬い、その知識や経験を伝えてもらおうと、兵庫県のとある村で「としよりの日」を定め敬老会を開いたことがきっかけでつくられました。

数え年の61歳で迎える「還暦（かんれき）」をはじめ、70歳の「古希（こき）」、77歳の「喜寿（きじゅ）」、80歳の「傘寿（さんじゅ）」、88歳の「米寿（べいじゅ）」、90歳の「卒寿（そつじゅ）」、99歳の「白寿（はくじゅ）」、100歳の「百寿（ひゃくじゅ）」など、それぞれの年齢をことほぎお祝いします。

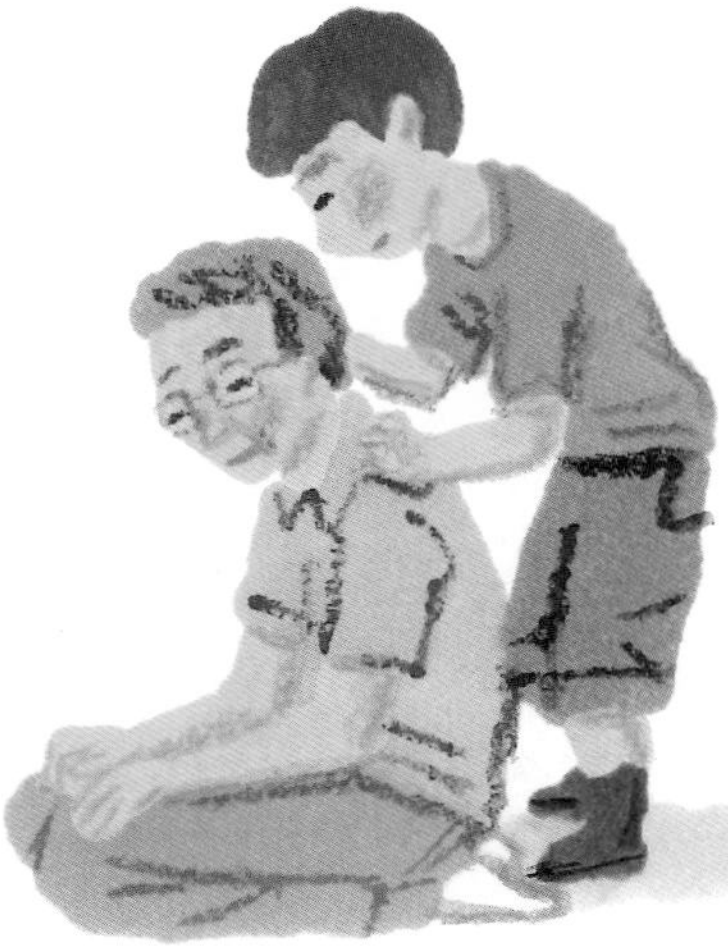

●今日をたのしむ

【老人の日】
兵庫県多可郡野間谷村（現・多可町）で発案された「としよりの日」が全国的に広まり、9月15日に制定されていたことから、1966（昭和41）年、国民の祝日として制定された「敬老の日」も同日に。今では9月の第3月曜日へと変わりましたが、今日は「老人の日」。今日から9月21日までが「老人週間」となっています。

【ひじきの日】
健康食・長寿食として、ヒジキに親しんでもらおうと定められました。

9月 長月

16日

元日から……………… 258日
大晦日まで…………… 106日

［二十四節気］
白露

［七十二候］次候
鶺鴒鳴く

流鏑馬（やぶさめ）

疾走する馬にまたがりながら、3つの的を次々と矢で射る流鏑馬は、平安時代にはじまった競技です。武士の馬術と弓術の腕を磨くため、鎌倉時代は盛んに行いました。江戸時代になると武運や泰平を願う神事と結びつき、今も各地で奉納しています。

実際に目の前で流鏑馬を見ると、駆け抜ける馬のスピードや足音、息づかい、弓で射られた的の割れる音など、どれもがすごい迫力です。武器でもある弓が放たれる音や的を射る音は魔を祓う（はらう）とされ、的の欠片（かけら）を魔除け（まよけ）や縁起物として授与する神社もあります。

●今日をたのしむ

【鶴岡八幡宮流鏑馬神事】
9月14～16日にかけて行う例大祭の神事として奉納します。鎌倉武士の狩装束（かりしょうぞく）に身を包んだ射手（しゃしゅ）が、古式の流鏑馬を披露します。

【競馬の日】
1954（昭和29）年の今日、日本中央競馬会（JRA）が発足しました。

【国際オゾン層保護デー】
1995（平成7）年に国連総会にて制定されました。オゾン層を保護する国際的な取り組みが実を結び、現在オゾンホールは回復傾向にあります。

9月 長月

17日

元日から……………… 259日

大晦日まで…………… 105日

［二十四節気］
白露

［七十二候］次候
鶺鴒鳴く

「嫁に食わすな」

漬け物や炒め物など食卓で大活躍するナスの露地物は、7～9月にかけて出回ります。ナスはインド原産で暑さに強いものの、次々と実を成らせていると次第に収穫量が減っていくのだとか。そこで真夏に枝や根を剪定し、結実しないようにします。やがて涼しくなる頃には再び花が咲き、実が成るように。これが「嫁に食わすな」でおなじみの秋ナスです。

秋ナスは身も皮もやわらかく旨味たっぷり。先のことわざは、美味しいものを惜しむ意地悪から生まれたとする説と、体を冷やすとされるナスからお嫁さんを守る優しさが根底にあるとする説が。さて、真相はいかに？

●今日をたのしむ

【国産なす消費拡大の日】

毎月17日は「国産なす消費拡大の日」。「よいなす」の語呂合わせから生まれた「なすび記念日（4月17日）」とともに、国産ナスの消費拡大をPRしようと制定されました。


【モノレール開業記念日】

東京都・浜松町と羽田空港を結ぶ日本初の旅客用モノレールが開通したのは、1964（昭和39年）の今日のことでした。


【台風襲来の特異日】

「特異日」はある天気が高い確率であらわれる特定の日のこと。今日は枕崎台風や第二室戸台風など、強い台風が多く上陸している特異日です。

●季節をたのしむ

【エノコログサ】

道端や空き地など、日本中で見られるエノコログサは漢字にすると「狗尾草」。エノコ＝狗＝子犬です。子犬の尻尾のような穂は今頃から大きく頭を垂らすように。フサフサの穂に思わず猫がじゃれつくことから、別名は「猫じゃらし」。

9月　長月

18日

元日から……………… 260 日
大晦日まで…………… 104 日

［二十四節気］
白露

［七十二候］末候
玄鳥去る

ツバメと赤トンボの交差点

春に日本に渡ってきたツバメたちが南の国へ帰る時季がやってきました。目的地の東南アジアの島々までは約4千km。ひたすら空を飛びつづける過酷な旅となります。

天敵であるツバメが去るのを待っていたかのようにあらわれるのはアキアカネ、いわゆる赤トンボです。じつはアキアカネたちも旅帰り。暑さに弱いアキアカネは6月頃に羽化すると高山や高原へと移動し、涼しくなると人里へと戻ってくるのです。その姿に思わず「夕焼け小焼けの……」と鼻歌が。茜（あかね）雲と赤トンボは秋の深まりを実感させてくれる名コンビです。

●今日をたのしむ

【玄鳥（ツバメ）去る】
白露（はくろ）の末候です。水に浮かべないツバメは、飛びながらコマ切れに眠って旅をするとされています。

【童謡・赤とんぼ】
作詞は三木露風、作曲は山田耕筰。三木露風の出身地・兵庫県たつの市には『赤とんぼ』の歌碑があります。

【かいわれ大根の日】
9月はかいわれ大根をPRする初の会合が同月に開かれたこと、18日は8を横に、1をその下に配置すると（∞1）、かいわれ大根のようになることから制定。

9月　長月

19日

元日から……………… 261日
大晦日まで…………… 103日

［二十四節気］
白露

［七十二候］末候
玄鳥去る

正岡子規とベースボール

プロ野球のペナントレースもいよいよ大詰め。さらにこれからはクライマックスシリーズ、日本シリーズと、野球ファンが手に汗を握る日々がつづきます。野球ファンといえば、明治時代の俳人・歌人である正岡子規も大の野球好きでした。子規は学生時代に野球（当時はベースボール）と出会い、夢中になります。俳句や短歌はもちろん、その魅力を伝えるべく独自にルールを解説したエッセイも執筆しました。「走者」「打者」「死球」といった言葉は、その際に彼が発案したもの。今も当たり前に使っている野球用語が明治の偉人によるアイデアだと知ると、また別の趣が生まれますよね。

今日をたのしむ

【糸瓜忌】

正岡子規の忌日。この名称は糸瓜を詠んだ3句を絶筆として残したことから。病床に伏してからも野球を題材とした短歌や俳句を詠みました。

「夏草や
　ベースボールの
　　人遠し」

【苗字の日】

1870（明治3）年の今日から、太政官布告により平民も苗字を名乗ることが許されました。しかし多くの人が名乗らずにいたため、5年後に義務化。2月13日の「苗字制定記念日（P57）」が生まれました。

季節をたのしむ

【イチジク】

食物繊維の一種であるペクチンを豊富に含んでいるのが特徴で、便秘や動脈硬化、血糖値の上昇などを予防してくれます。赤味の濃い皮が美味しさの証ですが、お尻の部分が割れているものは熟しすぎている場合があるのでご注意を。

9月 長月

20日

元日から……………… 262 日
大晦日まで…………… 102 日

［二十四節気］
白露

［七十二候］末候
玄鳥去る

秋の彼岸入り

亡くなった人を偲び、祖先のお墓参りなどを行うお彼岸は、春と秋、年に二度ある年中行事です。それぞれ「春分の日（P98）」と「秋分の日（P307）」を中心に前後3日間、計7日間がお彼岸となります。

今日はお彼岸のはじまりである「秋の彼岸入り」。秋のお彼岸は「秋彼岸」や「のちの彼岸」とも呼びます。

「彼岸」は、古代インドで用いていたサンスクリット語の「パーラミター（波羅蜜多）」の訳語で「悟りを開いた境地」といった意味合い。つまり仏様がいらっしゃる迷いのない世界、「あの世」です。お彼岸は、迷いのない世界に渡ったご先祖様や故人に思いを馳せるためにあります。お墓参りをしたり、仏壇をキレイにしたりしながら、日々の暮らしを報告しましょう。

● 今日をたのしむ

【秋の彼岸入り】

今日から7日間が秋のお彼岸となります。「暑さ寒さも彼岸まで」のことわざ通り、しばらく過ごしやすい気候がつづきます。

【バスの日】

1903（明治36）年の今日、日本初のバス会社が営業をはじめました。

【動物愛護週間】

「動物の愛護と適正な飼養について関心と理解を深める」週間です。9月26日まで、人と動物の共生にまつわるさまざまなイベントやシンポジウムを開催します。

9月　長月

21日

元日から……………… 263日
大晦日まで…………… 101日

［二十四節気］
白露

［七十二候］末候
玄鳥去る

ヒガンバナ

ヒガンバナは、秋のお彼岸の頃に開花することからその名前がつきました。また、葉もなく、すっと伸びた茎先で空へ向かうように開く花が妖しさを醸すからでしょう、「死人花（しびとばな）」「捨子花（すてごばな）」「幽霊花」など、なんとも不穏な別名があります。その一方で、仏教において天界に咲くとされる「曼珠沙華（まんじゅしゃげ）」の名でも呼ばれます。曼珠沙華は見た者の悪業を祓（はら）い、吉兆として空から降るそうです。

●今日をたのしむ

【賢治忌（けんじき）】

日本を代表する詩人であり童話作家でもある宮沢賢治（みやざわけんじ）の忌日（きにち）。代表作は『銀河鉄道の夜』『風の又三郎』『雨ニモマケズ』など。生地である岩手県花巻市では、詩の朗読や野外劇などを行う「賢治祭」を開きます。

【秋の全国交通安全運動】

今日から9月30日まで。正しい交通ルールを守り、正しい交通マナーが身につくよう、街頭での交通安全指導や啓もう活動を実施します。夕暮れが早まりつつあるため、車や自転車、バイクは早めの点灯を心がけましょう。

【ファッションショーの日】

日本初のファッションショーが1927（昭和2）年の今日、開催されたことに由来。当時はファッションモデルという職業がなく、女優がモデルを務めたそう。ちなみに洋服ではなく、着物のファッションショーでした。

9月　長月

22日

元日から……264日

大晦日まで……100日

［二十四節気］
白露

［七十二候］末候
玄鳥去る

おはぎと隣知らず

秋のお彼岸は、お仏壇や墓前に「おはぎ」をお供えするのがならわしです。おはぎは、餅米とうるち米をまぜて炊き、粗くついて丸め、餡やきな粉をまぶした和菓子。もともとは「ぼた（牡丹）餅」でしたが、宮中に仕える女房たちが秋には「萩の花」そして「おはぎ（萩）」と呼ぶようになり、この名が定着したようです。

また、すり鉢とすりこぎで静かにつくため、隣近所にわからないという意味で「隣知らず」や「夜船（＝着き知らず）」、「北窓（＝月知らず）」という別名も。いずれも江戸時代に生まれた粋な言葉遊びです。

●今日をたのしむ

【国際ビーチクリーンアップデー】
1986（昭和61）年にアメリカではじまった自然保護活動です。日本では1990年代から活動がはじまり、9月第3土曜日を中心に海岸のごみ拾いやデータ収集を行います。

【川内大綱引】
長さ350m以上の大綱を3千人の男衆が引き合う鹿児島県薩摩川内市の伝統行事。関ケ原の戦いに向け兵士の士気を高めるために行ったのが起源とされています。

9月　長月

23日

元日から……265日

大晦日まで……99日

［二十四節気］
秋分

［七十二候］初候
雷乃声を収む

秋分

「秋分の日」は「春分の日」（P98）と同じく、太陽が真東から昇り真西に沈む一日です。昼と夜の長さがほぼ等しくなり、次第に夜が長くなっていきます。二十四節気も今日から「秋分」。本格的な秋の訪れです。スポーツの秋、芸術の秋、読書の秋と、数ある「秋」のなかでも、やはり毎日の暮らしで実感しやすいのは食欲の秋です。暑さで落ちていた食欲が上向いてきたところに、キノコや果物、魚介類に新米と美味しい食材が出回り、買い物しているだけでたのしくなります。旬の食べ物はお財布に優しい上、栄養価にもすぐれた自然の恵み。感謝を忘れずいただきたいですね。

●今日をたのしむ

【雷乃声（かみなりこえ）を収む】

春分の末候「声を発す」（P109）で活動をはじめ、夏の間に大暴れした雷もしばらくお休みに。夕立をもたらす入道雲も空からいなくなります。

【秋分の日】

国民の祝日に関する法律により、「祖先をうやまい、なくなった人々をしのぶ」日として祝日になっています。

◆季節をたのしむ

【秋味（あきあじ）（秋鮭）】

秋、産卵のために川を遡（さかのぼ）る直前に沿岸部で獲られる鮭を示す北海道の方言ですが、全国的に広まっています。北海道の先住民であるアイヌの人々は「カムイチェプ（神の魚）」と呼んで鮭を大切にしました。秋味は「若返りビタミン」と呼ばれるビタミンEや抗酸化作用をもつアスタキサンチンが豊富。野菜と鮭を一緒に焼き、味噌やバターなどで味つけする「ちゃんちゃん焼き」は北海道の郷土料理です。

9月　長月

24日

元日から……………… 266日
大晦日まで…………… 98日
［二十四節気］
秋分
［七十二候］初候
雷乃声を収む

秋の大掃除

「暑さ寒さも彼岸まで」のことわざ通り、今時分は快適な気候がつづきます。長い間お世話になったエアコンの出番も一段落。「清掃の日」である今日は、エアコンをキレイに掃除する絶好のチャンスです。

さらに気合いを入れて、窓ガラスや水回りの大掃除を行うのもいいですね。大掃除をするならわしのある年の瀬にくらべ、気温の高い今頃は汚れが落ちやすく、水仕事をして手がかじかむ心配もありません。カーテンやソファーカバーなどの大物を洗っても、短時間でカラリと乾きます。

私は数年前から秋の大掃除を実践しています。年末に行う本番の大掃除がグンと楽になる上、気持ちに余裕も生まれるためオススメですよ。

●今日をたのしむ

【清掃の日】
1971（昭和46）年の今日に「廃棄物の処理及び清掃に関する法律」が施行されたことに由来します。今日から10月1日までは「環境衛生週間」です。

【畳の日】
清掃の日に畳を上げて掃除をしてもらう願いを込めて制定。

【とげぬき地蔵例大祭】
「とげぬき地蔵尊」の名で親しまれる東京都・巣鴨の高岩寺にて、今年最後の例大祭を行います。

9月　長月

25日

元日から……………… 267日
大晦日まで…………… 97日
［二十四節気］
秋分
［七十二候］初候
雷乃声を収む

秋祭り

「ドン！　ドン！」と聞こえてくる太鼓の音に耳を澄ませていると、軽やかなお囃子(はやし)が風に乗って聞こえてきます。これからは各地で秋祭りシーズン。その多くは、秋の実りを神様に感謝し、喜びを分かち合う収穫祭です。

稲の成長を見守った「田の神様」は、収穫が終わると人里を離れ「山の神様」になると信じられてきました。そのため秋祭りは、田の神様を送り出す意味合いも含んでいます。旅立つ神様にたのしんでいただくため、歌や舞、相撲といった神事の奉納も欠かせません。来年の豊作を願いながら、神様と人とがたのしいひとときを過ごします。

●今日をたのしむ

【田実祭(たのみさい)】
稲の実りに感謝をささげる、熊本県・阿蘇神社の例大祭。流鏑馬(やぶさめ)や相撲を奉納します。

【こきりこ祭り】
日本最古の民謡とされる「こきりこ節」に合わせ、優雅な舞を白山宮(はくさんぐう)（富山県）に奉納する秋祭り。竹製の楽器・ささらを鳴らして舞うのが特徴です。

【栗山秋まつり】
北海道ではもっとも遅い秋祭りのひとつ。栗山天満宮例大祭とともに、特産品の販売やパレードを行います。

9月　長月

26日

元日から……………… 268日
大晦日まで…………… 96日

［二十四節気］
秋分

［七十二候］初候
雷乃声を収む

彼岸蕎麦（ひがんそば）

秋のお彼岸の行事食といえばおはぎですが、最近では「彼岸蕎麦」も広まっています。季節の変わり目となるお彼岸に、消化がよく胃腸に優しい麺を食べて体調を万全にしようという食養生です。その美味しさもさることながら、栄養バランスにすぐれ、動脈硬化や高血圧などの病気を予防する蕎麦は、スーパーフードとしても注目されています。

折しも蕎麦の生産量日本一を誇る北海道では、6月にまいた蕎麦が収穫期を迎えています。早いお店では「新蕎麦」や「秋新」の文字がお目見え。蕎麦好きが首を長くして待っていた、香り高く、味わい深い新蕎麦の季節の到来です。

今日をたのしむ

【彼岸明け】

秋のお彼岸の最終日である今日は「彼岸明け」と呼びます。


【ワープロ記念日】

1978（昭和53）年の今日、日本初となるワードプロセッサー（ワープロ）を東芝が発表しました。


【八雲忌（やくもき）】

ギリシア生まれのイギリス人、ラフカディオ・ハーンは明治時代に英語や英文学の教師として来日。やがて日本人女性と結婚し、「小泉八雲（こいずみやくも）」と名乗るように。『怪談』『心』など日本に関するエッセイや物語を多数発表しました。彼の命日にあたる今日は、小泉八雲記念館（島根県）の遺髪塔に祭壇を設け、供物を供えます。

季節をたのしむ

【キンモクセイ】

小さな橙色（だいだいいろ）の花が葉元に集まるキンモクセイの特徴は、やはりその香気。秋風に乗って漂う甘い香りではじめて開花に気づくことも。日本には雄株しかないため果実を見ることはできません。

9月　長月

27日

元日から……269日
大晦日まで……95日

［二十四節気］
秋分

［七十二候］初候
雷乃声を収む

我が家の芋煮がいちばん！

サトイモが旬を迎えています。山で採れる「山芋」に対して、里で栽培されるから「里芋」。稲よりも早く伝来し、長きにわたり食べられてきただけあって、皮ごと蒸したり、煮物にしたりといろいろなたのしみ方があります。

東北出身の私は、やはり「芋煮」です。芋煮はサトイモとお肉などを煮込んだ汁物料理の総称で、我が家では醤油味をベースにサトイモや牛肉、コンニャク、種々のキノコ、ネギでつくります。味つけや具材が家庭、そして地域によってガラリと変わるのが芋煮の面白いところ。郷土愛たっぷりに「うちのが最高！」と食べる点では、お正月のお雑煮と似ています。

●今日をたのしむ

【芋煮会】
山形県や宮城県では、野外で芋煮をつくり食べる「芋煮会」シーズン。ちなみに宮城県の芋煮は味噌味ベースで豚肉などを煮込むのが基本です。

【世界観光の日】
日本も加盟している世界観光機関によって制定された一日。各国で観光推進のための活動を行います。

【女性ドライバーの日】
1917（大正6）年の今日、渡辺ハマさんが女性初となる自動車免許を取得したことに由来。

9月 長月

28日

元日から……………… 270日
大晦日まで…………… 94日

［二十四節気］
秋分

［七十二候］次候
蟄虫戸を坏す

ひと足お先に冬仕度

日々秋が深まりゆくなか、北の大地や各地の高山ではすでに冬の気配がちらほらと。北海道の旭岳や富士山から、初冠雪のニュースが届く頃です。ちょっと気が早いのでは……、と感じるのは私たち人間だけのようで、虫たちは巣籠りや産卵など、次の春に生命をつなぐ準備を着々と進めています。

七十二候の「蟄虫戸を坏す」は、そんな生き物たちの冬支度に注目した候名です。カマキリやバッタは恋の季節を経て産卵シーズン。アゲハ蝶は幼虫からサナギとなり、そのまま冬を越します。クワガタやテントウムシは次第に動きが鈍くなりつつも、越冬のための場所取りに余念がありません。

●今日をたのしむ

【蟄虫戸を坏す】

「蟄虫」とは冬の間に地中に籠って春を待つ虫のこと。蟄虫たちが巣穴の戸を閉めて冬に備える頃、といった意味合いになります。


【初冠雪】

例年日本でいちばん早く初冠雪を記録するのは、旭川の旭岳（平年値9月25日）。それに富士山（同9月30日）、稚内の利尻山（同10月3日）がつづきます。

◆季節をたのしむ

【カボス】

大分県特産のカボスは、表面に光沢がある緑色の濃いものを選びましょう。さっぱりとした酸味と爽やかな香りをもつ果汁をお酢代わりに用いれば、食卓が一気に秋めきます。

9月 長月

29日

元日から……271日
大晦日まで……93日
［二十四節気］
秋分
［七十二候］次候
蟄虫戸を坏す

人と福を呼び込む「招き猫」

何事も見逃さない大きな目に、聞き逃さないピンと立った耳。そして前足で幸運やお金を手招きする招き猫は、縁起物界のスーパースターです。商売繁盛を願うお守りとしてはもちろん、文房具や食器といった日用品のモチーフとしても愛されてきました。

一般的には「左手を挙げていると人を招き、右手を挙げていると幸運やお金を招く」といわれていますが、最近では両手で招く欲張りな猫もいます。

国民的縁起物であるものの、その起源は定かではありません。発祥の地とされる寺社は東京都内だけでも3つあるほど。身近なのにどこかミステリアスなのは、実際の猫と同じです。

●今日をたのしむ

【招き猫の日】
9月29日を「来る福」と読んで、今日は招き猫の日。東京の「招き猫発祥の地」は、豪徳寺（世田谷区）、自性院（新宿区）、今戸神社（台東区）の3カ所です。

【クリーニングの日】
日付を並べた「929」が「クリーニング」と読めることから制定。

【鈴屋忌】
江戸中期の国文学者・本居宣長の忌日。忌日名は彼の書斎に鈴が掛けてあったことから。

9月　長月

30日

元日から……………… 272日
大晦日まで…………… 92日

［二十四節気］
秋分

［七十二候］次候
蟄虫戸を坯す

クルミ

秋は多くの木の実が実りの時を迎えます。和洋菓子の材料としておなじみのクルミも同様で、日本有数の産地である長野県東御(とうみ)市では、収穫したクルミを天日干しする光景が風物詩となっています。

クルミは、日本人がもっとも古くから食べてきたとされるナッツです。そのため、各地でクルミを用いた料理が受け継がれています。クルミ餅やクルミゆべし、青菜や山菜のクルミ和(あ)え、クルミ味噌を塗った五平餅……。どれも滋味豊かな郷土の宝です。

岩手県の沿岸部では、得もいわれぬほどの美味しさを「くるみあじ（胡桃味）がする」と表現するのだとか。先人の「美味しいなぁ」というしみじみとした実感が込められた、素敵な方言ですよね。

●今日をたのしむ

【くるみの日】
9（くる）月30（みはまるい）日＝「クルミは丸い」の語呂合わせ。クルミに含まれるオメガ3系脂肪酸は、悪玉コレステロール値や中性脂肪値を下げる働きがあり、動脈硬化などの生活習慣病リスクを下げてくれます。

【交通事故死ゼロを目指す日】
秋の全国交通安全運動期間の最終日である今日は、誰もが交通ルールとマナーを守り、事故が起きないよう目指す一日。

10月

神無月

かんなづき

読書にスポーツ、食べ物と
秋を堪能する一カ月です。
肌寒い空気のなかで夜空を見上げれば、
冴え冴えとした月が美しい姿を見せてくれます。

10月　神無月

1日

元日から……273日
大晦日まで……91日

［二十四節気］
秋分

［七十二候］次候
蟄虫戸を坯す

神様たちの会議

旧暦10月の異称は「神無月」。神様が無くなる月と書くのは、日本中の神様が普段おいでになる場所を留守にして、島根県の出雲地方に集まるためです。一方で、神々をお迎えする出雲地方では、旧暦10月を「神在月」と呼びます。

神様たちは風に乗って出雲に向かうと考えられてきました。そのため神無月に吹く西風には「神渡し」や「神立風」「神送り」「神の旅」など、情感豊かな名前がついています。

出雲地方にはこの時季、八百万の神々を迎える神事を行う神社が多くありますが、なかでも有名なのは出雲大社でしょう。

出雲大社に祀られているオオクニヌシは、見目麗しいモテモテの神様で子だくさん。艶福家の神様にぜひあやかりたいと、多くの人々が恋愛成就のお

●今日をたのしむ

【衣替え】
今日から学校や職場の制服が夏服から冬服へ。6月1日の衣替えに対し「のちの衣替え」とも呼びます。

【日本酒の日】
新米を用いて酒づくりに取りかかるのが10月であることや、「酒」を形づくる「酉」の字が十二

願いをしてきました。また、出雲大社に鎮(しず)まる際、目に見えないご縁を結ぶ役割を担うことを宣言したと神話が伝えています。

そのため旧暦10月10～17日まで執り行われる出雲大社の「神在祭(かみありさい)」に集合した全国の神様たちは、これから一年間のご縁について会議を行うとされています。神様たちが話し合うご縁は恋愛にまつわるものだけではありません。仕事や趣味、人間関係に学業、健康など、何事もご縁あってこそ。出雲地方の人々は神在祭の期間中、神様たちの邪魔をしないよう慎(つつ)ましく過ごすのだそうです。

晴れ渡った空のもとで心地よい風が吹いたら、神様が出雲へと出発する合図かもしれません。よきご縁がもたらされるよう、そっとお願いしてみてはいかがでしょうか。

支の10番目であることなどが由来。神無月はお酒を醸す「醸成月(かみなしづき)」を語源とする説もあります。

【日本茶の日】

1587（天正15）年10月1日に豊臣秀吉が北野大茶会を催した故事から制定。10月は日本茶に親しむ「お茶祭り」が多数開催されます。

【コーヒーの日】

コーヒーの新年度初日が10月1日であることに由来。これから肌寒くなるとあたたかいコーヒーが大活躍します。

10月　神無月

2日

元日から……………………274日
大晦日まで……………… 90日

［二十四節気］
秋分

［七十二候］次候
蟄虫戸を坏す

豆腐の日

10月2日を「とうふ」と読んで、今日は「豆腐の日」です。豆腐は2千年ほど前に中国で発明されたといわれています。やがてアジア各地に広まり、日本には奈良時代に伝来しました。なぜ「水に浸した大豆をつぶして絞り、その汁（豆乳）にニガリを加えて固める」というレシピが生まれたのか想像してみるものの、その工程が複雑すぎて謎は深まるばかりです。不思議ついでに、腐っているわけでもないのに「豆腐」とは？と調べたところ、中国語の「腐」には「やわらかくてプニプニしている」という意味があるのだとか。日本人は縁起を担いで、「豆富」という表記も生み出しました。

●今日をたのしむ

【豆腐の日】

秋に収穫し、乾燥を経た「新大豆」が出回る12～2月頃が、豆腐の旬。なめらかさと豆の香りが身上の「新豆腐」が店頭に並ぶまでは、もう少し時間が必要です。


【とんこつラーメンの日】

「とんこつラーメン」の発祥地である福岡県久留米市の認知度をアップし、同地でとんこつラーメンを味わってもらえるよう制定。日付は10と2を「とんこつ」と読む語呂合わせから。


【橘（たちばな）のケンカだんじり】

徳島県阿南市橘町（たちばなちょう）に鎮座する海正（かいしょう）八幡神社の秋祭り。毎年10月1～3日に開催。舟に見立てた4台のだんじりを曳（ひ）き回し、猛烈な勢いでぶつけ合います。

●季節をたのしむ

【うろこ雲】

秋空一面にもこもこと連なる様子が魚の鱗（うろこ）をイメージさせることから名づけられました。魚の群れに見立てて「いわし雲」や「さば雲」とも。この雲が出たら天気は下り坂。低気圧が近づいています。

10月　神無月

3日

元日から……275日
大晦日まで……89日

［二十四節気］
秋分

［七十二候］末候
水始めて涸る

稲刈り

春の種まきから5カ月あまり。農家の方々が大切に育ててきた稲が田んぼで黄金色に輝いています。豊かな実りのご相伴に預かろうと、スズメもうれしそうに飛び交うなか、稲刈りシーズンがやってきました。

さて、ここでひとつクイズです。1本の稲には、どれぐらいの米粒が実っているでしょうか。

正解は品種によってバラつきがあるものの、およそ100～200粒。1粒の種籾（たねもみ）から芽が出て、苗となり植えられたことを思うと、その実りの多さに改めて感謝せずにはいられません。

●今日をたのしむ

【水始めて涸（か）る】
秋分の末候である「水始めて涸る」は、稲刈りに備えて水田から水を抜き、乾かす時季であることを示しています。

【アンパンマンの日】
1988（昭和63）年の今日、やなせたかしさんによる国民的キャラクター・アンパンマンのテレビ放送がはじまりました。

【ドイツパンの日】
噛めば噛むほど味わいが増すドイツパンを広める日。日付は1990（平成2）年の今日、東西ドイツが統一されたことに由来しています。

10月　神無月

4日

元日から……………… 276日
大晦日まで…………… 88日

［二十四節気］
秋分

［七十二候］末候
水始めて涸る

十三夜

十三夜とは、旧暦9月13日の夜のこと。十五夜の月についで美しいとされるお月様が昇る夜です。約1カ月前に十五夜のお月見（P286）をたのしんだ方は、忘れずに十三夜の月も愛(め)でましょう。昔から、どちらか一方だけの「片月見」は縁起がよくないと嫌われてきました。

十五夜の「芋名月」に対し、十三夜は「栗名月」や「豆名月」と呼びます。栗も豆も、この時季に食べ頃を迎える秋の味覚です。ススキやお団子とともに、お月様へのお供えにしましょう。

十五夜は中国から伝わりましたが、十三夜は日本独自のならわしです。十三夜の月は、向かって左側がほんの り欠けた姿。煌々(こうこう)と輝く満月とはまた違う趣があります。

●今日をたのしむ

【十三夜】

十五夜に対して「のちの月」とも呼びます。今年はいつになるか、旧暦と照らし合わせて日付を確認しておきましょう。

【徒歩の日】

10（と）月4（ふぉ）日の語呂合わせ。「一日8千歩・20分の早歩き」が健康効果が高いとされるウォーキングの指標。

◆季節をたのしむ

【栗きんとん】

別名「栗茶巾」。栗の甘味をたのしむシンプルな和菓子です。

10月 神無月

5日

元日から……277日
大晦日まで……87日

［二十四節気］
秋分

［七十二候］末候
水始めて涸る

レジ袋はいりません

２０２０（令和２）年７月からプラスチック製レジ袋が有料化し、エコバッグを愛用する方がグッと増えました。私も気分に合わせせいくつか使い分けています。レジ袋は便利な反面、ゴミ問題や環境破壊の原因となります。日本は世界有数のレジ袋消費国。有料化前は、年間３００億枚も使用していたそうです。ひとりあたりにすると約３７５枚。地球と私たち自身のため、「レジ袋ゼロデー」が続くよう行動していきたいですね。

●今日をたのしむ

【レジ袋ゼロデー】

２００２（平成14）年の今日、プラスチックゴミを減らすため、買物袋の持参を呼びかける日として制定。


【時刻表記念日】

１８９４（明治27）年の今日、日本ではじめて本格的な時刻表が出版されました。


【世界教師デー】

１９９４（平成６）年にユネスコが制定しました。世界１００カ国以上で先生への感謝を伝えるアクションやイベントを実施します。日本での知名度をさらに高めようと「教師の日」として記念日にもなっています。

●季節をたのしむ

【植物の種】

野山や草むらを歩いていると、小さな実が服や靴のあちこちに。イノコヅチ、オオオナモミ、アメリカセンダングサなど、種を遠くまで運ばせようとする植物のお手伝いです。私が小さな頃は「ひっつき虫」と呼んで、くっつけ合って遊びました。

10月　神無月

6日

元日から……………… 278日
大晦日まで…………… 86日

［二十四節気］
秋分

［七十二候］末候
水始めて涸る

オクトーバーフェスト

ビール好き、とくにドイツビール愛好家が待ち焦がれる「オクトーバーフェスト」の季節がやってきました。オクトーバーフェストは19世紀初頭にドイツのミュンヘンではじまったビールの祭典で、9月下旬～10月上旬まで開催します。日本には15年ほど前に上陸。ドイツビールとともに料理や音楽も満喫できるイベントとして、年々人気を集めています。

オクトーバーフェストに行かずとも、自宅でドイツビールをたのしむのもいいですね。ドイツ語での乾杯を意味する「プロースト！」でグラスを鳴らし、麦芽の香りと味わいを満喫しましょう。

◆今日をたのしむ

【オクトーバーフェスト】

日本では9～10月に限らず、春から秋にかけて各地で行われます。日本の元祖ともいえる「横浜オクトーバーフェスト」は、毎年9月末～10月半ば（なか）の開催です。


【国際協力の日】

1954（昭和29）年の今日、日本政府が途上国に対する政府開発援助を開始したことを記念して制定。


【夢をかなえる日】

日付を並べた「1006」が「ドリーム」と読めることに由来。

◆季節をたのしむ

【ノーベル賞発表】

そろそろノーベル賞の受賞者発表シーズン。物理学、化学、生理学・医学、文学、経済学、平和の6分野で、多大な貢献をした人物や団体に贈られます。日本人の受賞は、誰もが笑顔になる明るい話題です。

10月 神無月

7日

元日から……………… 279 日
大晦日まで…………… 85 日

［二十四節気］
秋分

［七十二候］末候
水始めて涸る

泥棒と夜の口笛

10（トー）月7（ナン）日の語呂合わせから、今日は「盗難防止の日」。大切な家財道具を泥棒から守るための防犯対策を見直す日です。

泥棒といえば子供の頃、暗くなってから口笛を吹いて「泥棒が来るよ！」と叱られた経験はありませんか？　その理由には、「単純に近隣への配慮から来る躾（しつけ）の一環」という説もあれば、「口笛は盗賊や人さらいが連絡を取り合う合図だった」といった説も。「口笛が吹くと蛇が来る」という言い伝えも多いのは、「蛇（じゃ）＝邪（じゃ）（不吉なもの）も連れてくると考えられていたから」なのだそうです。

●今日をたのしむ

【盗難防止の日】
警察庁の統計では10月は空き巣が増える傾向が。行楽シーズンで留守がちになるほか、気温的に窓を開けて過ごすことが多くなることが原因と考えられます。

【シャツの日】
1877（明治10）年の10月、横浜で国産のシャツを製造するようになったことにちなんで。

10月　神無月

8日

元日から……280日
大晦日まで……84日
［二十四節気］
寒露
［七十二候］初候
鴻雁来る

寒露

今日から二十四節気は「寒露」。秋も深まり、草木に降りる露もいつの間にか冷たさを増している、というのがその名のいわれです。朝夕の冷え込みも、涼しさというよりは肌寒さを感じるようになります。

秋晴れの空には、日本で冬を過ごすために北国から続々と渡ってきた冬鳥の姿が見えます。マガンやヒシクイの飛来地として知られる北海道美唄（びばい）市の宮島沼や宮城県栗原市の伊豆沼は、日を追うごとに鳥たちの声で賑やかに。各地の公園の池などで優雅に泳ぐマガモやコガモ、ヒドリガモなども長い旅を乗り越えて日本にやってきた冬鳥です。

●今日をたのしむ

【鴻雁来る（がんきたる）】

その年にはじめて渡ってきたマガンは「初雁（はつかり）」と呼び、秋の季語になっています。また、冬鳥が渡ってくる頃に吹く北風は「雁渡し（かりわたし）」。こちらも秋の季語です。


【頭髪記念日】

頭皮・毛髪についての意識をもち、髪形をチェックすることで気分を高めてもらうよう制定されました。日付は10と8で「頭＝とう（10）髪＝はつ（8）」と読む語呂合わせから。


【まりも祭り】

国の天然記念物である「まりも」を保護するために北海道釧路市の阿寒湖一帯で開催するお祭り。毎年10月8～10日まで。

●季節をたのしむ

【カボチャ】

日本で多く流通しているのは甘味が強く、ホクホク触感がたまらない西洋カボチャ。βカロテンやビタミンCが多く、風邪予防にもってこい。月末にはカボチャが重要なモチーフとなっている年中行事・ハロウィンもやってきます。

10月　神無月

9日

元日から……281日
大晦日まで……83日

［二十四節気］
寒露

［七十二候］初候
鴻雁来る

長崎くんち

古来、九州北部では秋のお祭りを「くんち」と呼んできました。語源には、9月9日の重陽（ちょうよう）の節句に秋祭りを行っていたという「九日（くにち）」説や、神様に感謝して収穫物をお供えしたという「供日（くにち）」説などがあります。

今日は数あるくんちのなかでも、もっとも盛大な長崎くんちの最終日です。江戸時代初期、遊女が神前で踊りを奉納したのがはじまりとされ、港町・長崎の発展とともに異国情緒豊かな町ごとの奉納踊りを育んできました。賑やかに鳴り響く爆竹や中国の雨乞いの儀式をルーツとする龍踊り、艶（あで）やかな日本舞踊などを披露し、おおいに盛り上がります。

●今日をたのしむ

【長崎くんち】
毎年10月7～9日に行う諏訪神社（長崎県）の秋季例大祭。実りに感謝し、無病息災を願います。

【秋の高山祭】
春の高山祭（山王祭（さんのうまつり）・P127）と対となる秋の高山祭（八幡祭（はちまんまつり））は今日と明日開催。今夜の宵祭では、提灯（ちょうちん）を吊り下げた豪華絢爛な屋台が街を巡行します。

【道具の日】
10（どう）月9（ぐ）日の語呂合わせ。料理道具や仕事道具のお手入れをして感謝する日。

10月 神無月

10日

元日から……282日
大晦日まで……82日

［二十四節気］
寒露

［七十二候］初候
鴻雁来る

さようなら、体育の日
こんにちは、スポーツの日

1964（昭和39）年10月10日、東京オリンピック（第18回夏季オリンピック）の開会式が行われました。それまで8月を中心に開催することの多かったオリンピックを10月に開いたのは、真夏の東京の気温や湿度を考慮してのこと。さらに開会式は、秋雨前線が停滞する心配がなく、晴れる確率の高い日として10日を選んだというのが定説です。実際の開会式も、抜けるような青空のもとで行われました。

この日を記念して1966（昭和41）年に制定したのが、「体育の日」です。国民の祝日に関する法律が「スポーツにしたしみ、健康な心身をつちかう」日と定めています。

2000（平成12）年からは祝日法の改正により10月の第2月曜日となりました。運動会や体育祭など、スポーツに関わるさまざまな行事を行い、日

●今日をたのしむ

【スポーツの日】

「体育」は学校の授業のイメージが強いため、誰もが親しめるよう「スポーツ」に名前が変わりました。

【運動会】

日本初の運動会は1874（明治7）年、海軍兵学校で行った「競闘遊戯」とされています。

本中が賑わいます。

こうして50年以上にわたり親しんできた「体育の日」ですが、２０２０年から、その名前は「スポーツの日」となりました。日付が10月の第２月曜日であることに変わりはないものの、２０２０年は7月24日。半世紀以上ぶりの開催を予定していた東京オリンピックに合わせた措置でした。

じつは「スポーツの日」の名称は新たにつくられたものではありません。１９６１（昭和36）～１９６５（昭和40）年まで10月の第１土曜日があてられており、「体育の日」の創設とともにその名前が消えたのです。「スポーツの日」から「体育の日」へ、そして再び「スポーツの日」へ。暦は時代に合わせて変わっていきますが、その瞬間に立ち会えた貴重な経験として、この一日を覚えておきたいものです。

「運動会」という言葉は１８８３（明治16）年に東京大学で用いたのがはじまりです。

【銭湯の日】
10月10日（＝１０１０）が「せんとう」と読めることから。スポーツのあとは、銭湯の大きなお風呂で汗を流すのもいいですね。

10月 神無月

11日

元日から……283日
大晦日まで……81日
［二十四節気］
寒露
［七十二候］初候
鴻雁来る

戦後初のヒット曲

その時々の世相を反映し、人々の心に寄り添った歌が「ヒット曲」となります。これまで数々の名曲が私たち日本人の暮らしを彩ってきました。なかでも、もっとも多くの人を勇気づけた曲といえば、戦後初のヒット曲となった『リンゴの唄』でしょう。並木路子さんの明るい歌声と曲調は、敗戦直後の暗く、荒(すさ)んだ世の中の空気を吹き飛ばしました。

私がこの曲と出会ったのは5歳の頃。通っていた保育園の園長先生の十八番だったのです。先生は戦中戦後を乗り越えた世代。夢と希望が詰まった『リンゴの唄』を歌い継いでいってほしいと願いつつ、教えてくれたのかもしれません。

●今日をたのしむ

【リンゴの唄の日】

『リンゴの唄』の作詞はサトウハチロー、作曲は万城目正(まんじょうめただし)。1945（昭和20）年10月11日に封切られた映画『そよかぜ』の挿入歌でした。今日は、映画の公開日にちなんで「リンゴの唄の日」。


【ハンドケアの日】

空気の乾燥がはじまる時季であること、10月11日が「てにいい」と読めることから。家事の合間にはハンドクリームを塗って手指をいたわりましょう。


【ウインクの日】

日付の10を眉毛と開いた目、11を眉毛とウインクをした目に見立てて。朝起きて好きな人の名前の文字数だけウインクをすると恋が叶う、というおまじないがもとになって定着したとか。

◆季節をたのしむ

【リンゴ（紅玉(こうぎょく)）】

酸味が強く、果肉が引き締まっている紅玉は、ジャムやアップルパイ、焼きリンゴなどにうってつけです。全体がムラなく色づいたものを選びましょう。

10月 神無月

12日

元日から……………… 284 日
大晦日まで…………… 80 日

［二十四節気］
寒露

［七十二候］初候
鴻雁来る

見ても食べても大満足

そろそろ北国の高地から、紅葉のニュースが届く頃です。そして地上でも、ほかの木々に先駆けるようにコキアが色づきだしています。ヒユ科の一年草であるコキアは、こんもりと茂る姿が特徴的。真っ赤に染まったさまはなんともかわいらしく、趣深いものがあります。

コキアの和名である「ホウキグサ（ホウキギ）」からもわかるように、かつては乾かした茎を束ね、箒(ほうき)にしていました。さらに実を加熱し、皮を取り除いたものはトンブリ。その見た目から「畑のキャビア」とも称される秋の味覚です。

●今日をたのしむ

【コキアの名所】
国営ひたち海浜公園（茨城県）やひるがのピクニックガーデン（岐阜県）では、コキアの紅葉期間中さまざまなイベントを行います。

【本門寺万灯練供養(ほんもんじまんどうねりくよう)】
日蓮宗の開祖・日蓮が亡くなった東京都の池上本門寺では忌日(きにち)の前夜、桜の花を模した万灯を掲げ、練り歩きます。

【豆乳の日】
10（とう）月12（にゅう）日の語呂合わせ。

10月　神無月

13日

元日から	285日
大晦日まで	79日

［二十四節気］
寒露

［七十二候］初候
鴻雁来る

九里(くり)四里(より)うまい十三里

多くの野菜は新鮮なものほど美味しさが際立ちますが、サツマイモは別。収穫後、含まれるデンプンが時間をかけて糖に変化していくためです。そろそろ、夏から初秋にかけて収穫・貯蔵され、甘味たっぷりに変身したサツマイモが出回ります。

サツマイモといえば、やはり焼き芋ですよね。ホクホクの焼き芋は、江戸っ子たちの心もわし掴(づか)みにしてきました。

関東でもサツマイモの栽培を行うようになった江戸時代後期から、江戸市中では焼き芋屋が大繁盛したといいます。同じく秋の味覚である栗と比較して売り出した文句が「八里半」。「九里(栗)に近い」というわけです。さらに、近いどころか超えているぞと登場したのは「九里(栗)四里(より)うまい十三里」。今でも「十三里」はサツマイモの別名となっています。

●今日をたのしむ

【さつまいもの日】

サツマイモの出回り期である10月と別名の「十三里」にちなんだ13日を組み合わせて制定。

【豆の日】

豆を旧暦9月13日の「十三夜(P320)」にお供えすることにちなんで制定。旧暦では毎年日付が変わるため、1カ月遅れの新暦10月13日と定めました。

【お会式(えしき)】

今日は日蓮宗の開祖・日蓮の忌日(きにち)。今日を中心に日蓮を偲(しの)んで修(しゅう)する法(ほう)会(え)は「お会式」と呼びます。

10月 神無月

14日

元日から……………… 286日
大晦日まで…………… 78日

［二十四節気］
寒露

［七十二候］次候
菊花開く

菊祭り

黄色、白、紫と色とりどりの菊が見頃を迎え、各地で菊の花の出来ばえを競う菊花展や、菊祭りを開催しています。会場に一歩足を踏み入れると菊の香りが全身を包み、なんともいえない清々しい気分になります。

菊は、江戸時代の園芸ブームによってさまざまな品種が誕生しました。江戸時代中期に出版された園芸書には、230もの品種が載っており、今では秋を代表する花となっています。菊を育てたり、愛(め)でたりすることは身分を問わない娯楽だったのです。菊花展や菊を衣装に見立てた菊人形祭りも、江戸時代からつづく季節のたのしみ。見事に咲いた花が秋本番を彩ります。

●今日をたのしむ

【菊花開(きっかひら)く】
ひと口に菊といっても、品種によって開花時期はまちまち。晩夏から晩秋まで私たちの目をたのしませてくれます。

【菊祭り】
二本松の菊人形（福島県）や笠間の菊まつり（茨城県）は毎年10月中旬～11月下旬に開催。

【灘のけんか祭り】
兵庫県の松原八幡神社の秋季例大祭。数百人の男衆が3基のお神輿(みこし)をぶつけ合う、白熱のお祭りです。

10月　神無月

15日

元日から……287日
大晦日まで……77日

［二十四節気］
寒露

［七十二候］次候
菊花開く

キノコ

キノコが大好きで、冷蔵庫に欠かしたことがありません。ブナシメジ、シイタケ、エノキダケ、エリンギなどが人工栽培のおかげで一年中手に入るため、身近なキノコで季節を感じる機会は少ないといえるでしょう。とはいえ、秋にはひと株まるごとのマイタケやぷっくりとしたホンシメジ、フリルのようなハナビラタケなど、珍しいキノコがデパートやスーパーマーケットにお目見えします。もっとも目立つ場所にはキノコの王様、マツタケが。買おうか買うまいか、毎年のことながらキノコ売り場で熟考してしまいます。

●今日をたのしむ

【きのこの日】

キノコがもっとも流通する10月のなかでも、落ち着いてその魅力を伝えやすい月の半ば(なか)であることから制定。


【化石の日】

アンモナイトの一種で日本を代表する化石、ニッポニテス・ミラビリスが新種として報告された、1904（明治37）年の今日に由来。


【新聞週間】

毎年10月15日から1週間。各新聞社が新聞と読者との結びつきを強める活動を展開します。

10月 神無月

16日

元日から……288日
大晦日まで……76日

［二十四節気］
寒露

［七十二候］次候
菊花開く

ボスの日

今日は「ボスの日」。「ボス」という言葉は私たち日本人にはなかなかなじみがありませんが、職場の経営者もしくは上司のこと。お世話になっている先輩も「ボス」といえますね。

日頃の上司の労をねぎらい、感謝を伝える「ボスの日」の発祥は１９５８（昭和33）年のアメリカ。ある女性が自分の職場の経営者と従業員の関係がよりよいものになるよう提唱しました。なぜ10月16日になったのかといえば、会社の経営者の誕生日だったため。やがて各国に広まり、尊敬と感謝の気持ちを込めて、プレゼントやカードなどを贈るようになりました。上司や先輩をランチに誘ってもいいですね。

●今日をたのしむ

【ボスの日】

ボスの日が休業日となってしまう場合は、今日にいちばん近い就業日にスライドします。ボスの日のアクションには「ボスに定時退社するよう促す」というものもあります。

【世界食料デー】

途上国などでの栄養失調や食料危機について考える日。１９８１（昭和56）年に国連食糧農業機関が制定しました。

【人と色の日 自分色記念日】

10（ヒト）月16（イロ）日の語呂合わせ。自分にいちばん似合う色を知り、身につける一日。その人ならではの魅力がグンと引き立つそうです。

●季節をたのしむ

【ホンシシャモ】

一般的に流通しているシシャモはカラフトシシャモ（カペリン）。ホンシシャモは北海道の太平洋沿岸にだけ生息する固有種で、漁期も10〜11月とわずかな期間。ホンシシャモの卵の上品な美味しさや脂がのってコクのある身は、カラフトシシャモとはまったくの別物。感動すら覚えます。

10月 神無月

17日

元日から……289日

大晦日まで……75日

［二十四節気］寒露

［七十二候］次候 菊花開く

神嘗祭（かんなめさい）

日本の最高神であるアマテラスが鎮座する伊勢神宮（三重県）は、年に1500回ものお祭りを行います。そのなかでも、もっとも大切に受け継がれてきたのが10月15日から今日までの「神嘗祭」です。

神嘗祭では今年はじめて収穫した稲穂である「初穂」をアマテラスにお供えします。日本神話において、稲はアマテラスの孫神が地上にもたらしました。孫神に天界の稲を授けたのは、もちろんアマテラス。神嘗祭は最高神の恵みであるお米が無事に実ったことを奉告（ほうこく）し、感謝をささげるならわしなのです。

●今日をたのしむ

【神嘗祭】
「神宮の正月」とされるほど重要な神事です。神嘗祭に際し、伊勢神宮には天皇陛下が皇居で育てられた稲のほか、全国各地の農家が献じた初穂である「縣税（かけちから）」がささげられます。

【貯蓄の日】
農家の方々の働きの賜物である初穂をささげる神嘗祭にちなみ、勤労の賜物であるお金を大切にし、貯蓄に対する関心を高めようと定められました。

10月 神無月

18日

元日から……290日
大晦日まで……74日
［二十四節気］寒露
［七十二候］次候 菊花開く

どぶろく祭り

日本の神事にお酒は欠かせません。米と麹（こうじ）、水を醸造してできるお酒は、神様の力によって完成する神聖な飲み物とされてきたからです。かつては多くの神社が酒づくりを行い、お祭りのたびに神様にささげ、お下がりをみなで酌み交わしていました。その風習を今に伝えるのが、各地で秋に開催される「どぶろく祭り」です。なかでも世界遺産の地・岐阜県白川村では、秋の収穫を祝い、5つの神社がどぶろくを振る舞います。どぶろくは冬場に神社酒蔵で仕込んだもの。舞台では民謡や郷土芸能が披露され、村人も観光客も一緒になって秋の宴（うたげ）をたのしみます。

今日をたのしむ

【どぶろく祭り】

「どぶろく」は、醸造過程でできる醪（もろみ）を濾（こ）していないお酒。もっとも原始的な日本酒です。白川村のどぶろく祭りは9月25日～10月19日まで、5つの神社で開催します（各神社の祭り期間は1～2日間）。


【冷凍食品の日】

冷凍の「とう（10）」と、冷凍食品を保存する最適温度であるマイナス18℃の組み合わせ。食卓の味方である冷凍食品の国内生産量は右肩上がりに増えつづけています。


【ドライバーの日】

トラック、バス、タクシーなどを運転するプロドライバーに感謝するとともに、その地位向上を目指す日。日付は「1018」を「ドライバー」と読む語呂合わせから。


【統計の日】

1870（明治3）年、現在の生産統計の起源となった「府県物産表」についての太政官布告が公布された日付を新暦に換算して制定。統計の重要性を理解する一日です。

10月　神無月

19日

元日から……291日

大晦日まで……73日

［二十四節気］
寒露

［七十二候］末候
蟋蟀戸に在り

秋の音楽会と高鳴き

初秋には夕暮れ時の開演だったキリギリスやコオロギの音楽会が、日中から聞こえるようになってきました。変温動物である虫たちは、秋が深まり夜間の気温が低くなると昼間にも鳴くようになるからです。コオロギやスズムシは、気温が15℃以下になると鳴かなくなるともいわれています。

虫の声とともに時折聞こえてくるのは、モズの高鳴き。甲高い「キー、キチキチキチキチ」というさえずりです。繁殖期となる初春まで単独で過ごすモズが、自分の縄張りを主張するために発すると考えられています。人間は人恋しくなる秋冬をたった1羽で過ごすとは、たくましい限りです。

今日をたのしむ

【蟋蟀戸に在り】

寒露の末候に登場する「蟋蟀」は一説にはコオロギとも。「戸に在り」は「家の戸口の近くで鳴いている」といった意味合いです。「蟋蟀」は少しずつ近づきつつある冬を象徴しているともいわれています。

【バーゲンの日】

1895（明治28）年の今日、東京の大丸呉服店が日本初となるバーゲンセール（大売出し）を開いたことに由来。ただし、大売出しの起源を江戸時代の呉服屋や大正時代のデパートとする説もあります。

【イクメンの日】

10（トウサン＝父さん）と19（イクジ＝育児）の語呂合わせ。男性の育児休暇を推進するとともに、父親が育児をたのしみ、がんばる日とされています。

季節をたのしむ

【シホウチク】

秋の筍として人気が高いシホウチクは高知県が特産地。心地よい歯ごたえとほのかな苦味が特徴で、煮物や炒め物にしていただきます。

10月 神無月

20日

元日から……292日
大晦日まで……72日

［二十四節気］
寒露

［七十二候］末候
蟋蟀戸に在り

来たれ、福徳！ えびす講

釣り竿と鯛、ニコニコ笑顔がトレードマークの恵比寿は、商売繁盛の神様。その恵比寿を祀(まつ)って福徳を願う行事が「えびす講」です。江戸時代に商家を中心に流行した一方、農村部では豊穣を祈る行事としても受け継いでいます。

恵比寿は出雲地方で行われる神様たちの会議（P316）には出向かず、留守を預かるとされてきました。今日、各地で行う恵比寿を祀る神社の「えびす講」は、留守居の神様を慰めるためにはじめたそうです。ごちそうやお酒のほか、一升枡(いっしょうます)に入れた小銭や財布などをお供えし、恵比寿に招福をお願いするならわしもあります。

●今日をたのしむ

【えびす講】
「恵比寿講」「戎講」「恵美須講」など書きあらわし方がさまざまあるように、開催日も10月20日、11月20日、1月10日、1月20日とまちまち。今日のえびす講は「二十日えびす」とも。宝田恵比寿神社（東京都）周辺では漬け物を売る「べったら市」が立ちます。

【リサイクルの日】
10月20日を「ひとまわり、ふたまわり」と読む語呂合わせ。10月は3R（リデュース〈ゴミ削減〉・リユース〈再使用〉・リサイクル〈再利用〉）の推進月間です。

10月　神無月

21日

元日から……293日
大晦日まで……71日
［二十四節気］寒露
［七十二候］末候　蟋蟀戸に在り

発明王と日本の竹

「電球を発明した人」はエジソンとされていますが、厳密には物理化学者・ジョゼフ・スワンが発明しました。しかし、その電球の寿命は13時間程度。点灯時間を延ばし、商用化したのがエジソンなのです。そして、その偉業を支えたのは日本のある植物でした。

点灯時間延長の鍵は、電球内部で光を放つフィラメントの素材にありました。エジソンは6千種類もの素材を用いて実験を重ねるなかで、竹がフィラメントに適していることを発見します。彼は世界中に20人の竹ハンターを派遣。収集した竹のなかで、平均千時間点灯というベストの結果を出したのが、石清水八幡宮（京都府）周辺に生える竹でした。次世代素材のセルロースが登場する十数年間、日本の竹によるフィラメントが世界を明るく照らしていたのです。

今日をたのしむ

【あかりの日】

1879（明治12）年の今日、エジソンによる白熱電球が40時間点灯した偉業をたたえ制定。当時のフィラメントは木綿糸でした。照明文化の向上による豊かな社会の創造と、エネルギーの有効利用を目指す一日です。

季節をたのしむ

【オリオン座流星群】

照明を消し空を見上げれば、流星を見つけられるかも。毎年10月15～23日頃にあらわれる天体ショーです。

10月　神無月

22日

元日から……294日
大晦日まで……70日

［二十四節気］
寒露

［七十二候］末候
蟋蟀戸に在り

千年を遡る「時代祭」

「時代祭」は、平安京遷都1100年を祝して創建された、平安神宮のお祭りです。祭神の1柱は、その遷都を決めた桓武天皇です。

見ものは、全長2km・参列者2千名の「時代風俗行列」。行列を眺めているだけで、明治維新から平安京遷都までの千有余年を遡れる趣向となっています。坂本龍馬や織田信長、清少納言に坂上田村麻呂など、各時代を象徴するさまざまな人物が登場します。

参列者の衣装や調度品、祭具は時代ごとに様式を考証し、再現したもの。糸一本、金具ひとつに至るまで、伝統工芸技術の粋が集められています。

●今日をたのしむ

【時代祭】
毎年10月22日に開催。「葵祭（P162）」「祇園祭（P225）」と並ぶ、京都三大祭りのひとつです。時代風俗行列を従えるのは、平安神宮のご祭神を乗せた御鳳輦。社名のままに、この世の平安を願うお祭りです。

【アニメの日】
1958（昭和33）年の今日、日本最初のカラー長編アニメーション映画『白蛇伝』が公開されました。

【中也忌】
大正・昭和期の詩人・中原中也の忌日です。

10月　神無月

23日

元日から……………… 295日
大晦日まで…………… 69日

［二十四節気］
寒露

［七十二候］末候
蟋蟀戸に在り

秋の夜長はぐっすりと

日本人の5人に一人は、睡眠にまつわる不調を感じていることがあきらかになっています。過ごしやすい気温がつづく秋は、乱れた睡眠習慣を整えるのにうってつけの季節なのだそうです。

人間の眠気は、メラトニンというホルモンによって促されると考えられています。メラトニンは、私たちが目覚めて光を感じると分泌が収まり、その後14～16時間ほどすると再び分泌がはじまります。夜更かしをして起床時間が遅くなると、その分眠気を感じる時間もどんどん夜更けにズレていくというわけです。休日の長時間にわたる昼寝や極端な寝坊も、睡眠習慣を乱す原因となります。

秋の夜長といえど夜更かしはほどほどにし、なるべく毎日同じ時間に起床するよう心がけましょう。

●今日をたのしむ

【不眠の日】
2と3の並びを「ふみん（不眠）」と読んで、2月3日と毎月23日は「不眠の日」。不眠の改善にまつわる情報発信などを行います。

【電信電話記念日】
日本初となる公衆電信線の架設工事がはじまった1869（明治2）年9月19日を新暦に換算して制定。

【津軽弁の日】
青森県出身の方言詩人・高木恭造の忌日（きにち）が由来です。津軽弁をテーマにしたイベントを開催します。

10月 神無月

24日

元日から……296日
大晦日まで……68日

［二十四節気］
霜降

［七十二候］初候
霜始めて降る

霜降（そうこう）

秋の最後の節気となる「霜降」は文字通り「霜が降りるようになる頃」といった意味合いです。北海道や東北北部からは初霜のニュースが届きます。山間部では紅葉が真っ盛り。赤や黄色、茶色の葉に彩られる様子を、先人は「山粧う（よそおう）」とあらわしました。

私たちの暮らしに目をやれば、冬物の衣服を新調したり、暖房器具の点検をしたりと、冬支度を調える時季でもあります。

●今日をたのしむ

【霜始めて降る】

霜は晴天無風の夜、地表面付近の温度が氷点下になり、地面や地表の物に触れた空気中の水蒸気が氷となることで生じます。北海道の旭川（あさひかわ）や帯広地方では、10月上旬に初霜が降りることも珍しくありません。

【国連デー】

1945（昭和20）年の今日、国際連合（国連）が正式に発足したことに由来します。日本は1956（昭和31）年12月18日に加盟しました。

【天女の日】

10（てん）月24（にょ）日の語呂合わせ。京都府京丹後市や大阪府高石市、鳥取県湯梨浜町（ゆりはまちょう）など、天女伝説の残る地域が多数あります。

【文鳥の日】

今頃に手乗り文鳥の雛が出回ることと、10と24が「手に幸せ」と読めることから。

10月　神無月

25日

元日から……………… 297日
大晦日まで…………… 67日

［二十四節気］
霜降

［七十二候］初候
霜始めて降る

ご当地うどん

古代中国にルーツがあるとされるうどんは、日本各地でさまざまな発展を遂げてきました。試しに「日本三大うどん」で調べてみても、稲庭うどん（秋田県）、水沢うどん（群馬県）、氷見うどん（富山県）、讃岐うどん（香川県）、五島うどん（長崎県）など、いくつかの候補が挙がります。具材や味つけも含めれば、47都道府県すべてにご当地うどんがあるといえるでしょう。旅先で食べるのも乙ですが、お取り寄せやインターネットを頼りにお家で再現するのもたのしいもの。冷たい麺かあたたかい麺か、生麺か乾麺か、具材に凝るかシンプルにいくか、考えるだけでお腹が空いてきます。

今日をたのしむ

【世界パスタデー】

1995（平成7）年の今日、イタリアで世界パスタ会議が開かれたことが由来。明治時代、パスタの一種であるマカロニは「竹管のような穴あきうどん」と紹介されていました。じつは、パスタとうどんのルーツを同じとする説もあります。


【民間航空記念日】

1951（昭和26）年の今日、戦後初の国内民間航空会社として設立された日本航空が運航を開始。東京～大阪～福岡間の航路でした。


【久世（くせ）祭り（だんじり喧嘩）】

岡山県真庭市久世地区に鎮座する5つの神社のお神輿（みこし）や9社のだんじりが練り歩く「五社御祭礼」と、だんじりがぶつかり合う「だんじり喧嘩」が見ものです。毎年10月25～26日開催。

季節をたのしむ

【セイヨウカリン（マルメロ）】

生食には向かないためジャムやハチミツ漬け、コンポートなどに。咳止め、痰止めに効果のあるアミグダリンを多く含みます。

10月　神無月

26日

元日から……………… 298 日
大晦日まで…………… 66 日

［二十四節気］
霜降

［七十二候］初候
霜始めて降る

柿の健康効果

「柿が赤くなると医者が青くなる」ということわざがあります。「柿が色づく頃は天候も安定しているので病気になる人が少なく、医者はあがったり」という意味ですが、柿の健康効果も手伝って生まれた言葉でしょう。

柿はビタミン類を豊富に含む果実です。とくに免疫力を高め、老化を予防してくれるビタミンCが多く、ひとつ食べれば、一日に摂る目安量を満たしてくれるほど。また、鼻や喉の粘膜を強くするβカロテンもたっぷりで、風邪の予防にもってこいなのです。

●今日をたのしむ

【柿の日】
「柿くへば
鐘が鳴るなり
法隆寺」
という句を、正岡子規が1895（明治28）年の今日に出発した旅行で詠（よ）んだことが由来。子規は柿が大好物でした。

【きしめんの日】
愛知県の名物である「きしめん」をもっと多くの人に食べてもらおうと制定。日付は食欲の秋である10月と、特徴であるツルツル感をあらわす「26（ツル）」を組み合わせています。

10月 神無月

27日

元日から……299日

大晦日まで……65日

［二十四節気］
霜降

［七十二候］初候
霜始めて降る

読書週間

今日は「文字・活字文化の日」。11月9日までつづく「読書週間」の初日でもあります。「読書の秋」という言葉がまさにぴったりな2週間です。でも、「どうして秋だけが読書と特別に結びついたのだろう?」と少し気になりますよね。

そのルーツは、唐の文学者・韓愈（かんゆ）が息子に贈った詩の一節とされています。学問の大切さを説き、秋になって涼しくなったら「燈火稍可親」（=夜の灯りに親しんで書物を開きなさい）、と書いているのです。

この「燈火稍可親」が「灯火親しむべし」という漢語となり、知識人が用いるようになりました。明治時代には、夏目漱石（なつめそうせき）が新聞に連載していた『三四郎』のなかで引用し、秋と読書のイメージが多くの人に広まったといわれています。

●今日をたのしむ

【読書週間】
戦前に実施していた、図書館事業の発展を目指す「図書館週間」を引き継ぎつつ、「読書の力によって平和な文化国家をつくろう」と、1947（昭和22）年に創設。読書週間によって「読書の秋」のイメージがより強く定着しました。

【世界新記録の日】
1931（昭和6）年の今日、日本初の世界新記録がふたつ生まれたことが由来。南部忠平（なんぶちゅうへい）が走り幅跳びで、織田幹雄（おだみきお）が三段跳びで更新しました。

10月 神無月

28日

元日から……………… 300 日
大晦日まで…………… 64 日

［二十四節気］
霜降

［七十二候］初候
霜始めて降る

お出汁（だし）

カツオ節、昆布、煮干し、焼きアゴ、干しシイタケなどを煮出してできるお出汁は、和食の基本です。乾燥した材料から引き出される凝縮した旨味と栄養のおかげで、さまざまな料理が生まれました。

海外に滞在することの多い知人が「日本に帰ってきたな」としみじみ実感するのは、お出汁の効いた料理を食べたときなのだそうです。お出汁の香りと味は、疲れた心身を癒してくれるのでしょう。成田空港をはじめ、日本の国際空港にはお出汁を味わえる飲食店やお土産店があり、さらには缶入りのお出汁も販売しています。

●今日をたのしむ

【おだしの日】

お出汁素材の代表格であるカツオ節の「燻乾（くんかん）カビ付け製法」を考案した江戸時代の漁民・角屋甚太郎の命日が由来。カツオ節の原型は奈良時代の文献にも登場します。

【群馬県民の日】

1871（明治4）年の今日、はじめて「群馬県」の名称が使用されました。

【パンダの日】

1972（昭和47）年の今日、ジャイアントパンダの「ランラン」と「カンカン」が東京都・上野動物園にやってきました。

10月　神無月

29日

元日から……………… 301日
大晦日まで………… 63日

［二十四節気］
霜降

［七十二候］次候
霎時施す

時雨のもたらす景色

霜降の次候である「霎時施す」となりました。七十二候では秋もそろそろ終盤戦です。

「霎」は「時雨」。秋の末から冬のはじめにかけてあらわれる、降ったりやんだりを繰り返す通り雨のことです。大陸から吹いてくる季節風と、日本海の水蒸気によって波状の雨雲が発生するとやってきます。しとしとと降っていた冷たい雨が突如やみ、サッと広がる青空。雨粒に濡れた草木や路面が太陽に照らされてキラキラと光り輝くさまは、自然がくれた宝石箱のようです。

今日をたのしむ

【霎時施す】

時雨は北海道や本州の日本海側で多く見られる天気です。古くからわびしさや悲しみを暗示する景色として和歌などに詠まれてきました。「時雨心地」は、涙を流すような気持ちを意味します。

【てぶくろの日】

日付の「1029」を「てぶくろ」と読む語呂合わせ。北国ではそろそろ手袋やマフラーの出番です。

10月 神無月

30日

元日から……………… 302日
大晦日まで…………… 62日

［二十四節気］
霜降

［七十二候］次候
霎時施す

TKG

アツアツのご飯と卵、そこに醤油をひとたらし。安くて手軽なたまごかけごはんは、日本人のソウルフードです。最近では「たまご」「かけ」「ごはん」それぞれの頭文字をつなげた「TKG」の愛称でも親しまれています。専用の醤油が大ヒットしたり、専門店が人気を呼んだり。シンプルだからこそアレンジ自在という点も人気の秘訣かもしれません。

今の時季ならではの食材を添えて、秋の味わいをたのしんでもいいですね。脂ののった秋シラスにプチプチ食感のトンブリ、思いきって贅沢にイクラという手も。ここまで来ると、手軽な一杯というよりは大満足なごちそうですね。

●今日をたのしむ

【たまごかけごはんの日】

「たまごかけごはん」をキーワードに日本の食文化や家族愛などを考えるきっかけとする日。日付は第1回日本たまごかけごはんシンポジウムを開催した2005（平成17）年の今日に由来。

【初恋の日】

1896（明治29）年の今日、島崎藤村（しまざきとうそん）が文芸誌『文学界』に詩『初恋』を発表したことを記念して制定。自分の初恋、覚えていますか？

【紅葉忌（こうようき）】

明治時代の小説家・尾崎紅葉（おざきこうよう）の忌日（きにち）。代表作は『多情多恨』『金色夜叉』『三人妻』など。

●季節をたのしむ

【ムカゴ】

ヤマイモの葉のつけ根にできる芽の一種。5〜10㎜ほどの球形で、加熱するとサトイモのようなネットリした食感と甘味が味わえます。蒸す・茹でるなどしてお塩でシンプルに食べるもよし、ギンナンやキノコなど、秋の食材と炊き込みご飯にするもよし。

10月　神無月

31日

元日から……………… 303日
大晦日まで…………… 61日

［二十四節気］
霜降

［七十二候］次候
霎時施す

ハロウィン

10月に入ると、お菓子売り場やショーウィンドーをハロウィンのモチーフが賑やかに彩ります。ここ十数年で、ハロウィンは日本の年中行事としてもすっかりおなじみになりました。ちびっ子たちには「お菓子をもらえるうれしい行事」、若者たちには「年に一度大騒ぎできるイベント」となっている感がありますが、その起源はとても厳(おごそ)かなものです。

今から2千年以上前に活躍したヨーロッパの先住民族・ケルト人の暦では、10月31日は一年の終わり。そしてこの日には、ご先祖様の霊が家に帰ってくると信じられていました。日本のお盆と大晦日(おおみそか)がまざり合った感じですね。

さらには収穫祭でもあり、ケルトの人々はごちそうと感謝をご先祖様にささげたといいます。ご先祖様の霊がこの世に戻ってくるとき、悪霊や魔女も

●今日をたのしむ

【ハロウィン】
　ハロウィンが日本に伝わったのは1970年代。1980年代には、東京で日本初となるハロウィンパレードが行われました。今では、クリスマスやバレンタインデーと並ぶ経済効果のある年中行事となっています。

やってくるとされたため、大きなかがり火を焚(た)いて供物をささげ、その火を家にもち帰り魔除(よ)けとしました。

やがてキリスト教がヨーロッパに広まると、10月31日のケルトのお祭りも姿かたちを変えていきます。キリスト教は、11月1日をすべての聖人を崇敬(すうけい)する祝日「万聖節（All Hallows）」とし、その前夜は「All Hallows' eve」、略して「Halloween（＝ハロウィン）」と呼ぶようになりました。ハロウィンとなってもケルト文化を受け継いでいこうと、人々はご先祖様の霊に仮装したり、供物をささげたりして、弔いと感謝の気持ちをあらわしました。

ハロウィンがガラリと変わるのは19世紀。アメリカに伝わると、子供を中心としたたのしいお祭りになります。仮装はあの世とこの世を行き来できるミステリアスな異界の者に、供物はお菓子となり「トリック・オア・トリート（お菓子をくれなきゃイタズラするぞ）」のフレーズも生まれました。

【ジャック・オー・ランタン】
カボチャをくり抜いてなかに灯りをともします。この灯りがあるとよい霊が集まり、悪い霊は去っていくのだとか。あの世にもこの世にも行けず、悪魔からもらった火種を頼りにさまよう男性の伝説をもとに生まれました。

【ハロウィンの仮装】
あの世とこの世を行き来できる、魔女やお化け、ゾンビ、モンスターなどが本来のハロウィンに即した仮装といえそうです。

11月

霜月

しもつき

山々が赤や黄色に染め上がるなか、
木枯らしが寒さを運んできます。
秋の終わり、そして冬のはじまりの景色に
感傷を覚えることも。

11月　霜月

1日

元日から……304日
大晦日まで……60日

［二十四節気］
霜降

［七十二候］次候
霎時施す

霜月（しもつき）のはじまり

「霜月」は旧暦11月、さらには新暦11月の異称です。本格的に寒くなり、平野部にも霜が降りる頃であることからこの名前がつきました。

霜月の初日は、これから寒くなっていくことを見越し、人も樹木も冬の装いをまとう日です。今日から来年の3月末までは、重ね着などをしてあたたかな服装を心がける「ウォームビズ」の期間。防寒インナーにお世話になる日々がしばらくつづきます。北国の庭木は、藁（わら）やムシロを使った雪囲いで冬支度。さらに豪雪地帯では、雪の重みで枝が折れないように雪吊りも施します。

●今日をたのしむ

【11月の異称】
一年の農事を終えた里の人々が、神様にささげる神楽を奉納してきたことから「神楽月（かぐらづき）」とも呼びます。

【ウォームビズ】
2005（平成17）年から行っている省エネキャンペーン。当初は暖房温度を20℃程度に抑えても快適に過ごせるような服装を呼びかけるものでしたが、近年では衣食住にわたる工夫を提案しています。

【兼六園の雪吊り】
石川県の特別名勝・兼六園では雪害から樹木を守るため、毎年11月1日～翌3月15日頃まで雪吊りを実施。今日から12月頃までは、庭師の方々が雪吊りを施す様子が見られます。

【ラジオ体操の日】
ラジオ体操がはじめて放送されたのは、1928（昭和3）年の今日のことでした。

【灯台記念日】
日本初の洋式灯台となった「観音崎灯台」（神奈川県）が、1868（明治元）年の今日に起工したことを記念して制定。

11月　霜月

2日

元日から……305日
大晦日まで……59日

［二十四節気］
霜降

［七十二候］次候
霎時施す

イノシシに願いを・亥の子

「亥の子」は、旧暦10月の亥の日のこと。そして、亥の子を祝う行事の名前でもあります。

亥の子の起源は、亥の子の亥の時（午後9～11時）に無病息災を願ってお餅を食べる古代中国のならわしです。日本には平安時代に伝わり、少しずつ形を変えながら受け継がれてきました。

今は、イノシシをかたどった「亥の子餅」が和菓子屋に並びます。無病息災に加え、イノシシが多産であることに子孫繁栄を、陰陽五行説で水の方角を司ることに火伏せを願う地域も。火伏せの霊力に守ってもらうため、亥の子にコタツや茶の湯の炉を使いはじめるというならわしもあります。

●今日をたのしむ

【亥の子つき】
瀬戸内海沿岸を中心に行う亥の子の行事。子供たちが唄や唱え言葉を囃しながら家々を回り、藁もしくは丸石で地面を叩きます。田の神様に感謝をささげ、収穫を祝う風習です。

【亥の子餅】
別名「玄猪」とも。亥の日・亥の刻にこだわらずとも願いを乗せていただいてみては。

【書道の日】
日付を並べた「1102」を「いい文字」と読む語呂合わせ。

11月　霜月

3日

元日から……………… 306日
大晦日まで………… 58日

［二十四節気］
霜降

［七十二候］末候
楓蔦黄なり

紅葉狩り

樹木の紅葉は、最低気温がおよそ7℃を下回るとはじまるといわれています。今時分は東北や関東北部の平野部でも、少しずつカエデやモミジが色づきだす頃。「紅葉狩り」の計画をあれこれと練るだけでもたのしくなります。

紅葉を愛でる「紅葉狩り」は、7世紀頃に貴族たちの雅な遊びとしてはじまりました。赤や黄色に染まる木々をたのしむためには、獣や鳥類を狩るのと同様に野山に出かける必要があったことから、「狩り」の言葉を使ったと考えられています。また、当時は鑑賞するだけでなく、枝葉を手折ったことが語源とも。現代ではマナー違反になってしまいますね。

●今日をたのしむ

【楓蔦黄なり】

霜降の末候は色づきだしたカエデやツタが主役。各地の紅葉を教えてくれる紅葉前線は、日本列島の北から南へ、高地から平野部へと駆け抜けます。東北以南でも黒部渓谷（富山県）や大山（鳥取県）、菊池渓谷（熊本県）など標高の高い地域の紅葉が見頃です。

【文化の日】

国民の祝日のひとつ。「自由と平和を愛し、文化をすすめる」（国民の祝日に関する法律より）日です。芸術や科学技術の発展に尽力した人に文化勲章を授与します。文化に親しむため、入場料が無料となる博物館や美術館もあります。

【まんがの日】

「文化の日」にちなみ、日本が世界に誇る文化である漫画への理解を深めるために制定。漫画の神様・手塚治虫さんの誕生日でもあります。

【ゴジラの日】

世界的な怪獣映画『ゴジラ』の第1作が公開されたのは、1954（昭和29）年の今日でした。

11月 霜月

4日

元日から……307日
大晦日まで……57日
［二十四節気］霜降
［七十二候］末候 楓蔦黄なり

福をとり込む酉(とり)の市(いち)

11月の酉の日、各地の大鳥（鷲・大鷲）神社では「酉の市」と呼ばれる祭礼を行います。酉の市の通称は「お酉さま」。江戸時代、農民が開運を願い、神社にニワトリを奉納した風習がはじまりとされています。いつしかニワトリと「とり込む」が結びつき、福や人を取り込む開運招福・商売繁盛のお祭りとなりました。

酉の市といえば、縁起物の熊手。こちらにも福やお客をかき込む願いが託されています。境内には、おめでたさを象徴するさまざまな飾りで彩られた熊手を売る露店が立ち並び、あちこちで「売買成立」を意味する手締めと威勢のいいかけ声が響きます。

●今日をたのしむ

【酉の日】
11月最初の酉の日は「一の酉」、次の酉の日は「二の酉」。「三の酉」まである年は火事が多いという言い伝えがあります。

【熊手】
かき込む福や運が少しずつ増えるよう、年々大きなものに新調するほうがいいといわれています。

【かっこめ】
熊手型のお守り「かっこめ」を授与する神社もあります。

【いいよの日】
11（いい）月4（よ）日の語呂合わせ。

11月 霜月

5日

元日から……308日
大晦日まで……56日

［二十四節気］
霜降

［七十二候］末候
楓蔦黄なり

お火焚きと焼きミカン

11月の京都では、毎日のようにどこかしらの社寺から煙が立ち上ります。江戸時代から行ってきた火のお祭り、「お火焚き」を行うためです。その起源は定かではありませんが、宮中行事であった新嘗祭（にいなめさい）（P375）が民間に広まったとされています。薪（まき）や参拝者の願いを書き入れた火焚串（ひたきぐし）（護摩木（ごまぎ））を焚き上げ、五穀豊穣や厄除（よ）け、無病息災を願います。罪や穢（けが）れを祓（はら）い、焼き尽くす炎の力によって私たちを清める行事です。この浄火で焼いたミカンを食べると、ひと冬風邪を引かないともされています。京都には行けずとも、焼きミカンに健康や厄除けの願いをかけてみては。

●今日をたのしむ

【藤森（ふじのもり）神社火焚祭】

毎年11月5日に開催。本殿の前で火焚木を焚き上げ神事を行い、氏子の安全を祈ります。


【焼きミカン】
①ミカンを皮つきのままオーブントースターに入れる。
②時々ひっくり返しながら、皮に焦げ目がつくまで8分ほど加熱してできあがり。
ホクホクとした食感になり、甘味もグッと増します。


【縁結びの日】

11月5日を「いいご縁」と読む語呂合わせから。

●季節をたのしむ

【ジョウビタキ】

晩秋になると全国に飛来するジョウビタキは「火焚き鳥」とも。「ヒッヒッ、カッカッ」という鳴き声が、火打石を打ちつけたときの音に似ていることからその名前がついたといわれています。

11月 霜月

6日

元日から……309日
大晦日まで……55日

［二十四節気］
霜降

［七十二候］末候
楓蔦黄なり

カニの出身地

11月5日から6日へと日付が変わるその瞬間、富山県以西の日本海沿岸部ではカニ漁が解禁となります。各地の漁船がまっしぐらに目指す獲物は、「冬の味覚の王者」とたたえられるズワイガニ。オスは脚の旨味と甘味、メスは卵や「内子（うちこ）」と呼ばれる卵巣のコクが堪能できます。

ズワイガニは、スーパーマーケットに並んでいる際の表記やメニューに載っている名前によって水揚げされた港、いわば出身地がわかります。

代表的なものは、京都府、兵庫県、鳥取県、島根県の「松葉ガニ（オス）・セコガニ（メス）」、福井県の「越前ガニ（オス）・セイコガニ（メス）」、石川県の「加能ガニ（オス）・香箱ガニ（メス）」など。各地の漁港で水揚げされた証として、証明タグが脚につけられるのも特徴です。

●今日をたのしむ

【ズワイガニ】
成熟したズワイガニのメスは交尾後すぐに産卵し、その卵を約1年間抱きつづけます。エネルギーを子育てに使うためオスの半分ほどの大きさですが、値段は手頃です。

【アパート記念日】
1910（明治43）年の今日、日本初となる木造アパートが東京・上野に完成しました。

【お見合い記念日】
1947（昭和22）年の今日、戦争のために良縁に恵まれなかった男女が集団お見合いを開催したことが由来。

11月　霜月

7日

元日から……310日
大晦日まで……54日

［二十四節気］
霜降

［七十二候］末候
楓蔦黄なり

鍋はじめ

夕暮れ時の冷え込みが厳しくなる晩秋は、あたたかい鍋料理が恋しくなるもの。「鍋の日」である今日は、鍋はじめにふさわしい日です。

最近は手軽な「鍋の素（もと）」がたくさんあるので、鍋料理が大好きな我が家はおおいに助かっています。毎年登場する新顔を食べるのもたのしいですよね。チーズ鍋、トマト鍋、カレー鍋など、最初は「え!?」と驚くような味でも美味しく、いつの間にか世の中に受け入れられているのが鍋料理のすごいところ。現在、日本の鍋料理は100種を超えているとか。具材も味つけも自由自在という懐の広さがなによりの魅力です。

●今日をたのしむ

【鍋の日】
冬の到来を感じる時季にあたることから制定されました。20〜70代以上の男女を対象に行ったある調査では、「好きな鍋料理」のランキングは次のような結果になっています。
1位　寄せ鍋
2位　すき焼き
3位　しゃぶしゃぶ
定番は強し。

【保呂羽山（ほろわさん）の霜月神楽（かぐら）】
秋田県横手市に鎮座する波宇志別（はうしわけ）神社に伝わる神事。今年の収穫に感謝するとともに来年の五穀豊穣を願い、三十三番の神楽を夜を徹して奉納します。毎年11月7〜8日の開催。

●季節をたのしむ

【洋梨（ラ・フランス）】
芳醇な香りと、とろけるような舌触りが特徴。ちょっと硬いようなら自宅で常温保存し、追熟させることで、より濃厚な甘味をたのしむことができます。軸の周りにシワが寄り、耳たぶぐらいのやわらかさになったら食べ頃です。

11月 霜月

8日

元日から……311日
大晦日まで……53日

［二十四節気］
立冬

［七十二候］初候
山茶始めて開く

立冬

二十四節気の「立冬」を迎えました。暦の上では今日から立春の前日である節分（P46）までが冬となります。

新しく迎えた季節の初日である今日は、この冬になにをするか、なにをしたいか、書き出してみてはいかがでしょうか。イルミネーションやウィンタースポーツ、はたまた旬の食材を使ったごちそう、ぬくぬくの寝具と、冬の醍醐味はたくさんあります。もちろん、年始の予定や年中行事も忘れずに。あれこれ考えていると、自分の欲求や気持ちが整理・発見できる上、この冬がグンとたのしみになりますよ。

●今日をたのしむ

【山茶始めて開く】

立冬の初候に登場する「山茶（つばき）」はツバキではなく、サザンカのこと。花の彩りが少なくなるこの時季には貴重な紅色です。

【ふいご祭】

古来、鍛冶職人や鋳物師など「ふいご」を用いる金属関係業者は11月8日に仕事を休み、商売道具を清めるならわしがありました。「ふいご祭」はこの日に行うお祭りで、「たたら祭」とも。

【刃物の日】

ふいご祭の開催日であるとともに「いい刃（は）」の語呂合わせ。

11月　霜月

9日

元日から……312日
大晦日まで……52日

［二十四節気］
立冬

［七十二候］初候
山茶始めて開く

119番の日

火事が起きてしまったとき、なによりも頼りになる消防車は119番への通報で駆けつけてくれます。消防隊員の方々は出動指令から1分以内に出動できるよう、日々訓練しているのだそうです。

私たちの暮らしを守る自動交換式火災通報用電話番号が登場したのは1926（大正15）年のこと。当時はダイヤル時間のもっとも短い「112」でした。しかし誤接続が多かったため、1927（昭和2）年に「119」へと変更され、今に至ります。空気が乾燥し、暖房器具を使うこれからは、火事の危険性がグッと高まる時季です。火の元には十分ご注意を。

●今日をたのしむ

【119番の日】
防火・防災の意識を高めようと、「119番」にちなんで制定。今日から15日までは「秋の全国火災予防運動」期間です。

【換気の日】
11（いい）月9（空気）日の語呂合わせ。1日に一度は室内に風を入れて空気を入れ替えましょう。

【太陽暦採用記念日】
1872（明治5）年11月9日に、日本で新暦（太陽暦）を採用することを発表したことから。旧暦から新暦への切り替えについては「カレンダーの日」（P386）を参照。

11月 霜月

10日

元日から……313日
大晦日まで……51日

［二十四節気］
立冬

［七十二候］初候
山茶始めて開く

十日夜（とおかんや）

旧暦10月10日の夜は、「十日夜」。東日本にはこの夜に田の神様が山に戻るという言い伝えが残る地域が多く、感謝を込めて収穫祭を営みます。現在は旧暦ではなく、新暦の11月10日に行うところも多いようです。

十日夜の主役は子供たち。藁（わら）を束ねてつくった「藁鉄砲」をもって地域の家々を回り、門前や玄関前の地面を突きます。これは、モグラ除（よ）けのおまじない。地域によっては囃子（はやし）唄を口ずさむ場合もあり、子供たちにはお礼としてお菓子を配ります。

また、十日夜を「大根の年取り」と呼ぶ地域もあります。十日夜は大根が生長する大切な夜であるため、大根を抜いたり、食べたりしてはいけないのだとか。それを知ってから、11月10日に大根を食べるのがなんとなくためらわれるのです。

●今日をたのしむ

【十日夜】
十五夜（旧暦8月15日）や十三夜（旧暦9月13日）同様、十日夜にお月見をする風習もあります。

【エレベーターの日】
1890（明治23）年の今日、東京・浅草の12階建てビル「凌雲閣（りょううんかく）」で日本初の電動式エレベーターを公開しました。

【トイレの日】
11月10日で「いいトイレ」の語呂合わせ。

【いい友の日】
こちらも語呂合わせで制定。大切な友だちとの絆を見つめ直す一日です。

11月　霜月

11日

元日から……………………314日
大晦日まで……………… 50日
［二十四節気］
立冬
［七十二候］初候
山茶始めて開く

「肉まん」と「豚まん」

高校時代、部活帰りはいつもお腹が空いていて、たいてい買い食いをしていました。秋冬の定番は、寒空のもとでも体をあたためてくれるアツアツの中華まん。肉まんをはじめ、さまざまな味を日替わりでたのしんでいました。

今、「豚まんじゃないの？」と感じた方は、出身地なり、今のお住まいなり、近畿地方に縁がある方ではないでしょうか。というのも「豚まん」は、近畿地方を中心に定着した名称です。

古くから農耕や荷運びのために牛を飼う人々の多かった近畿地方では、明治時代に肉食が一般化した際、「肉といえば牛肉」という価値観が生まれたとされています。そのため、「肉まん」ではなく「豚まん」の名前が生まれたのだとか。コンビニエンスストアやスーパーマーケットに並ぶ商品も、近畿地方は「豚まん」が主流です。

●今日をたのしむ

【豚饅の日】
日付の11を（11）とすると、豚まんの材料となる豚の鼻に見えることから制定。「豚饅（頭）」の名前の発祥は、兵庫県神戸市に店を構える老祥記といわれています。

【サッカーの日】
11人対11人の戦いを日付に置き換えて制定。

【おそろいの日】
11と11が並ぶ日付をおそろいに見立てて。

【めんの日】
数字の1が4つ並ぶ日付を麺に見立てています。毎月11日も「めんの日」。

11月 霜月

12日

元日から……………… 315日

大晦日まで…………… 49日

［二十四節気］
立冬

［七十二候］初候
山茶始めて開く

冬の北風

木枯らし1号が吹いたというニュースは、いよいよ冬が近づいてきたという合図。木枯らしは、日本列島の西に高気圧、東に低気圧が位置する冬型の気圧配置、いわゆる「西高東低」となった際に吹くからです。思わず首をすくめるほどの冷たさと勢いは、さすが「木を吹き枯らす」と名づけられただけあります。

木枯らしは平野部で吹きすさぶ一方、各地の名峰からは「颪（おろし）」と呼ばれる強い風が吹き下りてきます。赤城山（群馬県）の「赤城颪」、比叡山（滋賀県）の「比叡颪」、六甲山（兵庫県）の「六甲颪」などが有名です。

●今日をたのしむ

【木枯らし1号】

木枯らしは東京地方と近畿地方で観測されます。
①西高東低の気圧配置
②風速8m以上
③西北西から北向き（東京）・北寄り（近畿）
④10月半（なか）ば～11月末に吹く（東京）・霜降（そうこう）～冬至（とうじ）に吹く（近畿）
という、4つの基準を満たせば木枯らしと認定されます。

【皮膚の日】

11（いい）月12（ひふ）日の語呂合わせ。木枯らしや颪で乾燥した肌は、きちんと保湿していたわりましょう。

11月　霜月

13日

元日から……316日
大晦日まで……48日

［二十四節気］
立冬

［七十二候］次候
地始めて凍る

ポカポカ、小春日和（こはるびより）

木枯らしが吹いた翌日は、うって変わっておだやかな陽気に包まれることが多いとされています。まるで春が来たのかと勘違いするような、のどかな天気。それが「小春日和」です。「小春」は旧暦10月の異称で、「小春日和」は新暦の11～12月上旬にかけて使います。

寒さに身構えるなか訪れる不意の陽気にほっとするのは、誰もが一緒なのでしょう。各国に秋の好天をあらわす言葉があります。アメリカは「インディアン・サマー」、ドイツは「老婦人の夏」、ロシアは「女の夏」。夏が登場するのは、緯度が高く、日本ほど春が温暖ではないためといわれています。

●今日をたのしむ

【地始（ち はじ）めて凍（こお）る】

「夜の帳（とばり）とともに降りてくる冷気で、霜柱や氷ができはじめる頃」といった意味合い。朝のピンと張り詰めた空気に清々しい気持ちをもらえます。


【茨城県民の日】

1871（明治4）年の今日、廃藩置県後の府県統廃合で「茨城県」の名称がはじめて使われたことを記念して制定。


【うるしの日】

漆業関係者が漆業の発展を祈願する日。日付は、漆の製法と漆塗りの技法が虚空蔵菩薩（こくうぞうぼさつ）から伝授されたという伝説の日にちなみます。


【いいひざの日】

11（いい）月13（ひざ）日の語呂合わせ。

●季節をたのしむ

【狂い咲き】

数日つづいた温暖な気候に草木の季節感が狂い、開花時期ではないのに花が咲くこと。2018（平成30）年の晩秋には各地で桜が開花し、ニュースとなりました。

11月　霜月

14日

元日から……………… 317日
大晦日まで…………… 47日
［二十四節気］
立冬
［七十二候］次候
地始めて凍る

新酒ができました！

多くの酒屋や酒蔵は、軒先に杉の葉を束ねてボール状に整えた「杉玉」を吊り下げています。この杉玉は「酒林（さかばやし）」とも呼ばれる、酒造業者のシンボルです。酒造の神様として崇敬（すうけい）を集める大神神社（おおみわじんじゃ）（奈良県）のご神木でもある杉を祀（まつ）り、酒造りの守護を願ったのがはじまりとされています。やがて、酒蔵や酒店の看板としての役割も果たすようになりました。

杉玉は、その年はじめてお酒が完成した際に新調するのがならわしです。鮮やかな緑色をした杉玉は「新酒ができました」、もしくは「新酒が入荷しました」の合図。これから年末年始にかけて、続々と新酒が登場します。

●今日をたのしむ

【酒まつり】
毎年11月14日、酒造の神様として仰がれる大神神社で行います。正式には「醸造安全祈願祭」。全国の酒造関係者が新酒の醸造安全を祈願し、神事のあとには「しるしの杉玉」を授与します。

【埼玉県民の日】
1871（明治4）年の今日、府県統廃合にともない「埼玉県」が誕生したことが由来です。

【大分県民の日】
埼玉県同様、1871（明治4）年の今日に「大分県」が誕生しました。

11月　霜月

15日

元日から……318日
大晦日まで……46日
［二十四節気］立冬
［七十二候］次候　地始めて凍る

七五三

11月に入ると、神社の境内や神社近くの公園で、七五三の晴れ着に身を包んだ子供を見かけるようになります。おすまし顔の女の子や、元気いっぱいの男の子。着物姿のなんともいえないそのかわいさに、ついこちらも笑みがこぼれます。

七五三は、子供が無事に育ったことを祝うとともに、さらなる成長を願う行事です。地域による違いはありますが、3歳の男の子と女の子、5歳の男の子、7歳の女の子が社寺に参詣（さんけい）します。かつては「七五三」ではなく、3歳は「髪置（かみおき）の式」、5歳は「袴着（はかまぎ）の式」、7歳は「帯解（おびとき）の式」と、それぞれに名前がついた祝い事でした。髪置は子供が髪を伸ばしはじめ、袴着は男の子がはじめて袴を履き、帯解は女の子がはじめて帯を締める儀式です。3歳、5歳、7歳を祝うのは、奇数を吉とする

●今日をたのしむ

【七五三】
最近は11月15日だけでなく、近辺の土日を利用して参詣する方も多いようです。参詣後に、両親や祖父母を交えて食事会をする方も。子供の成長をみんなで祝う日として受け継がれています。

【きものの日】
七五三は晴れ着や着物

陰陽五行説（いんようごぎょう）にもとづいています。もともとは貴族や武士が行っていましたが、江戸時代になると町民や農民にも広まり、氏神様（うじがみ）をはじめとする神社に参詣する風習が生まれました。

11月15日を祝い日としたのは、「鬼宿日（きしゅくにち）」というおめでたい最吉日にあたるためといわれています。また、5代将軍・徳川綱吉が長男である徳松の祝いをこの日に行ったのを由来とする説もあります。

「七五三」の名前を用いるようになったのは、明治時代のこと。東京で盛んに使いはじめ、戦後、徐々に広まっていきました。一般家庭の子供も晴れ着をまとい、健康長寿の願いを込めた千歳飴を縁起物とするようになったのも、この頃からなのだそうです。

私の七五三はどうだったろうかとアルバムを久しぶりにめくってみれば、おかっぱ頭に真っ赤な晴れ着、真っ赤なほっぺ、といかにも昭和の女の子。思わず吹き出してしまいました。

姿が似合う一日であることから。全国の呉服店が着物の美しさや文化的な要素をアピールします。

【かまぼこの日】

平安時代の古文書には1115（永久3）年に行った祝宴の膳にかまぼこが出された、という記述があります。この祝宴の膳を記念して、「かまぼこの日」を制定。日付は1115年から11月15日に。七五三のお祝い膳にもかまぼこは活躍しそうです。

【こんぶの日】

七五三の日に昆布を食べ、子供たちに丈夫になってもらいたいという願いがこもっています。

11月　霜月

16日

元日から……………… 319日
大晦日まで……………… 45日

［二十四節気］
立冬

［七十二候］次候
地始めて凍る

自然薯（じねんじょ）

11月は自然薯の収穫期。自然薯はヤマノイモ科に属する日本原産の山菜で、各地の山野に自生しています。中国から伝来し、人工的に栽培されるようになったナガイモやヤマトイモに対し、自然に生えていることから「自然薯（生）」と呼ぶようになりました。

ヤマノイモ科のイモ類は滋味豊かなことで知られますが、薬効成分も味も、自然薯がもっともすぐれているといわれます。消化を助けるジアスターゼ、胃腸の粘膜を保護するムチン、新陳代謝を促すコリン、血液をサラサラにするサポニンなど、滋養強壮・疲労回復に力を貸してくれる栄養素がたっぷりです。収穫の大変さから、なかなかお目にかかれないのが悲しいところ。出会えたなら、すりおろしていただきましょう。加熱すると、ジアスターゼの働きが落ちてしまうのです。

●今日をたのしむ

【自然薯の日】
11月16日を「いいいも」と読む語呂合わせ。古来日本人は、「山鰻」という別名をつけるほど、自然薯の強壮効果を頼りにしてきました。

【幼稚園記念日】
1876（明治9）年の今日、日本ではじめての幼稚園が開園しました。現在のお茶の水女子大学附属幼稚園（東京都）です。

【いいビール飲みの日】
11（いい）月16（ビール）日の語呂合わせ。お酒との上手なつき合い方の知識を身につける日です。

11月　霜月

17日

元日から……320日
大晦日まで……44日

［二十四節気］
立冬

［七十二候］次候
地始めて凍る

将棋で脳トレ

私の実家がある山形県天童市は、将棋の駒の生産量が日本一。橋の欄干やマンホールに駒のデザインをあしらい、電柱には詰将棋を掲げている、まさに将棋の町です。

ですが、私はルールもうろ覚えで年に数回指す程度。棋力もたかが知れていますが、それでも脳細胞をフル稼働させて「ああでもない、こうでもない」と考えるのは刺激的です。事実、相手の手を読むための想像力と創造力、最善の手を指すための直観的思考能力などが将棋で鍛えられるそう。

ボードゲームという枠を越え、老若男女を問わない脳のトレーニング法として見直されています。

●今日をたのしむ

【将棋の日】
1716（享保元）年、8代将軍・徳川吉宗が将軍の前で将棋の対局を披露する「御城将棋」の式日を11月17日に定めたことに由来します。

【ドラフト記念日】
1965（昭和40）年の今日、第1回プロ野球新人選択会議（ドラフト）を開いたことを記念して制定しました。

【レンコンの日】
1994（平成6）年の今日、茨城県土浦市で行った「蓮根サミット」を記念して制定。

11月　霜月

18日

元日から……321日
大晦日まで……43日

［二十四節気］
立冬

［七十二候］末候
金盞香し

金盞銀台、なんのこと？

七十二候が「金盞香し」となりました。金盞は「金の杯」という意味があり、芳香を漂わせる水仙を指します。花の中央にある黄色い副花冠を金の杯に、周りの白い花弁を銀の台にたとえた古代中国での呼び名「金盞銀台」が語源です。「水仙」は、可憐な花の姿と芳香がまるで仙人のようなところから名がついたといわれていますが、佇まいから考えると仙女のほうがしっくりきますね。

水耕栽培なら今頃からはじめても、早春には美しい花が咲きます。寒さに強く、雪のなかでも開花することから別名「雪中花」。年始に彩りを添える正月花として育てるのも趣深いですね。

●今日をたのしむ

【金盞香し】

甘く漂う水仙の香りには、心を落ち着かせ、リラックスさせる効果があるそうです。だからこそ「咲く」や「開く」ではなく「香し」とする候名ができたのでしょう。


【いい家の日・住宅リフォームの日】

11（いい）月18（いえ）日の語呂合わせ。同様の語呂合わせを由来に「住宅リフォームの日」でもあります。

11月 霜月

19日

元日から……………… 322日
大晦日まで…………… 42日
［二十四節気］
立冬
［七十二候］末候
金盞香し

一茶忌

今日は「一茶忌」。松尾芭蕉・与謝蕪村とともに江戸三大俳人に数えられる小林一茶の忌日です。素朴さと弱者への慈しみがあふれる一茶の句は、今でも多くの人に愛されています。

今時分を詠んだ、

木がらしに　口淋しがる　雀かな

猫の子の　くるくる舞や　ちる木のは

などは、のどかな光景が目に浮かびほっこりしてきます。わかりやすく、親しみやすい独自の俳風は「一茶調」と呼ぶのだそうです。今日は気負わず、構えず、一茶気分で句作にチャレンジしてみては。

●今日をたのしむ

【一茶忌】

一茶の没年は1827（文政10）年。65年の生涯を通して2万句以上の作品を残しました。一茶の故郷・長野県信濃町にある一茶記念館は毎年「一茶忌俳句大会」を開催し、一茶忌に受賞作品の発表を行います。


【農協記念日】

1947（昭和22）年の今日、農業協同組合法が公布されたことを記念して制定。農業協同組合、略して農協はこの法律によって設立しました。


【緑のおばさんの日】

登下校中の小学生の安全を確保する「学童擁護員」制度が1959（昭和34）年の今日にスタートしたことを記念して制定。当時は緑色の制服を着用していたため「緑のおばさん」の愛称が浸透しました。

◆季節をたのしむ

【ボジョレーヌーヴォー】

フランス・ボジョレー地方で生産するワインの新酒であるボジョレーヌーヴォーは、11月の第3木曜日午前0時に解禁。フレッシュでさっぱりとした口当たりが特徴です。

11月　霜月

20日

元日から……323日
大晦日まで……41日

［二十四節気］
立冬

［七十二候］末候
金盞香し

乾物は知恵の結晶

太陽や風、火の力を借りて食材の水分を飛ばし保存性を高めた乾物は、先人が生み出した知恵の結晶です。風味と旨味がギュッと凝縮し、香りと味が強く美味しくなります。海草や魚介類、野菜にキノコ、豆にフルーツと古（いにしえ）の日本人はさまざまな食材を乾物にしてきました。

一年中手に入るため、旬や仕込み時期を意識する機会はあまりありませんが、今は切り干し大根の仕込みや海苔の摘（つ）み取りが最盛期です。また、皮をむいた渋柿を細縄でつないで吊るす「柿すだれ（のれん）」も晩秋から初冬にかけての風物詩。寒風と日光のおかげで甘い干し柿ができあがります。

●今日をたのしむ

【いいかんぶつの日】
日本の伝統的な食文化である「かんぶつ（乾物・干物）」を味わい、たのしむ日。日付は「干」の字が「十・一」、「乾」の字が「十・日・十・乞」に分解でき、「十一月二十日にかんぶつを乞う」と読めることから。

【山梨県民の日】
1871（明治4）年の今日、「甲府県」を「山梨県」へと改称したことに由来します。

【世界こどもの日】
1954（昭和29）年に国連が制定した国際デー。1959（昭和34）の今日には「児童権利宣言」を、1989（平成元）年の今日には「子どもの権利条約」を採択し、世界中の子供たちの人権を守るための国際的なアクションが重ねられてきました。

【胡子（えびす）大祭】
毎年11月18～20日に斎（さい）行（こう）する胡子神社（広島県）の例祭。福をかき込む「こまざらえ（熊手）」を手に多くの人が参拝します。神社周辺のアーケード街で開催するイベント「えべっさん」では、夜神楽（よかぐら）や太鼓競演などを奉納し、こちらも多くの人で賑わいます。

11月　霜月

21日

元日から……………324日
大晦日まで…………… 40日

［二十四節気］
立冬

［七十二候］末候
金盞香し

牡蠣フライはじめました

秋冬は洋食屋や定食屋のメニューに「牡蠣フライ」の文字が躍ります。日本各地で養殖し出回るマガキの旬は、産卵期に備えてぷっくりと肥(ふと)りだす秋の終わりから春先にかけて。待ちに待った牡蠣シーズンの幕開けです。

私たち日本人は、縄文時代から牡蠣を食べつづけてきました。そのため生産地では、さまざまな郷土料理を受け継いでいます。その歴史を考えると、明治時代に洋食屋が考案したとされる牡蠣フライは新顔です。ですが、その美味しさは誰もが知るところ。サクサクの衣とぷりっとジューシーな牡蠣を味わえる時代に生まれてよかったとしみじみ思います。

●今日をたのしむ

【かきフライの日】
牡蠣のシーズンとなる11月と「フ（2）ライ（1）」と読める21日を組み合わせて制定。牡蠣フライは明治時代、銀座の洋食屋・煉瓦亭(れんがてい)が考案したとされています。

【世界テレビ・デー】
1996（平成8）年の今日、国連が世界テレビフォーラムを開催したことを記念して制定。

【神戸ポートタワー開業記念日】
1963（昭和38）年の今日、兵庫県神戸港に神戸ポートタワーが開業しました。

11月　霜月

22日

元日から……………… 325日
大晦日まで…………… 39日

［二十四節気］
小雪

［七十二候］初候
虹蔵れて見えず

小雪（しょうせつ）

今日から二十四節気が「小雪」となりました。東北南部や信越地方からは、そろそろ初雪の便りが届きます。

かつては、先人の経験や言い伝えが天気予報の拠り所でした。とくに北国の人々にとって雪は大きな関心事。初雪や積雪量を自然のうつろいから読み取った証が言葉に残っています。たとえば、空を飛ぶと初雪が近いとされたのはアブラムシの一種である「雪虫」。

やはり初雪を知らせる、蜘蛛もしくは蜘蛛の糸のみが空中に漂う現象は「雪迎え」。「カマキリが高いところに産卵するとその年は大雪になる」という言い伝えは、科学的に見ても信用に値するそうです。

●今日をたのしむ

【虹蔵（かく）れて見えず】
「日差しが弱まり空気が乾燥しだすため、虹を見かけることが少なくなる」といった意味合い。

【いい夫婦の日】
11(いい)月22(ふうふ)の語呂合わせ。その縁起のよさから入籍日として不動の人気を誇ります。

【神話の高千穂夜神楽（よかぐら）まつり】
神話の里・宮崎県高千穂町で継承されてきた伝統芸能「高千穂の夜神楽」を、高千穂神社境内の神楽殿で奉納。毎年11月22～23日に開催。

11月 霜月

23日

元日から……326日
大晦日まで……38日

［二十四節気］
小雪

［七十二候］初候
虹蔵れて見えず

勤労感謝の日（新嘗祭(にいなめさい)）

今日は国民の祝日である「勤労感謝の日」。働くことを喜び、生産に感謝する一日です。この祝日が誕生する前、今日は「新嘗祭」という祭日でした。

新嘗祭は飛鳥時代にはじまったとされる宮中行事です。天皇が神々にその年の新米をささげ、天皇みずからも食します。神々の恵みに感謝し、来年の豊作を祈願する大切な儀式です。今日も皇室で行われるとともに、各地の神社も新嘗祭を斎行(さいこう)します。かつての人々は、新嘗祭が終わるまで新米を食べませんでした。まずは神様が食べてから。暮らしと神様が一体だったことを教えてくれる、奥深いならわしです。

●今日をたのしむ

【勤労感謝の日】

新嘗祭に代わり誕生したのは1948（昭和23）年。「勤労をたっとび、生産を祝い、国民がたがいに感謝しあう」（国民の祝日に関する法律より）日です。

【外食の日】

毎日家事や仕事で忙しい母親をねぎらい、みんなで外食をたのしむ日として制定されました。

【お赤飯の日】

古来、ハレの日の食事に欠かせない赤飯の歴史と伝統を継承していこうと制定。日付は赤飯の起源といわれる赤米などを神々にささげてきた新嘗祭にちなんで。

【一葉忌(いちようき)】

明治時代の小説家であり歌人である樋口一葉(ひぐちいちよう)の忌日(きにち)。代表作は『たけくらべ』『にごりえ』など。

◆季節をたのしむ

【アンコウ】

深海魚のアンコウは、見た目とは裏腹な上品な味わいが特徴。身はもちろん、内臓も含めほとんど捨てるところがありません。独特の「吊るし切り」で残るのは背骨とアゴ、顔の一部のみ。

11月 霜月

24日

元日から…………327日

大晦日まで…………37日

［二十四節気］小雪

［七十二候］初候 虹蔵れて見えず

ニンジンいろいろ

慣れ親しんでいる野菜を選ぶ際、珍しい品種と出会えると途端にうれしくなります。とくにこれからは個性的なニンジンと出会える時季です。艶（あで）やかな紅色が美しくおせちには欠かせない金時ニンジン、まるでゴボウのように長い大塚ニンジンや熊本長（なが）ニンジン、いかにも南国沖縄育ちといった黄色の島ニンジンなどが収穫期を迎えます。

これらのニンジンは、江戸時代まで一般的に栽培していた「東洋種」です。「ニンジン」と聞いて私たちがイメージするオレンジ色のものは、江戸時代末期に伝来した「西洋種」。東洋種は西洋種よりも甘味と香りが強いのが特徴です。

●今日をたのしむ

【冬にんじんの日】

日付は冬ニンジンが旬を迎える11月と「にんじん」と読める24日の組み合わせから。冬に収穫したニンジンは、夏のものとくらべてβカロテンを豊富に含み、甘味も増します。

【和食の日】

世界無形文化遺産でもある和食文化の保護・継承の大切さを考える日。日付は11（いい）月24（にほんしょく）日の語呂合わせから。

【カツオ節の日】

11（いい）月24（ふし）日の語呂合わせ。

【オペラ記念日】

1894（明治27）年の今日、東京音楽学校（現・東京藝術大学）が開いた音楽会で、オーストリア大使館職員がオペラ（ファウスト）を上演しました。

【梵天祭（ぼんてんまつり）】

羽黒山（はぐろさん）神社（栃木県）の秋の例大祭。五穀豊穣や無病息災を願います。竹に色鮮やかな房をつけた「梵天」を若者たちが担ぎながら練り歩きます。毎年11月23〜24日の開催。

11月 霜月

25日

元日から…………………328日
大晦日まで……………36日

［二十四節気］
小雪

［七十二候］初候
虹蔵れて見えず

笑顔のチカラ

「笑う門には福来たる」ということわざが医学的に正しいことはよく知られています。たとえば声を出して大笑いすると、ウイルスやガン細胞といった病原体と戦い、体を守るNK細胞が元気になります。さらに大量に放出されるのは脳内物質・セロトニン。幸福感を感じる源です。

簡単に大笑いなんてできない、という方も多いでしょう。ですが、笑顔のチカラのすごいところは、「つくり笑い」でもその効果が発揮される点です。口角をキュッと上げるだけで、多幸感や快感を得るために必要な脳内物質・ドーパミンが増えるとされています。

●今日をたのしむ

【いいえがおの日】

11（いい）月25（にっこり＝笑顔）日の語呂合わせ。今日は気持ちがモヤモヤするような出来事があっても、ため息ではなく口角を上げて笑顔！


【プリンの日】

プリンを食べると思わず「ニッコリ（＝25）」することから、毎月25日は「プリンの日」。

◆季節をたのしむ

【落花生】

秋に収穫した落花生が出回っています。新豆は香りの高さが特徴です。

11月　霜月

26日

元日から……329日
大晦日まで……35日

［二十四節気］
小雪

［七十二候］初候
虹蔵れて見えず

日本人と入浴剤

冬の気配が強まってくると恋しくなるのがお風呂です。寒さと疲れで縮こまった体が、あたたかなお湯のなかでふわりとほどけると、なんとも幸せな気持ちになります。さらにリラックスしたいなら、やはり入浴剤の出番です。

日本ではじめて入浴剤が発売されたのは、1897（明治30）年のこと。婦人病の薬をつくる際にできる生薬の残りカスを利用したアイデア商品で、日本中の銭湯が使用し大評判だったといいます。

家庭用の入浴剤を日常的に愛用するようになったのは、庶民の自宅にもお風呂が備わるようになった1960年代のことでした。それから約60年。発泡したり、お湯がゼリー状になったりとさまざまな進化を遂げつつ、入浴剤は多くの人の心身をあたためつづけています。

●今日をたのしむ

【いい風呂の日】
11（いい）月26（ふろ）日の語呂合わせ。入浴剤は浴槽や風呂釜を傷めるイオウ成分が入っていないものがオススメ。お風呂から上がる際にお湯を抜き、さっとシャワーで流しておくとさらに安心です。

【ペンの日】
1935（昭和10）年の今日、日本ペンクラブが創立されました。各国の詩人・劇作家・編集者・小説家など文筆従事者の友好と親睦を深める国際ペンクラブの日本支部となります。

11月 霜月

27日

元日から……330日
大晦日まで……34日

［二十四節気］
小雪

［七十二候］次候
朔風葉を払う

風の落とし物

風に吹かれてひらりひらりと落ち葉が舞うようになってきました。樹木の多い公園を歩けば、靴と落ち葉がこすれる音が賑やかに響きます。足元をよく見てみれば、松ぼっくりやドングリがあちこちに。キレイな松ぼっくりは、クリスマスの飾りつけにちょうどいいですね。汚れや虫を取り除くためにも2時間ほどたっぷりの水に浸し、しっかりと乾燥させてから使います。

●今日をたのしむ

【朔風葉を払う】

小雪の次候に登場する「朔風」とは北風のことで、冬の季語になっています。朔風によって葉が落ちた木々は「冬木立」。寒々とした姿が哀愁を誘います。


【更生保護記念日】

1952（昭和27）年の今日、東京都・日比谷で更生保護大会を開いたことが由来。犯罪を犯した人の更生の道を社会全体で開く一日です。


【ノーベル賞制定記念日】

1895（明治28）年の今日、ノーベル賞を設立する意思を示す遺言状をノーベルがしたためたことに由来します。翌年にノーベルは亡くなり、5年後の1901（明治34）年に第1回授賞式を行いました。

◆季節をたのしむ

【ハクチョウ飛来】

春先にシベリアへと渡っていったオオハクチョウやコハクチョウが日本に続々と戻ってきています。北海道の厚岸湖、新潟県の瓢湖や佐潟などは今が飛来のピークです。

11月　霜月

28日

元日から……………… 331日
大晦日まで…………… 33日

［二十四節気］
小雪

［七十二候］次候
朔風葉を払う

報恩講

今日は浄土真宗の開祖・親鸞の祥月命日です。各地の寺院で親鸞を偲び、仏恩に報いるための法会・報恩講を営みます。浄土真宗の信仰文化が根づく北陸地方では、「ほんこさま（富山県）」「ほんこさん（石川県・福井県）」「おこさま（福井県）」などの名前で呼び、自宅の仏壇を拝むならわしもあるそうです。法会のあとに振る舞われる報恩講料理は、郷土料理としても親しまれています。富山県では「いとこ煮」が定番。根菜類と厚揚げ、小豆やコンニャクを煮込んで味噌で味つけした汁物料理です。小豆は親鸞の好物だったために入れるようになったといわれています。

●今日をたのしむ

【報恩講】

「御正忌」や「お七夜」、「御霜月」とも呼びます。浄土真宗大谷派本山の東本願寺（京都府）では、11月21～28日にわたって報恩講を行います。


【親鸞忌】

1262（弘長2）年11月28日の忌日を新暦に換算し、1月16日を親鸞忌とする寺院もあります。


【いとこ煮】

「いとこ煮」は福島県や山口県、徳島県など各地に郷土料理として伝わりますが、レシピは千差万別。小豆を使う点や「似た材料を使うから」、もしくは「硬いものから鍋に入れ、おいおい（甥甥）煮ていくから」という語源は共通しています。


【フランスパンの日】

「いい（11）フランス（2）パン（8）」の語呂合わせで制定しました。


【税関記念日】

江戸時代に創立された諸外国との貿易・外交事務を行った「運上所」を、1872（明治5）年の今日に「税関」と改称したことを記念して設けました。

11月 霜月

29日

元日から……………… 332日
大晦日まで…………… 32日

［二十四節気］
小雪

［七十二候］次候
朔風葉を払う

「すき焼き」の語源は？

「誕生日はなにが食べたい？」と聞かれると、私は決まって「すき焼き！」と答えたそうです。幼い私にとって、すき焼きはこの世で最上のごちそうで、「誰もが好きだからすき焼き」と信じていました。語源に「かつて農耕具の鋤（すき）を鍋代わりに用いていたから」や「肉をすき身にするから」といった説があると知ったとき、相当驚いたものです。

そもそも「すき焼き」の名前は関西発祥。関東では肉食が解禁となった明治時代、「牛鍋」の名で広まっていましたが、関東大震災の復興時に関西の「すき焼き」が進出。以来、すき焼きが全国的に定着したといわれています。

●今日をたのしむ

【いい肉の日】
11（いい）月29（にく）日の語呂合わせ。精肉店や焼き肉店が値引きサービスを行います。

【ぐんま・すき焼きの日】
こちらも「いい肉」の語呂合わせから。上州牛や下仁田ネギ、コンニャク、シイタケなど県内の農畜産物ですき焼きがつくれる群馬県は「すき焼き自給率100％」を宣言し、県産品の魅力をPRしています。

【いい服の日】
11（いい）月29（ふく）日の語呂合わせが由来。

11月 霜月

30日

元日から……333日

大晦日まで……31日

［二十四節気］小雪

［七十二候］次候 朔風葉を払う

ふたつのみりん

日本料理に欠かせない調味料のひとつに、みりんがあります。調味料とはいえ、アルコール度数の高いお酒です。焼酎や米麹（こうじ）、蒸した餅米を発酵させたものを絞ってできあがります。

江戸時代はじめには、女性向けの甘いお酒として流通するようになり、その後、調味料として活躍するようになりました。上品な甘味とコクを出してくれるだけでなく、アルコールや糖分が煮崩れを防ぎ、美しい照りを生み出します。

戦後に登場した「みりん風調味料」は、糖類や米、米麹などを用いてみりんの風味を再現したもの。アルコールは含まれません。そのため、みりんならアルコールを飛ばす必要のあるドレッシングやマリネ、酢の物といった料理で重宝します。

●今日をたのしむ

【本みりんの日】

11（いい）月30（みりん）日の語呂合わせ。みりん風調味料に対し、アルコールを含むみりんは「本みりん」とも呼びます。

【日本ラグビー蹴球協会発足の日】

1926（大正15）年の今日、日本ラグビーフットボール協会の前身となる日本ラグビー蹴球協会が設立されました。

【年金の日】

高齢期に備え、生活設計に思いを巡らす日として制定。日付は「いいみらい」の語呂合わせから。

12月

師走
――しわす

いよいよ一年の最終月。今年の締め括りと来年を迎えるための行事が目白押しです。気忙しいなかにも充実感があふれ、新たな力がみなぎります。

12月　師走

1日

元日から……………… 334日
大晦日まで……………　30日

［二十四節気］
小雪

［七十二候］次候
朔風葉を払う

師走朔日(しわすついたち)

いよいよ今日から12月。一年の締め括りとなる、なにかと気忙(ぜわ)しい一カ月のはじまりです。大掃除の算段に年賀状の準備、年末年始の予定を立てて……、とやるべきことが一気にやってきて、時計の針の進みがいっそう速く感じられもします。

12月の異称である「師走」は、普段は落ち着き払っている師（＝僧侶）でさえも、暮れの仏事で走り回ることから生まれた言葉だそうです。12月の慌ただしさは、無事に新しい年を迎えるためのもの。今日はソワソワする気持ちをひとまず置いて、心静かにひと月の計画を練ってみてはいかがでしょうか。

●今日をたのしむ

【12月の異称】

「師走」のほかに、年の暮れを意味する「臘月(ろうげつ)」や、年が極まることから「極月(ごくげつ)」といった呼び名があります。

【鉄の記念日】

1857（安政4）年の今日、岩手・釜石の製鉄所が操業し、鉄の近代的な生産がはじまりました。

【カイロの日】

日本生まれの保温具・カイロの需要がピークとなる12月のはじめの日に制定しました。

12月 師走

2日

元日から	335日
大晦日まで	29日

［二十四節気］小雪

［七十二候］末候 橘始めて黄なり

お歳暮

お歳暮は「今年一年お世話になりました」という感謝を贈り物に込め、年の瀬に届けるならわしです。ご先祖様へのお供え物を、一族の中心である本家に届けていた風習が変化したものといわれています。現代では親戚縁者にとどまらず、職場の上司や習い事の先生など、「ありがとう」を伝えたい方へ贈ります。かつては直接持参していましたが、今は託送が主流です。

贈る時期は12月上旬～25日頃までとするのが一般的。ただし、年末年始に家族揃って食べてほしいと贈る生鮮食品は、30日頃に到着しても失礼にはあたりません。

●今日をたのしむ

【橘始めて黄なり】

小雪の末候に登場する「橘」は、日本原産の柑橘類であり、温州ミカンの原種です。酸味が強く食用には向きませんが、今頃から鮮やかに色づきます。

【秩父夜祭り】

毎年12月2～3日に斎行する秩父神社(埼玉県)の例大祭。極彩色の彫刻を施し、提灯で飾った4台の屋台と2台の笠鉾を曳き回します。難所である急坂を上りきると、花火を打ち上げます。

【日本人宇宙飛行記念日】

はじめて宇宙を飛行した日本人は、テレビ局記者であった秋山豊寛さん。1990(平成2)年の今日、ソ連(現・ロシア)のソユーズTM11号に乗って宇宙へと飛び立ちました。

◆季節をたのしむ

【温州ミカン】

ビタミンCがたっぷり、風邪予防にも効果的。白い筋には動脈硬化予防に効果のあるビタミンPが含まれます。コタツにミカンは、日本の冬の定番ですね。

12月　師走

3日

元日から……………336日
大晦日まで……………28日

［二十四節気］
小雪

［七十二候］末候
橘始めて黄なり

旧暦から新暦へ

今日は12月3日。なのに突然、「今日は1月1日、新しい一年のはじまりです。あけましておめでとうございます」といわれたら驚きますよね。12月3日から31日まで、約1カ月分の日にちはどこへ行ったのか戸惑うとともに、日付が進むことで季節感が狂ってしまいます。

1872（明治5）年の12月3日、当時の日本に暮らしていた人々はそんな不思議で稀有（けう）な体験をしました。それまで用いていた日本独自の旧暦（太陰太陽暦）に代わり、諸外国が用いる新暦（太陽暦）を正式採用したため、日付が1873（明治6）年の1月1日となったのです。

この改暦が決定したのは、1カ月ほど前の11月9日のこと。決定から実施までひと月に満たないという異常なスピード感の陰には、明治政府の深刻な

●今日をたのしむ

【カレンダーの日】

旧暦から新暦へと移行した「明治改暦」を記念して制定。日付を教えてくれるカレンダーの普及と発展を目指す一日です。文具店や専門店に来年のカレンダーや手帳がたくさん並ぶ頃。一年をともに歩む相棒を決めるのは、毎年のことながら心がときめきます。

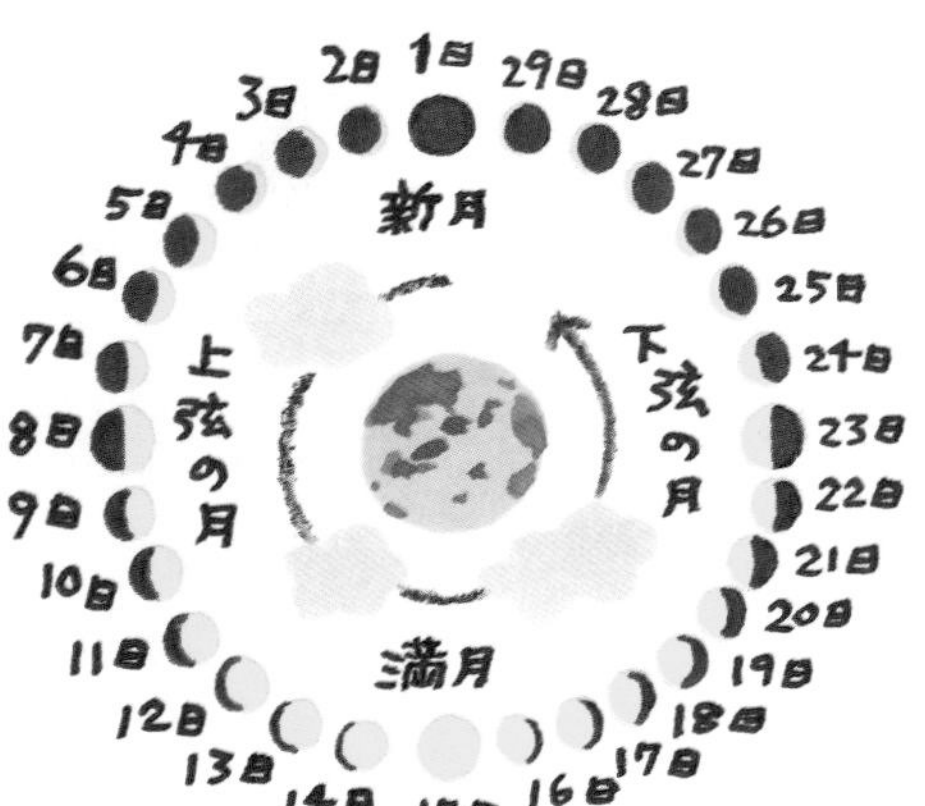

財政難があったといわれています。その鍵を握るのが、旧暦における「閏(うるう)月(づき)」の存在です。

「閏」とは、季節と暦を調節するため、平年よりも余分に設けた日や月のこと。太陽の周りを地球が一周する日数（３６５日）を一年とする新暦で暮らす私たちには、4年に一度の「閏日（２月29日・P４１８）」がおなじみです。

一方、旧暦は「閏月」が暦に登場していました。月の満ち欠けをもとにした旧暦では1年が３５４日しかなかったため、3年に一度ほど「閏月」を設け、季節とのズレを修正していたのです。

旧暦のままなら、折しも明治6年は閏月のある年。そのため明治政府は、公務員に支払う閏月分の月給をカットしようと新暦への移行を急いだのです。さらに2日間しかなかった「明治5年の12月」の給与も支払わず、実質２カ月分の給料を不払いにしました。

国の礎を築いた政治家たちの苦肉の策ともいえますが、いつの時代も財政難のシワ寄せは庶民に来るのかと、複雑な気持ちにもなります。

【個人タクシーの日】
日本初の個人タクシーが誕生したのは、１９５９（昭和34）年の今日。今では3万台を超える個人タクシーが日本中を走っています。

【奇術の日】
マジックで使うワン・ツー・スリー！というかけ声を日付になぞらえて制定。集まる機会の多いこの時季、隠し芸にマジックはいかがでしょう。

【ひっつみの日】
「ひっつみ」は小麦粉を水で練り、根菜などと煮る岩手県の郷土料理。12月3日が「ひいふうみい」と読め、その語感が似ていることから制定。

12月　師走

4日

元日から…………337日
大晦日まで…………27日
［二十四節気］
小雪
［七十二候］末候
橘始めて黄なり

忘年会

12月に入ると「忘年会」の言葉を見聞きするようになります。お酒やごちそうをいただきながらお互いをねぎらう忘年会は、文字通りその年の苦労を忘れるための宴会です。年末に欠かせない行事ですが、これといった決まりはありません。とはいえ、出し物やビンゴゲームなど、みんなで盛り上がれるような趣向を凝らすのが定番です。「忘年」にはもともと、「自分が年老いたことを忘れる」や「相手との年齢差を気にとめない」といった意味合いがあります。一年の締め括りの宴会ぐらいは、堅苦しい話は抜きにしてたのしもうという、先人の思いがこもっているのかもしれません。

●今日をたのしむ

【忘年会】

忘年会のルーツは、室町時代に行っていた「年忘れ」という行事ともいわれています。当時は年末に数人で集まり、連歌を詠んだあとに酒宴を催し盛り上がりました。


【人権週間】

今日から12月10日まで。1948（昭和23）年の今日に国連にて採択された「世界人権宣言」を礎に、世界各国で人権思想の啓発のためのイベントを行います。

12月　師走

5日

元日から……………… 338日
大晦日まで…………… 26日

［二十四節気］
小雪

［七十二候］末候
橘始めて黄なり

写真の整理

スマートフォンやデジタルカメラのおかげで、誰でも気軽に写真をたのしめるようになりました。そろそろ年賀状の準備が気になりだしている方は、素材探しもかね、これまでに撮影した写真を整理してみてはいかがでしょう。

一年の出来事を思い出しつつ写真が並ぶ画面を眺めていると、自分が今、なにに興味を抱いているかが見えてきます。私の場合、家族の写真のほかには、季節の花と外出先での食べ物がほとんど。思いのほか風景写真が少ないので、来年は散歩や旅行にもっと行こう、と決意。

一年の写真を整理すると、新年の目標が見えてきますよ。

●今日をたのしむ

【アルバムの日】
12月に一年の思い出をアルバムにまとめてほしいと制定。5日には「いつかやる」と後回しにすることなくアルバムづくりをしてほしいという願いを込めています。デジタルデータが主流となった現代では、バックアップを忘れずに。

【納めの水天宮（すいてんぐう）】
毎月5日を縁日とする東京都・日本橋の水天宮では今年最後の縁日である「納めの水天宮」を開催。一年の無事を感謝して古いお神札（ふだ）を納める参拝客で賑わいます。

【国際ボランティアデー】
1985（昭和60）年、国連が定めた国際デーのひとつ。ボランティア活動が果たす役割の大きさを知り、参加気運を高める一日です。

●季節をたのしむ

【白菜】
鍋料理に欠かせない白菜は、しっかりと葉が巻いていて弾力のあるものを選びます。カットされている場合は切り口が白く、盛り上がっていないものが新鮮です。色の濃い外葉にはビタミンCが多く含まれています。

12月　師走

6日

元日から	339日
大晦日まで	25日

［二十四節気］
小雪

［七十二候］末候
橘始めて黄なり

年末の風物詩「第九（だいく）」

1914（大正3）年12月6日、山田耕筰が日本人作曲家として初となる交響曲（シンフォニー）を発表したことにちなみ、今日は「シンフォニー記念日」です。

今の時季に交響曲と来れば、やはり「第九」でしょう。「第九」、すなわちベートーヴェンが作曲した「交響曲第9番（合唱つき）」は、シラーの詩『歓喜に寄す』を歌う第4楽章がとくに有名。自由や人類愛、新しい時代への期待を歌い、『歓喜の歌（よろこびの歌）』という名前でも知られています。

第九が年末の風物詩となったのは、戦後間もない昭和20年代。日本交響楽団（現・NHK交響楽団）が毎年12月に日比谷公会堂で行った演奏会が源流です。聴いていると力がどんどんみなぎってくる曲調が、やることの多い年末にふさわしい「第九」。今日もどこかで聴く人を勇気づけています。

●今日をたのしむ

【シンフォニー記念日】
留学先のベルリンから帰国した山田耕筰が発表した交響曲のタイトルは『勝鬨（かちどき）と平和』でした。ちなみに「交響曲」という訳語を考案したのは森鴎外だそうです。

【音の日】
1877（明治10）年の今日、エジソンが蓄音機での録音・再生に成功したことにちなみ制定。

【黄門忌（こうもんき）】
江戸時代前期の水戸藩主・徳川光圀（みつくに）の忌日（きにち）。藩名に中納言の唐名を組み合わせた「水戸黄門」の名は時代劇でもおなじみ。

12月 7日

師走

元日から……………… 340 日
大晦日まで…………… 24 日

［二十四節気］
大雪

［七十二候］初候
閉塞く冬と成る

大雪（たいせつ）

暦の上で冬となった立冬（P359）から約1カ月、二十四節気の大雪を迎えました。冬とは名ばかり、と思っていたのに、いつの間にやら冬本番です。

関東以西から初霜の知らせを聞くようになる一方で、北海道の平野部では降った雪が春先まで残る「根雪（ねゆき）」となりはじめます。

北国を銀世界に染め上げる雪を、日本人は古来、豊凶を占う自然の便りとして親しんできました。雪が多いほど豊作になると考え、「雪は五穀の精」や「雪は豊年の瑞（しるし）」といった言葉が残っています。

●今日をたのしむ

【閉塞（そらさむ）く冬と成る】

大雪の初候で登場する「閉塞く」は、鈍色（にびいろ）の雲に覆われた雪国の空をイメージさせる言葉。例年通りなら鳥取県や島根県で初雪が見られます。

【クリスマスツリーの日】

日本人がはじめてクリスマスツリーを飾ったのは、1886（明治19）年の今日のこと。外国人が多く暮らす港町・横浜に登場しました。

【神戸開港記念日】

1867（慶応3）年の今日、神戸港が国際港として開港しました。

12月　師走

8日

元日から……………… 341日
大晦日まで…………… 23日

［二十四節気］
大雪

［七十二候］初候
閉塞く冬と成る

「納める」日と「始める」日

古来、日本人は12月8日を一年の農作業を締め括る「御事(おこと)納(おさめ)」としてきました。農作業を再開するのは2月8日の「御(お)事始(ことはじめ)」。両日を合わせて「事八日(ことようか)」ともいい、身を慎(つつし)む物忌(ものい)みの日として受け継いできました。この日は2月8日同様、針仕事を休み、折れたり曲がったりした針を供養する風習があります。今日を「御事始」、2月8日を「御事納」と呼ぶ地域も。「事」はお正月行事を意味すると考えられています。

かつては魔物や疫病神、妖怪などがうろつく一日としても警戒していたのだとか。年末だからと浮かれず気を引き締めよ、という先人の教えも含まれているのかもしれません。

●今日をたのしむ

【針供養】

法輪寺（京都府）や雲龍寺（東京都）、長浜八幡宮（滋賀県）など、各地でコンニャクや豆腐、大根などに針を刺して弔う針供養を執り行います。


【成道会(じょうどうえ)・臘八会(ろうはちえ)】

お釈迦様が菩提樹の下で悟りを開いたと伝わる12月8日を記念し、各地の寺院では「成道会」や「臘八会」と呼ぶ法会(ほうえ)を行います。なかには12月1～8日まで不眠不休でつづけるという厳しいものも。


【田代の風流】

八龍神社（福岡県）の例大祭で奉納する田代の風流は、２４０年以上前から受け継がれる民俗芸能です。地元住民による太鼓踊りと大名行列が見物客をたのしませます。

◆季節をたのしむ

【ナンテン】

花はさほど意識されず、冬に成る実だけが注目されるのは、やはり雪景色に映える赤さから。漢名の「南天竺(なんてんじく)」「南天燭(なんてんしょく)」を略して「南天」と呼ぶようになりました。「難を転じる」という語呂合わせから庭木としても人気です。

12月 師走

9日

元日から……………… 342 日
大晦日まで…………… 22 日

［二十四節気］
大雪

［七十二候］初候
閉塞く冬と成る

大根焚き（だいこた）き

ぐっと甘味が増した冬場の大根が主役となる伝統行事があります。了徳寺（りょうとくじ）（京都府）で行う「大根焚き」です。鎌倉時代、浄土真宗の開祖・親鸞の教えに感銘を受けた里人が、感謝のしるしとして塩味で炊いた大根をささげ、もてなしたという伝承に由来します。

今日と明日、了徳寺では3千本もの青首大根を炊き、親鸞に供えるとともに参詣（さんけい）者に振る舞います。参詣者が食べる大根は、塩味ではなく醬油味。この大根をいただくと中風（脳卒中）を退けるといわれています。実際に行くのが難しくても、今日大根を食べればあやかれそうな気がしませんか。

●今日をたのしむ

【大根焚き】
大根焚きは京都の冬の風物詩。12月～翌年2月にかけてさまざまな寺院が大根を炊き、参詣者に振る舞います。

【日本初世界遺産登録日】
日本ではじめて世界遺産に登録されたのは、法隆寺（奈良県）、姫路城（兵庫県）、白神山地（しらかみさんち）（青森・秋田県）、屋久島（鹿児島県）の4件。1993（平成5）年の今日のことでした。

【漱石忌（そうせきき）】
近代日本を代表する文豪・夏目漱石（なつめそうせき）の忌日（きにち）です。

12月　師走

10日

元日から……343日
大晦日まで……21日
［二十四節気］
大雪
［七十二候］初候
閉塞く冬と成る

ノーベル技術賞!?

ダイナマイトを発明したノーベルが創始したノーベル賞は、彼の命日である12月10日に授賞式を行います。日本人受賞者が出た年は、授賞式の様子やそのあとにつづく晩餐会の模様などが大きく報じられますね。

とくに晩餐会は、その華やかさと約1300名という出席者の多さでも有名です。豪華な料理とともに食卓を彩るのは、選りすぐりの食器の数々。なかでもカトラリーは、新潟県燕市に本社を置く山崎金属工業がつくり上げたものです。採用の決め手は、同社の職人のもつ確かで細やかな技術だったとか。ノーベル技術賞があったなら、受賞間違いなしですね。

●今日をたのしむ

【ノーベル賞授賞式】

ノーベル賞は物理学、化学、生理学・医学、文学、平和、経済学の6部門において、すぐれた業績を残した人に贈られます。授賞式を行うスウェーデンとの時差の関係で、日本では12月11日未明のセレモニーとなります。

【納めの金毘羅】

「こんぴらさん」の名前で親しまれる金刀比羅宮（香川県）は毎月10日に月次祭を行います。今日は一年最後の月次祭、別名「納めの金毘羅」です。

12月　師走

11日

元日から…………… 344日
大晦日まで………… 20日

［二十四節気］
大雪

［七十二候］初候
閉塞く冬と成る

沢庵和尚とたくあん漬け

今日は江戸初期の高僧・沢庵和尚の忌日です。「たくあん」という響きから、たくあん漬けを連想する方も多いかもしれません。そう、誰もが知っているあの大根の糠漬けを考案したのは、沢庵和尚といわれています。命名者は3代将軍・徳川家光だとか。沢庵が供した糠漬けの美味しさにいたく感動し、「沢庵漬けと名づけるべし」と命じたという逸話が伝わっています。

干した大根を米糠と塩で漬け込むたくあん漬けの仕込みは、今が最盛期。冬の間ゆっくりと発酵・熟成が進むことで、独特の酸味と旨味が生まれます。

●今日をたのしむ

【沢庵忌】
東京都品川区にある沢庵のお墓は国指定史跡となっています。こちらの墓石が漬け物石に似ているために「たくあん漬け」の名前が生まれたとする説もあります。

【胃腸の日】
12月11日を「胃にいい日」と読む語呂合わせ。

【百円玉の日】
1957（昭和32）年の今日、それまで使用されていた百円紙幣に代わり百円硬貨が発行されました。現在の百円玉と大きさ、重さは変わらないものの、表には鳳凰がデザインされていました。

【塚原甘酒まつり】
霧島神社（大分県）の例祭。今年収穫した新米で仕込んだ甘酒を参拝客や集落の家々に振る舞います。五穀豊穣に感謝し、無病息災を祈る神事で450年以上の伝統を誇ります。

◆季節をたのしむ

【シクラメン】
花の彩りが少なくなる冬場に愛される鉢花の代表格。赤やピンク、白、藤色など色の豊富さも人気の理由です。

12月　師走

12日

元日から……345日
大晦日まで……19日
［二十四節気］
大雪
［七十二候］次候
熊穴に蟄る

泥棒除け(よ)と火災除けのおまじない

12月12日に「十二月十二日」と書いた半紙を自宅の窓近くや柱に逆さに貼りつけるのは、関西地方に伝わる泥棒除けのおまじないです。12月12日は、安土桃山時代の大泥棒・石川五右衛門が釜茹(かまゆ)での刑に処されたと伝わる日。今日の日付を逆さまに貼っておけば、天井裏から忍び込んできた泥棒の目に入り盗みを思いとどまらせることができる、と生まれた風習なのだそうです。

ところ変わって福島県会津地方では、同じく逆さの「十二月十二日」が火災除けに。こちらは「日二十月二十」を「ヒ（火）ニトオク、ツキニクイ」と読む語呂合わせです。

●今日をたのしむ

【熊穴に蟄(こも)る】
大雪(たいせつ)の次候は「熊が冬眠に入る頃」といった意味合いです。

【漢字の日】
12（いい字）月12（一字）日の語呂合わせ。全国から応募された「今年の漢字」から選んだ字を京都清水寺の貫主(かんす)が揮毫(きごう)する姿は、毎年大きなニュースとなります。

【明太子の日】
日本ではじめて「明太子」という名称が新聞に登場した日付が由来。

12月 師走

13日

元日から……………346日
大晦日まで…………18日

［二十四節気］
大雪

［七十二候］次候
熊穴に蟄る

正月事始め（しょうがつことはじめ）

今日は「正月事始め」。新年を連れてくる神様・年神様（としがみさま）を家へお迎えする準備をはじめる日です。昔は年神様がやってくる目印となる門松に用いるための松を伐り（き）にいったり、住まいの汚れを清める煤払い（すすはらい）を行ったりしました。煤払いは現在も各地の社寺で営まれるとともに、私たちの暮らしのなかでは「大掃除」と名前を変え受け継がれています。

大掃除は仕事が一段落する年末休みになってから、という方も多いとは思いますが、今日からえいやっと気合いを入れて取り組んでみましょう。半月以上かけて丁寧に家を清めていけば、年神様もおおいに喜んでくれそうです。

●今日をたのしむ

【煤払い】

古（いにしえ）の人々は煤をはじめとする汚れやチリ、ホコリを丁寧に清めました。煤の発生する囲炉裏が一家の中心にあった歴史を伝える言葉です。


【大掃除の日】

一年で積もり積もった汚れを落として新年を迎えるため、大掃除を呼びかける一日。日付は正月事始めに由来します。


【双子の日】

1874（明治7）年の今日、「双生児・三つ子出産の場合は、前産を兄姉と定む」という法令が公布されました。それまではあとに産まれた子供を兄姉とする地域もありました。

◆季節をたのしむ

【キンカン】

中国を原産地とする柑（かん）橘類（きつるい）・キンカンは皮ごと食べられるのが特徴。その皮はビタミンCをはじめとするビタミン類を多く含んでいます。昔から粘膜の炎症を鎮（しず）める民間薬としても親しまれており、そのままはもちろん、砂糖漬けやハチミツ漬けが喉のイガイガを鎮めてくれます。

12月　師走

14日

元日から……347日
大晦日まで……17日

［二十四節気］
大雪

［七十二候］次候
熊穴に蟄る

討ち入りの日

日本史や時代劇に明るい方は、今日が「討ち入りの日」と聞いてピンと来るかもしれません。1702（元禄15）年の今日は、『忠臣蔵』のモデルとなった赤穂事件(あこうじけん)が起きた日です。

赤穂事件は、当時の江戸でもっともセンセーショナルな出来事となりました。事件の2週間後には芝居になっていたことからも注目度の高さがわかります。やがてさまざまな作品が生まれ、『忠臣蔵』は時を超え誰もが知っている物語となりました。というのは、かつての話。今は、『忠臣蔵』を知らない世代も増えています。史実の研究が進んだり、日本人の価値観が変わったりしたことが影響しているのかもしれません。

多くの人と共有できる物語や昔話が失われていくのは、どこか寂しい気持ちもしますね。

●今日をたのしむ

【討ち入りの日】
討ち入りを果たした赤穂浪士たちの出身地である兵庫県赤穂市をはじめ、赤穂事件にゆかりのある各地で「義士祭(ぎしさい)」を開催します。

◆季節をたのしむ

【ふたご座流星群】
毎年12月中旬に夜空に登場するふたご座流星群がもっとも活発になるのは12月12～14日。月齢によって見やすさは変わりますが、晴れた夜は空を見上げてみては。

12月15日 師走

元日から……………348日
大晦日まで……………16日

［二十四節気］
大雪

［七十二候］次候
熊穴に蟄る

年賀状

郵便局で年賀状の引き受けがはじまりました。メールやSNSでスピーディーなやり取りができる時代になっても、新年を迎える歓びとおめでたさを交わす年賀状はやはり特別。出す側とすれば用意や準備が正直大変という気持ちもありますが、受け取る側に回れば心があたたかくなるうれしい習慣ですよね。

だからこそ、宛名面や通信面は印刷したとしても、なにか手書きでメッセージを添えるようにしたいもの。あまり堅苦しく考えず、旧年中の感謝や新年をことほぐ気持ち、近況報告などを記しましょう。

●今日をたのしむ

【年賀状】

お世話になっている親戚や知人のお宅に伺ってご挨拶をする「年始回り」とともに、平安時代からつづく習慣です。


【観光バスの日】

1925（大正14）年の今日、観光バスのルーツとなる遊覧乗合自動車が営業を開始したのを記念して制定。

◆季節をたのしむ

【よいお年を】

年内にもう会う予定のない方と別れる際には、こちらのご挨拶を。

12月　師走

16日

元日から……349日
大晦日まで……15日

［二十四節気］
大雪

［七十二候］次候
熊穴に蟄る

戸締り用心、火の用心

家財道具はおろか、ときに命をも奪う火事は本当におそろしいものです。木造住宅の密集する江戸の町では幾度も大火事が起こり、多くの犠牲が生じました。どうにか火事を防ごうと、幕府は町民に夜の見回りを励行します。おなじみの「火の用心」という言葉は、江戸時代中期から夜の見回りで盛んに使うようになったそうです。

「火の用心！」の声とそれにつづく拍子木（ひょうしぎ）の音も、最近ではめっきり聞かなくなりました。我が家周辺ではこの時季、鐘を鳴らしながら消防車が巡回します。慌ただしい年末だからこそ、戸締り用心、火の用心ですね。

●今日をたのしむ

【秋葉の火まつり】
火伏（ひぶ）せの神様として知られる秋葉神社の総本宮・秋葉山本宮秋葉神社（静岡県）で行う例大祭。火災はもちろん、水難ならびに疫病除（よ）けも祈願する幻想的な火祭りです。

【火の用心】
この言葉を最初に使ったのは徳川家康の家臣・本多重次（ほんだしげつぐ）という説があります。戦地から妻に宛てた手紙で用いいました。

【念仏の口止め】
念仏を好まない年神様（としがみさま）のため、今日から年明け1月15日までは念仏を唱えない風習があります。

12月 師走

17日

元日から……350日

大晦日まで……14日

［二十四節気］
大雪

［七十二候］末候
鱖魚群がる

神様の魚

川上で孵化した鮭の稚魚は成長すると海へ下り、数年を過ごします。やがて成熟すると、産卵のために生まれ故郷へ。群れをなして川を遡る光景は、生命の躍動と不思議そのものです。

古の人々は、故郷に戻ってくる鮭を神様の恵みと考えていました。アイヌ語で鮭は「カムイチェプ（神の魚）」。さらに北海道や東北地方の人々は鮭の遡上に感謝し、豊漁を願う鮭祭りを受け継いでいます。また、鮭と結婚したり、鮭の妖怪が人命を奪ったりする民話も伝わっています。感謝と畏れをもって、神様の魚をいただいてきたのですね。

●今日をたのしむ

【鱖魚群がる】

大雪の末候は「群れをなした鮭が川を遡上する頃」といった意味合いです。鱖魚は七十二候が生まれた中国に生息する淡水魚。日本にはいないため「サケ」の読みをあてたといいます。


【鮭の民話】

鮭と結婚する話は『鮭女房』。鮭の妖怪が人命を奪う話は『鮭のオオスケ』という名で各地に伝わります。


【春日若宮おん祭】

毎年12月15～18日に行う春日大社（奈良県）の摂社・若宮神社の祭礼。奈良県最大の年中行事ともいわれ、五穀豊穣や万民安楽を祈り、時代行列や神楽、田楽などを奉納します。

◆季節をたのしむ

【新巻鮭】

内臓を取ったサケを塩蔵した新巻ザケは、保存性の高さからお歳暮の品としても人気です。かつては荒いムシロで巻いたことから「荒巻」と呼びましたが、今は「新巻」の字をあてています。

12月　師走

18日

元日から……………… 351日
大晦日まで………… 13日

［二十四節気］
大雪

［七十二候］末候
鱖魚群がる

年の市と羽子板市

スーパーマーケットやデパートがない時代、生活必需品を買い求める人々が向かったのは「市」です。とくに年の瀬には、お正月用品や新年を迎えるにあたり新調したい道具類が集まる「年（歳）の市」が各地に立ちました。

毎年12月17～19日に開く浅草羽子板市も、もとは年の市。江戸時代末期頃から邪気をはね（羽根）返す縁起物である羽子板と羽根がお正月飾りとして人気を呼ぶようになり、今も多くの人で賑わいます。定番は歌舞伎の助六や藤娘といった和の魅力あふれる絵柄。今年話題になった有名人やスポーツ選手をモチーフにした「世相羽子板」も登場します。

今日をたのしむ

【年の市】
各地の神社やお寺の境内、さらには地域の広場や駅前などに立ちます。デパートやスーパーマーケットなどが行う年末セールを「年の市」と呼ぶことも。

【納めの観音】
毎月18日は観音菩薩の縁日。一年で最後の縁日となる今日は「納めの観音」と呼び、各地の観音様に多くの人が参詣します。

【東京駅の日】
1914（大正3）年の今日、東京駅の駅舎が完成しました。赤レンガが特徴的な駅舎は戦災により、一部消失しましたが復元工事を施し、2012（平成24）年に完成当時のモダンな姿を取り戻しました。

【国連加盟記念日】
1956（昭和31）年の今日、国連総会で日本の国連加盟が全会一致で可決されたことを記念して制定。

【源内忌】
江戸時代中期の学者であり、発明家としても名を知られる平賀源内の忌日です。

12月 師走

19日

元日から……………352日
大晦日まで……………12日

［二十四節気］
大雪

［七十二候］末候
鱖魚群がる

イルミネーションシーズン

空気が澄み渡る冬は、星はもちろん地上の光も美しく輝きます。とくにクリスマスが近づく今の時季は、各地で大規模なイルミネーションイベントが開催され、訪れる人を魅了します。寒さに身を縮ませていても、キラキラと明るく夜を照らし出す光を眺めていると、どこかあたたかさを感じるから不思議です。

かつてイルミネーションには小型の白熱電球を用いていましたが、現在はＬＥＤライトが主流。環境に優しく、電気代も抑えられるため、自宅の外観を華やかに彩ってたのしむ方も増えています。

●今日をたのしむ

【イルミネーション】

ハウステンボス（長崎県）、あしかがフラワーパーク（栃木県）、さっぽろホワイトイルミネーション（北海道）の3カ所が日本三大イルミネーションといわれています。

【仏名会（ぶつみょうえ）】

諸仏の名前を唱えて今年一年の懺悔滅罪（ざんげめつざい）を願う仏事。家の大掃除に対して心の大掃除とも。かつては12月19日から3日間行いました。

【日本初飛行の日】

1910（明治43）年の今日、日本国内ではじめて飛行機が飛び、見事成功しました。

12月　師走

20日

元日から……………… 353 日
大晦日まで…………… 11 日

［二十四節気］
大雪

［七十二候］末候
鱖魚群がる

年取り魚

新年を迎えることを「年越し」といいますが、「年取り」とも表現します。生まれた年を1歳とし、以降新年を迎えるたびに年を重ねる「数え年」で日本人が暮らしていた名残りです。

新年の神様・年神様(としがみさま)は夜中にやってくるとされたため、大晦日の晩はごちそうを供え、家族で囲みました。「年越し膳」や「年取り膳」という名で、このならわしが残る地域もあります。

海に囲まれた日本でごちそうといえば、やはり魚です。おもに東日本では鮭、西日本ではブリを食し、「年取り魚」「年越し魚」「正月魚」などといった名前で呼びます。鮭は「栄える」に通じ、ブリは成長するごとに名前の変わる出世魚。美味しい上に縁起物とくれば、大晦日(おおみそか)に限らず食べたくなってしまいます。

●今日をたのしむ

【鰤の日】

ブリが魚へんに12月の異称である師走の「師」と書くことと、2（ブ）0（リ）と読む語呂合わせから制定。「寒ブリ」とも呼ばれる今時分のブリは、たっぷりと脂がのっています。

【デパート開業の日】

1904（明治37）年の今日、日本初の百貨店として翌日に開業を控えた三越呉服店が、顧客に向けて「デパートメントストア宣言」と呼ぶ文書を送付しました。

12月 21日 師走

元日から……354日
大晦日まで……10日

［二十四節気］
大雪

［七十二候］末候
鱖魚群がる

中が回文、全部いかがかかな

今日の日付を並べると「1221」。上から読んでも下から読んでも同じ回文になっています。さて、回文といえばなにが思い浮かぶでしょうか。「竹やぶ焼けた」や「ダンスがすんだ」、長いところでは「私負けましたわ」といったところが定番ですね。じつはこれくらいの長さは、まだまだ序の口。先人は和歌や滑稽味を加えた狂歌でも回文を詠(よ)んでいます。もっとも古い回文歌は平安時代の歌学書に登場する

むらくさに(むら草に)　くさのなはもし(草の名はもし)
そなはらば(備はらば)
なぞしもはなの(なぞしも花の)　さくにさくらむ(咲くに咲くらむ)

といわれています。

●今日をたのしむ

【回文の日】

日付が回文になっていることが由来。回文作成は頭の体操にもなると注目を集めています。ちなみに今日のタイトル「中が回文、全部いかがかかな（なかがかいぶんぜんぶいかがかかな）」も回文です。

【納めの大師】

毎月21日は弘法大師空海の縁日。一年の最後の縁日となる今日は、「納めの大師」や「終(しま)い大師」と呼ばれ、真言宗の寺院は多くの参詣(さんけい)者で賑わいます。

12月　師走

22日

元日から……………355日
大晦日まで……………9日

［二十四節気］
冬至

［七十二候］初候
乃東生ず

冬至（とうじ）

今日は冬至。一年でもっとも昼間が短く、夜が長い一日です。正午の太陽の高さも一年でいちばん低くなることから、太陽の力がもっとも弱まる日とされてきました。しかしそれは、裏を返せば明日から少しずつ日が長くなる＝太陽の力が復活するということ。そう考えた古（いにしえ）の人々は、冬至を意味深い特別な日として過ごしてきました。

ユズを浮かべたユズ湯に浸かる習慣も、その大切さのあらわれです。端午（たんご）の節句（P150）の菖蒲湯（しょうぶゆ）のように、その芳香が邪気や穢（けが）れを祓（はら）います。力を取り戻した太陽が昇る明日の朝を、清らかな心身で迎えようというわけですね。また、これから一段と厳しくなる冬の寒さを無事に乗り越えられるよう願いを込めて、「冬至にユズ湯に入ると風邪を引かない」という言い伝えが生まれたといわれています。

●今日をたのしむ

【乃東生ず（なつかれくさしょうず）】
「乃東」は夏のはじまりにひっそりと枯れていくウツボグサの別名。緑の少ないこの時季の野山で、早くも新たな芽をつけています。「乃東生ず」は、夏至（げし）（P202）の初候「乃東枯る」と対をなす候名です。

寒さに備えるといえば、カボチャも忘れてはいけません。こちらも冬至に食べれば、風邪を引かないとされています。カボチャは夏から秋に収穫しますが、その保存性の高さはピカイチ。野菜が不足する冬場に栄養価の高いカボチャを食べ、寒さを乗りきろうという暮らしの知恵から生まれた風習です。

また、「ん」がつく食べ物を7種類食べると「運がつく」と縁起を担ぎ、ニンジンやギンナン、うどんなどを食べる地域もあるそうです。

冬至には、古代中国で生まれた「一陽来復」という別名があります。そして一陽来復は、「冬が去って春が来る」や「凶事がつづいたあとにようやく運が向いてくる」といった意味ももっています。「まだ日も短いし、どんどん寒くなる」と考えるか、「明日から日脚が伸びて、そのたびに春も近づく」と考えるか。やはり後者のほうが、日々を健やかに過ごせるように思います。冬至はそんな暮らしのとらえ方すらも教えてくれている、といったら少し大袈裟でしょうか。

【ユズ湯】

ユズに含まれるピネンやシトラールという香り成分が、湯冷め防止や血行促進に力を貸してくれます。

【冬至カボチャ】

一説にはカボチャの果肉の黄色い色が災厄を祓うとも。同じく邪気を祓うとされる小豆（あずき）と一緒に煮るのが冬至カボチャの定番です。

【冬至粥】

冬至には小豆粥を食べて無病息災を願う風習もあります。病気をもたらす疫病神は小豆を怖がると伝えられています。

12月　師走

23日

元日から……………… 356日
大晦日まで…………… 8日

［二十四節気］
冬至

［七十二候］初候
乃東生ず

冬将軍はどこ出身？

「冬将軍」はシベリア気団、もしくはシベリア気団がもたらす厳しい寒さを意味します。そのいかにも強そうな響きには、相当な冷え込みと雪を覚悟させる説得力がありますよね。

私はてっきり日本の将軍だと思っていたのですが、じつはロシアの将軍なのだとか。1812（文化9）年、フランス皇帝・ナポレオンがモスクワに遠征するも、その寒さと雪に撤退した史実をイギリスの新聞記者が「霜将軍（General Frost）に敗れる」と表現して誕生しました。「霜将軍」が日本で「冬将軍」となった経緯は定かではありませんが、冬の気象用語として親しまれています。

●今日をたのしむ

【シベリア気団】
冬にシベリアに発生する大陸性寒帯気団のこと。日本付近までやってきた場合、日本海上で熱と水蒸気を受け、日本海側に多くの雪をもたらします。

【東京タワー完工の日】
1958（昭和33）年の今日、総合電波塔として建設された東京タワーが完成しました。現在はその役割を東京スカイツリーに譲ったものの、東京のシンボルとして多くの人に愛されています。

12月　師走

24日

元日から……………… 357 日
大晦日まで…………… 7 日

［二十四節気］
冬至

［七十二候］初候
乃東生ず

クリスマス・イブ

クリスマス・イブは、キリストの誕生日を祝う「降誕祭（クリスマス）」の前夜祭。世界中の教会がミサを開き、クリスチャンが祈りをささげます。クリスマスツリーやリース、キャンドルなど、街にあふれる飾りそれぞれに深い意味があります。たとえばモミの木など、冬でも葉の落ちない常緑樹によるツリーは「永遠」の象徴。ツリーのてっぺんに飾る星は、キリスト誕生の際に輝いた星です。日本のクリスマスは宗教的な意味合いは薄く、パーティーをしたり、プレゼントを贈ったり。たのしい年末の行事として親しまれていますが、そのいわれや背景を知ると違った趣が出るものです。

●今日をたのしむ

【クリスマス・イブ】

「イブ」は祝祭日の前夜、もしくは前日を意味する英語です。日本語の「聖夜」もクリスマス・イブを指します。


【納めの地蔵】

子供の守り神として信仰される地蔵菩薩の今年最後の縁日です。

◆季節をたのしむ

【クリスマスの飾り】

クリスマスリースの輪の形は「永遠の愛」をあらわし、素材となる西洋ヒイラギや松ぼっくりは収穫の象徴。新年の豊作を願う意味も込められています。キャンドルは、キリストが救世主＝世の光として人々を照らし出すことから用いるようになったそうです。


【クリスマスのごちそう】

日本のクリスマスではチキンを食べるのが定番ですが、その元祖は七面鳥のロースト。1600年代にイギリスからアメリカに渡った人々が、野生の七面鳥を食べて収穫を祝ったことがはじまりで、やがて欧米に広まったといいます。

12月　師走

25日

元日から……………… 358日
大晦日まで…………… 6日

［二十四節気］
冬至

［七十二候］初候
乃東生ず

サンタクロースと三太九郎

今朝はたくさんの子供たちが、枕元やツリーの下に届いたプレゼントに大はしゃぎしていることでしょう。世界中の子供たちが待ち焦がれるサンタクロースのモデルは、4世紀頃に活躍したキリスト教の聖人セント・ニコラウスといわれています。ニコラウスが貧しい人々に金品を分け与えたという逸話と、クリスマスに贈り物をするならわしが結びつき、現在のサンタクロース像が形づくられてきました。

日本では明治時代頃から、徐々に知られるように。明治30年代に出版された本には、「北国の老爺　三太九郎」の名義で子供に贈り物をする男性の姿が描かれています。

●今日をたのしむ

【クリスマス】
キリストの誕生日。降誕祭。

【サンタの個性】
トナカイが引くソリに乗るサンタは、アメリカの詩人が1820年代に書いた詩から広がったイメージです。ドイツにはよいサンタと悪いサンタがいたり、スウェーデンのサンタは小さくて妖精のようだったりと、独自性がある国も。「三太九郎」も残ってほしかったような……。

【納めの天神】
菅原道真を祀る天満宮では、今年最後の縁日。

12月 26日

師走

元日から……………… 359日
大晦日まで………… 5日

［二十四節気］
冬至

［七十二候］初候
乃東生ず

数え日（かぞえび）

クリスマスが終わると、日本の年末は一気に慌ただしさが加速します。我が家もクリスマスツリーをしまい、リースを片づけ、ついでに残ってしまったケーキなどのごちそうも食べて、そのあとは、お正月を迎える準備をいよいよ本格的にスタートさせます。あれもしなきゃ、これもしなきゃと考えながら、大晦日まであと何日かと指折り数え……。日本中で見られるこの瞬間をとらえた言葉が「数え日」で、冬の季語にもなっています。用事に追い立てられて焦る気持ちと、新年を待ち望んでフワフワする気持ちが交錯する数日間。気を引き締め直して過ごしたいところです。

●今日をたのしむ

【数え日】

年内の残りの日を指折り数えること。もしくは残りの日々を意味します。「数へ日」とも表記しますが、比較的新しい季語です。「もういくつ寝るとお正月」ではじまる童謡『お正月』もぴったりの時季となりました。


【プロ野球誕生の日】

日本初のプロ野球球団「大日本東京野球倶楽部（現・読売ジャイアンツ）」が誕生した1934（昭和9）年の今日を記念して制定。


【観音様お身ぬぐい】

石川県小松市にある那谷寺（なたでら）の年中行事。本尊・十一面千手観世音菩薩像のホコリを清め、新年を迎える準備を整えます。

◆季節をたのしむ

【ユズ】

冬至（とうじ）（P406）のユズ湯だけではもったいない季節の恵みです。細かく刻んだ皮を煮物や椀物に散らすだけで香りが立ち、いつもの料理も冬仕様に。果汁はユズ酢にすればドレッシングとしても重宝します。

12月 27日

師走

元日から……360日

大晦日まで……4日

［二十四節気］

冬至

［七十二候］次候

麋角解つる

お正月飾り、いつ飾る？

新年を迎えるにあたり欠かせないのが、門松や注連飾り（しめかざり）といったお正月飾りです。まだ準備をしていない方は、そろそろ重い腰を上げましょう。お正月飾りの数々は、新年の神様・年神様（としがみさま）のためのしつらいです。古来、年内にきちんと整えておかないと悪いことが起こると信じられてきました。

今年中であればいつでもいいのかと思いきや、何事にも縁起を担ぐのが私たち日本人。29日は「苦待つ（松）」「二重苦」に通じ、31日は「一夜飾り」になると忌み嫌われています。お正月飾りを飾るなら、今日、明日、12月30日の3日間がチャンスです。

●今日をたのしむ

【麋角解つる（しかのつのおつる）】
「麋」とは、七十二候の生まれた中国に生息する、ヘラジカをはじめとする大型の鹿のこと。オス鹿の角は生え変わりのため、この時季に抜け落ちるといわれています。

【お正月飾りの数々】

・**門松**…玄関や門口に左右一対で置く門松は年神様が降りてくるための依り代（よりしろ）です。「祀る（まつる）」や「待つ」に通じる松を飾り、年神様に「おもてなしの準備ができています」というサインを送ります。

・**注連飾り**…神聖な場所をあらわす注連縄を飾ることで、家が神様を迎えるにふさわしい清らかな場となっていることを示します。また、不浄なものを家に入れない結界の役割も担っています。

・**鏡餅**…丸くて平たいお餅は、神様の依り代（よりしろ）としても崇め（あがめ）られてきた鏡を模したもの。年神様へのお供えです。

【浅草仲見世記念日】
1885（明治18）年の今日、東京・浅草寺門前の商店街がリニューアルオープンしたことを記念して制定。

12月　師走

28日

元日から……………… 361 日
大晦日まで…………… 3 日

［二十四節気］
冬至

［七十二候］次候
麋角解つる

御用納め（ごようおさめ）と仕事納め（しごとおさめ）

今日は一年でいちばん、「お疲れ様でした」の挨拶を交わす一日かもしれません。官公庁や公共施設は、今日が今年の仕事を終える「御用納め」。それにならい、多くの企業や商店も「仕事納め」となります。

仕事納めの風景はさまざまですが、終業後に軽くお酒を酌み交わすならわしがある会社も多いようです。また、社員総出で大掃除、というところもあります。一年の仕事を支えてくれた人、モノ、コトへの感謝とともに、自分自身への「お疲れ様でした！」も忘れずに。家事は納めようがない！という方も、今日の家事はほどほどにして自分をねぎらいましょう。

●今日をたのしむ

【御用納め】
御用納めは官公庁で今年一年の仕事を終わりにすることを意味し、たいてい12月28日になります。対になるのは1月4日の「御用始め」です。

【Uターンラッシュ】
年末年始を生まれ故郷や実家で過ごすための大移動がはじまります。また、海外旅行に出向く方の出国ラッシュも各地の空港でスタート。混雑は疲れも倍増しますが、のんびり過ごすお休みを思えばなんのその、ですね。

12月　師走

29日

元日から……………… 362日

大晦日まで…………… 2日

［二十四節気］
冬至

［七十二候］次候
麋角解つる

おせち支度

主人の実家は毎年本格的におせち料理をつくります。「今日は数の子と黒豆！」「明日は伊達巻きを焼いて、お煮しめの野菜を切って……」といった姑の陣頭指揮のもと、みんなでワイワイと台所に立ちます。

おせちをつくると改めて気づくのが、どれも手間暇のかかるものばかりということ。年神様にお供えし、家族一緒に食べる一年で最初の食事を、先人がどれだけ大切に考えてきたかがわかります。ライフスタイルや食の好みが変化しても、おせちのおめでたさは変わりません。それぞれのいわれや縁起を、大切に受け継いでいきたいものです。

●今日をたのしむ

【おせち】

季節の節目に神様へ供える「節供」が「お節」となり、やがてお正月の節供のみを指すようになりました。おめでたさを重ねる願いを込め、重箱に詰めます。

・**数の子**…ニシンの卵。数の多さに子孫繁栄を願います。

・**黒豆**…健康を意味する「まめ」との語呂合わせ。無病息災を祈願。

・**田づくり**…田畑の肥料でもあったイワシの稚魚に豊作を祈願。

・**紅白かまぼこ**…紅はおめでたさを、白は清浄さを意味します。

・**栗きんとん**…「きんとん（金団）」は黄金の布団のこと。商売繁盛を願います。

・**紅白なます**…紅白の水引を模しています。

・**昆布巻き**…「よろこぶ」の語呂合わせ。

・**伊達巻き**…巻き物に似た形は、知識や文化を象徴しています。

【福の日】

お正月行事本来の意味やいわれを知って福を招く一日。日付はお正月前の29日を「ふく」と読む語呂合わせから。

12月 30日

師走

元日から……………… 363日
大晦日まで…………… 1日

［二十四節気］
冬至

［七十二候］次候
麋角解つる

お年玉

子供の頃、お正月といえばうれしいお小遣いである「お年玉」をたのしみにしていましたが、今やすっかり、もらう側ではなくあげる側。甥っ子や姪っ子の喜ぶ顔を思い浮かべながら、ポチ袋に名前をしたためます。

お年玉はもともと「年玉」と呼ばれる、年神様（としがみさま）へのお供え物でした。その中身はお餅であったり、紙に包んだお米であったりと地域によってさまざま。これを家族や親戚で「神様からの贈り物」として分け合ったのが起源です。「玉」は「賜（目上の方から受け取ったもの）」が変化したともいわれています。

こういった背景から、親御さんにいくばくかのお金を贈る場合、「お年玉」ではなく「お年賀」とし、紅白の水引ののかかったのし袋かポチ袋に入れるのがよしとされています。

●今日をたのしむ

【ポチ袋】
お年玉や心づけを渡す際など、なにかと役立つポチ袋の語源は、諸説ありますが「これっぽっち」が有力。「ほんの少しですが……」と、お金をむき出しにせず包んで渡す、日本人の奥ゆかしさのあらわれです。

【大納会】
土日が重ならない場合、各地の証券取引所は今日が仕事納め。東京証券取引所には今年活躍した著名人が訪れ、取引を締め括る鐘を鳴らすのが恒例となっています。

12月　師走

31日

元日から……………… 364 日

大晦日

［二十四節気］
冬至

［七十二候］次候
麋角解つる

大晦日（おおみそか）

今日は、一年で最後の日である大晦日。「晦日」はもともと、旧暦における月の最終日を意味する言葉です。やがて今年を締め括るもっとも大切な日、ということで「大」の字がつくようになりました。

なぜ大切にされたのか。それは人々が旧暦で暮らしていた頃、一日は日没からはじまると考えられていたからです。つまり新年の神様・年神様（としがみさま）は夜に訪れ、「元日」も大晦日の夜からはじまるとされました。

今日に限っては夜更かしOK、というご家庭も多いと思います。私もかつては大人気分を味わえる！と、ワクワクしたものです。これは、ひと晩中起きて年神様をお迎えした名残りで、「大晦日に早く寝ると白髪になる」や「シワが増える」という、なんとも嫌な言い伝えも残っています。今夜のうちか

●今日をたのしむ

【大晦日】

「晦日」は「つごもり」とも読むため、「おおつごもり」とも呼びます。

【除夜の鐘】

「煩悩」とは、108種類ある心身を汚し人を苦しめる心の働き。108回は十二月、二十四節気、七十二候（12・24・72）を足した数という説もあ

ら寺社に向かい、そのまま年を越して初詣とする風習も、一家の長が氏神神社に籠り年神様を迎える「年籠り」というならわしが起源です。

大晦日の別名には「除日」があります。そして夜は「除夜」。「旧年を除く」に由来する言葉です。取り除く旧年のなかには、私たちの煩悩や罪穢れも含まれています。

各地の寺院では、人間の煩悩の数と同じとされる108回の鐘が鳴り響きます。厳かな鐘の音が私たちの煩悩を消し去ってくれると考えると、なんとももありがたく聞こえるものです。

一方、神社では「年越しの祓（大祓）」を執り行います。私たちの心身に積もった一年間の罪穢れを、形代に移すことで心身を清めます。

神様や仏様に力を貸していただいて一年を終えていく光景は、神仏が仲よく暮らす日本ならでは。今年もありがとうございました。来年もよろしくお願いいたします。そんな願いや祈りとともに、夜が更けていきます。

ります。鐘を108回つき終わると一年が無事終わるとされていました。

【紅白歌合戦】
その年のヒットソングや過去の名曲を、紅組と白組に分かれて対抗形式で歌う国民的歌番組。第1回はラジオ放送にて1951（昭和26）年1月3日に放送。1953（昭和28）年からテレビ放送も開始されました。

【年越し蕎麦】
大晦日に蕎麦を食べるのは、江戸時代中期に広まった風習です。切れやすい蕎麦に悪縁や苦労が切れるよう願ったり、細く長い麺に長寿を願ったりしたそうです。

2月　如月

29日

4年に一度の閏年（うるうどし）　2月29日のこと

「閏年」とは、暦と実際の季節とのズレを整えるために平年よりも余分に設けた日や月がある一年のこと。新暦で暮らす私たちには4年に一度巡ってきます。

閏年は、4で割り切れる西暦年にやってきます。直近では2024年ですね。なぜ4年に一度なのか、その秘密は新暦の「一年」にあたる「地球が太陽の周りを1周する期間」にありました。

じつは一年を厳密に計測すると、365日ではなく、365・242199日になるのだそうです。この小数点以下の「0・242199日」を合算していくと、4年分で約1日。そのため、4年に一度2月29日を設けて調整します。ですが、この「約1日」も食わせ物。この誤差を解消するため、①2100年のように100で割り切れる年は平年とし②2000年のように400で割り切れる年は閏年とするというなんとも複雑なルールがあります。これは、16世紀のローマ教皇・グレゴリウス13世が定めた暦法で、新暦の別名である「グレゴリオ（グレゴリウス）暦」の由来でもあります。

なぜ2月29日を閏日としたのかは諸説ありますが、グレゴリオ暦のルーツとなった古代ローマの暦の影響といわれています。古代ローマでの2月はもともと28日間。一年の終わりの月にあたり、さまざまな宗教行事や年中行事を行っていたそうです。やがて一年のはじまりは1月、終わりは12月と変化したものの、グレゴリオ暦での閏日を定めるにあたり、締め括りのひと月という古来の意味合いに重きを置き、2月29日を設けたとされています。

日本では新暦採用後しばらく経った１８９８（明治31）年、明治天皇が「閏年ニ関スル件」という勅令を発し、法的に閏年のタイミングを定めました。ただし、この法律における閏年の基準は西暦ではなく「皇紀」。初代天皇・神武天皇が即位したとされる紀元前６６０年を「元年」とする日本独自の紀元です。たとえば２０２１年は、６６０を足して皇紀２６８１年となります。「閏年ニ関スル件」は、4で割り切れる皇紀を閏年とするとともに、皇紀から６６０を引いて１００で割り切れる年を平年、４００で割り切れる年を閏年としています。

ところで「2月29日生まれは4年に一度しか年を取らない」なんて冗談もありますが、もちろんほかの誕生日と同じように毎年年齢を重ねます。日本の法律上、人は「誕生日の前日の24時に年を取る」ため、2月28日の深夜24時を迎えた瞬間に年を取るのです。

３６５日をもっとたのしむための暦の知識

【旧暦と新暦】

月日や季節の変化を計るものさしとして、先人はさまざまな暦を生み出しました。旧暦と新暦もそのひとつです。

旧暦は「太陰太陽暦」とも呼ばれ、新月が満月となり再び新月となる期間を「一カ月」、地球が太陽の周りを一周する期間を「一年」とします。もとは中国で生まれ、６世紀頃に日本に伝わったといわれています。日本の暮らしに合わせて改良を重ね、現在の旧暦は江戸時代後期の天保年間（１８３１～１８４５）に出された「天保暦」を用いるのが一般的です。一方新暦は、現在私たちが用いている暦です。地球が太陽の周りを一周する期間を「一年」、一年を「３６５日」と定めたもので、「グレゴリオ暦」とも呼びます。世界各国が採用しており、日本では１８７３（明治６）年に採用しました。

【二十四節気】

二十四節気は太陽の動きをもとにつくられた季節の目安です。一年を24等分し、それぞれの日数を15日間とする暦法で、中国から伝来しました。

一年でもっとも太陽が高くなる夏至と、低くなる冬至、その中間点となる春分と秋分を合わせた「二至二分」が、春夏秋冬それぞれの季節の真ん中となります。さらに季節のはじまりとして立春・立夏・立秋・立冬（四立）があり、二至二分と合わせて「八節」と呼びます。八節をさらに3つずつに等分したものが「二十四節気」です。季節のうつろいがわかるよう、先人は各節気に天候や農作物の成長具合をあらわす趣深い名前をつけています。

【七十二候】

二十四節気の節気それぞれを、さらに3等分する暦が七十二候です。つまり一年を72等分していることになり、各候は約5日間となります。二十四節気同様、季節の移り変わりを示す候名がついていますが、より具体的になっているのが特徴です。

七十二候は旧暦や二十四節気と同じく古代中国で生まれましたが、その候名は日本独自の発展を遂げました。伝来した候名のままでは日本の気候風土に合わないものが多かったためです。本書では江戸時代の宝暦暦（ほうれきれき）・寛政暦の漢字表記をもとにしつつ、現代語として意味の通りやすい、かな表記を付しました。

四季	二十四節気	七十二候
春	立春（りっしゅん）	東風凍を解く
		黄鶯睍睆く
		魚氷に上る
	雨水（うすい）	土脉潤い起こる
		霞始めて靆く
		草木萌え動く
	啓蟄（けいちつ）	蟄虫戸を啓く
		桃始めて笑う
		菜虫蝶と化す
	春分（しゅんぶん）	雀始めて巣くう
		桜始めて開く
		雷乃声を発す
	晴明（せいめい）	玄鳥至る
		鴻雁北へかえる
		虹始めて見る
	穀雨（こくう）	葭始めて生ず
		霜止んで苗出ず
		牡丹華さく
夏	立夏（りっか）	蛙始めて鳴く
		蚯蚓出ずる
		竹笋生ず
	小満（しょうまん）	蚕起きて桑を食う
		紅花栄う
		麦秋至る
	芒種（ぼうしゅ）	蟷螂生ず
		腐草蛍と為る
		梅子黄なり
	夏至（げし）	乃東枯る
		菖蒲華さく
		半夏生ず
	小暑（しょうしょ）	温風至る
		蓮始めて開く
		鷹乃学を習う
	大暑（たいしょ）	桐始めて花を結ぶ
		土潤いて溽し暑し
		大雨時行る
秋	立秋（りっしゅう）	涼風至る
		寒蝉鳴く
		蒙霧升降す
	処暑（しょしょ）	綿柎開く
		天地始めて粛し
		禾乃登る
	白露（はくろ）	草露白し
		鶺鴒鳴く
		玄鳥去る
	秋分（しゅうぶん）	雷乃声を収む
		蟄虫戸を坯す
		水始めて涸る
	寒露（かんろ）	鴻雁来る
		菊花開く
		蟋蟀戸に在り
	霜降（そうこう）	霜始めて降る
		霎時施す
		楓蔦黄なり
冬	立冬（りっとう）	山茶始めて開く
		地始めて凍る
		金盞香し
	小雪（しょうせつ）	虹蔵れて見えず
		朔風葉を払う
		橘始めて黄なり
	大雪（たいせつ）	閉塞く冬と成る
		熊穴に蟄る
		鱖魚群がる
	冬至（とうじ）	乃東生ず
		麋角解つる
		雪下麦を出だす
	小寒（しょうかん）	芹乃栄う
		水泉動く
		雉始めて雊く
	大寒（だいかん）	款冬華さく
		水沢腹く堅し
		鶏始めて乳す

【雑節】

二十四節気とは別の季節の目安として、日本人が大切にしてきた節目の日です。もともとは旧暦とともに用いていましたが、暮らしに密着していることから現在もその多くはカレンダーに記載されています。

本書では「節分（Ｐ46）」「彼岸（Ｐ94・３０４）」「八十八夜（Ｐ１４７）」「入梅（Ｐ１９１）」「半夏生（Ｐ２１５）」「土用（Ｐ２３４）」「二百十日（Ｐ２８２）」「二百二十日（Ｐ２９５）」を取り上げています。

【五節句】

五節句は季節ごとの食べ物を神様にお供えし、ともにいただき祝う5つの年中行事です。もとは貴族など限られた人々が行っていましたが、江戸時代に幕府が公的な行事（祝日）として定めたことで、庶民も広く知るようになりました。

1月7日	人日の節句
3月3日	上巳の節句
5月5日	端午の節句
7月7日	七夕の節句
9月9日	重陽の節句

【十二支】

かつての人々は干支を用いて年月日をあらわしていました。私たちは「干支」と聞くと生まれ年でおなじみの十二支をイメージしますが、「十干」と組み合わせた全60種類があります。「戊辰戦争」や「壬申の乱」といった歴史上の出来事の呼び名も、十干十二支による年の数え方にもとづいたもの。兵庫県にある阪神甲子園球場は、「甲子」の年（１９２４年）に完成したためにその名前がつきました。数え年で61歳を「還暦」と呼びお祝いするのも、60種類の十干十二支が生まれた年のものに還ることに由来するならわしです。

また、十二支は月日だけでなく、方角や時刻をあらわすためにも用いてきました。鬼門を意味する「丑寅（北東）の方角」や「午前」「正午」「午後」といった言葉はその名残りです。

❖ 十干

甲	乙	丙	丁	戊
己	庚	辛	壬	癸

❖ 十二支

子	丑	寅	卯	辰	巳
午	未	申	酉	戌	亥

❖ 十二支　方角

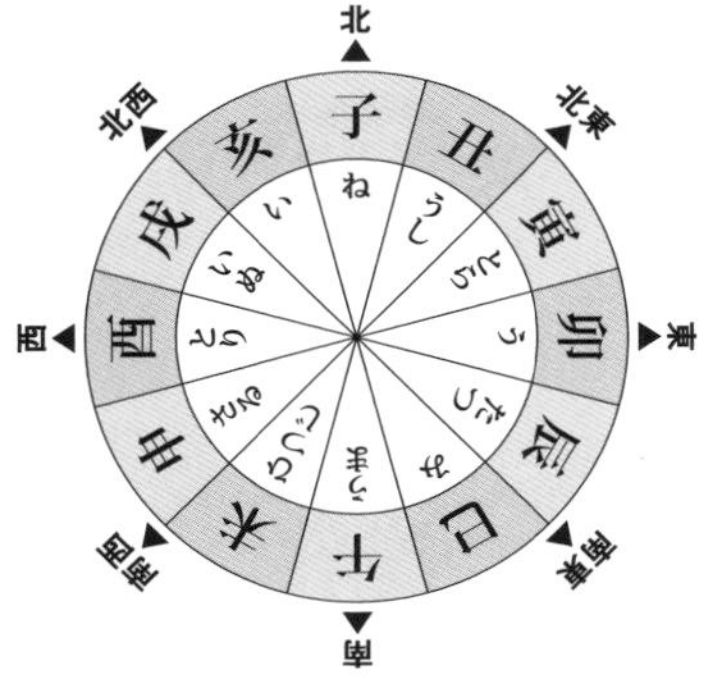

❖ 十二支　時刻

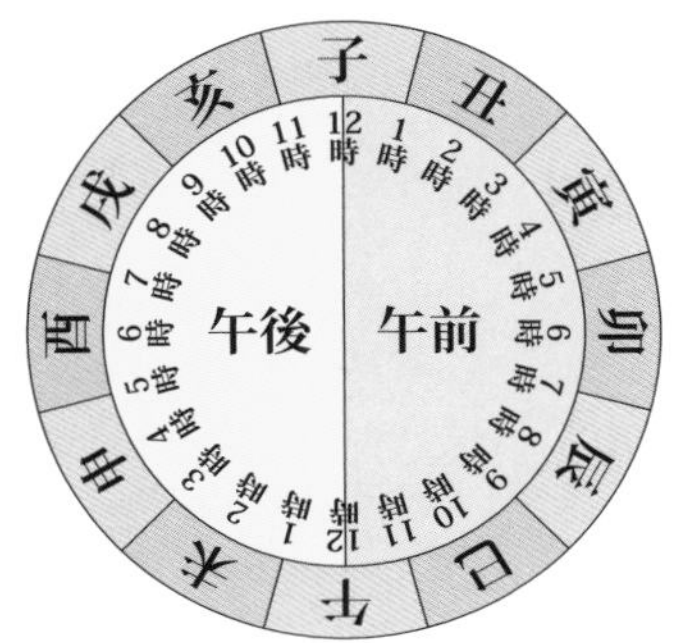

❖ 十干十二支表

甲子 きのえ ね	甲戌 きのえ いぬ	甲申 きのえ さる	甲午 きのえ うま	甲辰 きのえ たつ	甲寅 きのえ とら
乙丑 きのと うし	乙亥 きのと い	乙酉 きのと とり	乙未 きのと ひつじ	乙巳 きのと み	乙卯 きのと う
丙寅 ひのえ とら	丙子 ひのえ ね	丙戌 ひのえ いぬ	丙申 ひのえ さる	丙午 ひのえ うま	丙辰 ひのえ たつ
丁卯 ひのと う	丁丑 ひのと うし	丁亥 ひのと い	丁酉 ひのと とり	丁未 ひのと ひつじ	丁巳 ひのと み
戊辰 つちのえ たつ	戊寅 つちのえ とら	戊子 つちのえ ね	戊戌 つちのえ いぬ	戊申 つちのえ さる	戊午 つちのえ うま
己巳 つちのと み	己卯 つちのと う	己丑 つちのと うし	己亥 つちのと い	己酉 つちのと とり	己未 つちのと ひつじ
庚午 かのえ うま	庚辰 かのえ たつ	庚寅 かのえ とら	庚子 かのえ ね	庚戌 かのえ いぬ	庚申 かのえ さる
辛未 かのと ひつじ	辛巳 かのと み	辛卯 かのと う	辛丑 かのと うし	辛亥 かのと い	辛酉 かのと とり
壬申 みずのえ さる	壬午 みずのえ うま	壬辰 みずのえ たつ	壬寅 みずのえ とら	壬子 みずのえ ね	壬戌 みずのえ いぬ
癸酉 みずのと とり	癸未 みずのと ひつじ	癸巳 みずのと み	癸卯 みずのと う	癸丑 みずのと うし	癸亥 みずのと い

大江吉秀、田中ひろみ『日本のほとけさまに甘える―たよれる身近な17仏―』（東邦出版）
環境デザイン研究所編『花の七十二候』（誠文堂新光社）
高橋治『くさぐさの花』（朝日新聞出版）
岩槻秀明『散歩の樹木図鑑』（新星出版社）
岩槻秀明『街でよく見かける雑草や野草のくらしがわかる本』（秀和システム）
木村正典『二十四節気の暮らしを味わう日本の伝統野菜』（ジー・ビー）
藤田智監修、丹野清志『[四季を味わう] ニッポンの野菜』（玄光社）
吉田企世子『旬の野菜の栄養事典』（エクスナレッジ）
高橋書店編集部編『からだにおいしい野菜の便利帳　伝統野菜・全国名物マップ』（高橋書店）
細川博昭『身近な鳥のすごい事典』（イースト・プレス）
叶内拓哉『日本の鳥 300』（文一総合出版）
日本酒サービス研究会・酒匠研究会連合会監修『初歩からわかる日本酒入門』（主婦の友社）
大森正司『おいしい「お茶」の教科書』（PHP 研究所）
鈴木昶『食べるくすりの事典』（東京堂出版）
瀬戸内和美『日本の知恵ぐすりを暮らしに―身近な食材でからだ調う―』（東邦出版）
青木直己『図説 和菓子の歴史』（筑摩書房）
吉沢久子『心を届ける。和菓子と暮らしの歳時記』（主婦の友社）
鳥越美希『暮らしの歳時記　お茶と和菓子の十二カ月』（ピエ・ブックス）
講談社編『旬の食材春の魚』（講談社）
講談社編『旬の食材夏の魚』（講談社）
講談社編『旬の食材秋の魚』（講談社）
講談社編『旬の食材冬の魚』（講談社）
生田興克『築地魚河岸仲卸直伝 おいしい魚の目利きと食べ方』（PHP 研究所）
産経新聞編集局『食に歴史あり ～洋食・和食事始め～』（産経新聞出版）
山下景子『手紙にそえる季節の言葉 365 日』（朝日新聞出版）
辻和子『歌舞伎の解剖図鑑』（エクスナレッジ）
河合敦『日本人は世界をいかにみてきたか』（ベストセラーズ）
中村明蔵『薩摩民衆支配の構造：現代民衆意識の基層を探る』（南方新社）
桜井慎太郎『図解 UFO』（新紀元社）
装道礼法きもの学院『入門初修課程理論編』（装道出版局）
鈴木淑弘『＜第九＞と日本人』（春秋社）
園田英弘『忘年会』（文藝春秋）
千葉公慈『知れば恐ろしい　日本人の風習』（河出書房新社）
岡田芳朗『明治改暦―「時」の文明開化』（大修館書店）
『広辞苑 第七版』（岩波書店）
小学館『日本大百科全書』（小学館）
『ブリタニカ国際大百科事典（小項目電子辞書版）』（ブリタニカ・ジャパン）
平野彦次郎『故事熟語字典』（金昌堂）
日本史広辞典編集委員会編『山川日本史小辞典』（山川出版社）

参考文献

福田アジオ、菊池健策、山崎祐子、常光徹著、福原敏男『知っておきたい日本の年中行事事典』（吉川弘文館）
学研辞典編集部編『今日は何の日？　年中行事・記念日事典』（学習研究社）
日本記念日協会編 、加瀬 清志『すぐに役立つ 366 日記念日事典』（創元社）
講談社編『365 日「今日は何の日か？」事典』（講談社）
新谷尚紀『絵でつづるやさしい暮らし歳時記』（日本文芸社）
広田千悦子『くらしを楽しむ七十二候』（泰文堂）
『晋遊舎ムック 七十二候がまるごとわかる本』（晋遊舎）
白井明大『日本の七十二候を楽しむ―旧暦のある暮らし―』（東邦出版）
冷泉為人『五節供の楽しみ』（淡交社）
生活たのしみ隊編『春夏秋冬を楽しむくらし歳時記』（成美堂出版）
平野恵理子『にっぽんの歳時記ずかん』（幻冬舎）
三越伊勢丹『三越伊勢丹日本の年中行事暮らしアルバム』（マガジンハウス）
広田千悦子『にほんのお福分け歳時記』（主婦の友社）
角川学芸出版編『合本俳句歳時記』（角川学芸出版）
三越『日本を楽しむ年中行事』（かんき出版）
夏生一暁『日々の歳時記』（PHP 研究所）
『晋遊舎ムック日本の祭りがまるごとわかる本』（晋遊舎）
菅田正昭『日本の祭り 知れば知るほど』（実業之日本社）
関根久夫『埼玉の日本一風土記』（幹書房）
鳩居堂監修『鳩居堂の日本のしきたり豆知識』（マガジンハウス）
永田美穂監修『面白くてためになる！日本のしきたり』（PHP 研究所）
日本の暮らし研究会『日本のしきたりがよくわかる本』（PHP 研究所）
飯倉晴武『日本人のしきたり』（青春出版社）
高橋順子『雨の名前』（小学館）
高橋健司『空の名前』（角川書店）
高橋順子『風の名前』（小学館）
倉嶋厚、原田稔 編著『雨のことば辞典』（講談社）
多摩六都科学館監修、森山晋平『夜空と星の物語 日本の伝説編』（PIE International）
柴田晋平ほか『星空案内人になろう！』（技術評論社）
國學院大學日本文化研究所 編『縮刷版　神道事典』（弘文堂）
平藤 喜久子『日本の神様と楽しく生きる―日々ご利益とともに―』（東邦出版）
三橋健、平井かおる『暮らしのしきたりと日本の神様』（双葉社）
戸部民夫『「日本の神様」がよくわかる本』（PHP 研究所）
川口謙二『日本の神様読み解き事典』（柏書房）
茂木貞純『知識ゼロからの伊勢神宮入門』（幻冬舎）
神社本庁監修『神社のいろは』（扶桑社）
神社本庁監修『神社のいろは　続』（扶桑社）
村越英裕『仏教のしきたりと季節の伝統行事』（笠倉出版社）
長田幸康『知識ゼロからの仏教入門』（幻冬舎）
瓜生中『知識ゼロからのお寺と仏像入門』（幻冬舎）

本間美加子　ほんまみかこ

1979年山形県生まれ。早稲田大学教育学部卒業後、編集プロダクション勤務を経てフリーライターに。和の伝統、日本文化を中心に幅広いジャンルの執筆・編集を行っている。

著書に『神社の解剖図鑑2』（エクスナレッジ）、執筆協力に『日本の知恵ぐすりを暮らしに―身近な食材でからだ調う―』（東邦出版）、『神様が宿る家の清め方』（大和書房）など。日常で見つけた「ふく」なものや事を紹介する「ふくもの隊」隊員としても活動中。『開運！神社さんぽ1・2』（アース・スターエンターテイメント）、『日本のふくもの図鑑』（朝日新聞出版）、『祭りさんぽ』（京都芸術大学東北芸術工科大学出版局藝術学舎）などのライティングを担当。

日本の365日を愛おしむ
――季節を感じる暮らしの暦――

2020年12月10日　第1刷発行
2022年1月14日　第2刷発行

著者　本間美加子

発行者　大山邦興
発行所　株式会社 飛鳥新社
〒101-0003　東京都千代田区一ツ橋2-4-3　光文恒産ビル
電話（営業）03-3263-7770（編集）03-3263-7773
http://www.asukashinsha.co.jp

イラスト　井上文香
編集協力　酒井ゆう（micro fish）
装丁・本文デザイン　平林亜紀（micro fish）

印刷・製本　中央精版印刷株式会社

ISBN 978-4-86410-796-9

編集担当　内田威・中野晴佳

本書は、2019年に東邦出版より刊行された『日本の365日を愛おしむ―毎日が輝く生活暦―』を改題し、加筆・修正したものです。

飛鳥新社の本

好評発売中！

日本人の豊かな感性で名づけられた色の数々。
四季のうつろいとともに、その美しい色名の謎を紐解いてみませんか？

日本の伝統色を愉しむ

―日々の暮らしに和の彩りを―

長澤陽子　監修

定価：本体1450円+税　ISBN978-4-86410-797-6